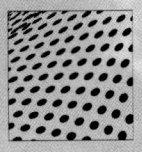

ZHONGGUO JINCHENG WUGONG NONGMIN SUIQIANZINÜ JIAOYU YANJIU

袁振国　主　编
田慧生　副主编

中央教育科学研究所2008年度科研业务费专项资金项目成果丛书

中国进城务工农民随迁子女教育研究

中国进城务工农民子女教育研究及数据库建设课题组　著

教育科学出版社
·北京·

编 委 会

主　　任：袁振国
副 主 任：田慧生
成　　员：方铭琳　孙袁华　刘晓楠　李　东　杨润勇　所广一
　　　　（按姓氏笔画排列）

课 题 组

负 责 人：万明春　重庆市教育科学研究院
核心成员：吴　霓　中央教育科学研究所
　　　　　龚春燕　重庆市教育科学研究院
　　　　　程艳霞　重庆市教育科学研究院
　　　　　邓建中　重庆市教育科学研究院
　　　　　胡　方　重庆市教育科学研究院
　　　　　张　鸿　重庆市教育科学研究院
　　　　　谢华剑　重庆市教育科学研究院
　　　　　高慧斌　中央教育科学研究所
　　　　　李　楠　中央教育科学研究所
　　　　　李晓强　中央教育科学研究所
　　　　　张宁娟　中央教育科学研究所
　　　　　明　航　中央教育科学研究所
　　　　　方铭琳　中央教育科学研究所
　　　　　段成荣　中国人民大学人口与发展研究中心
　　　　　杨　舸　中国人民大学人口与发展研究中心

Contents

目 录

前言 / I

导论 / 1
  一、研究概述 / 2
  二、研究的相关概念界定 / 14
  三、研究的基本结论 / 16
  四、本书的结构与内容梗概 / 17

上篇 现实与问题

第一章
中国流动儿童概况

第一节　资料来源和概念界定 / 22
第二节　流动儿童的人口学特征与迁移特征 / 23
第三节　进城务工农民随迁子女规模及流动特点 / 34

第二章
中国流动儿童受教育概况

第一节　流动儿童受教育概况 / 39

第二节　流动儿童受教育状况比较 / 40

第三章

中国进城务工农民随迁子女教育现状

第一节　进城务工农民随迁子女就学状况 / 47
第二节　进城务工农民随迁子女学校管理状况 / 72
第三节　进城务工农民随迁子女教学状况 / 77
第四节　进城务工农民随迁子女家庭教育状况 / 100

第四章

中国进城务工农民随迁子女教育问题及成因分析

第一节　进城务工农民随迁子女教育问题剖析 / 124
第二节　进城务工农民随迁子女教育问题的成因分析 / 135

下篇　研究与对策

第五章

国内外进城务工农民随迁子女教育相关研究

第一节　国外进城务工农民随迁子女教育相关研究 / 146
第二节　国内进城务工农民随迁子女教育相关研究 / 154

第六章

中国进城务工农民随迁子女教育政策研究

第一节　进城务工农民随迁子女教育政策的演变发展 / 167
第二节　进城务工农民随迁子女教育政策的特点分析 / 179

第三节 进城务工农民随迁子女教育政策的实施情况 / 187

第七章

中国进城务工农民随迁子女教育对策研究

第一节 立法保障：建立《进城务工农民随迁子女教育法》/ 212
第二节 制度设计：完善相关政策法规，保障执行力 / 216
第三节 学校教育：强化管理，优化教学 / 221
第四节 家庭与社会：构建随迁子女教育一体化格局 / 228
第五节 进城务工农民随迁子女返乡情况分析与教育对策 / 231

附 录

附录一 调研样本描述 / 238
附录二 调查访谈问卷 / 245
附录三 基本统计数据 / 263

参考文献 / 266

后记 / 274

Preface

前 言

20世纪90年代以来，随着中国改革开放与城市化进程的逐步推进，我国出现了劳动力的大规模流动，这给我国的城市化进程注入了新的活力。到目前为止，进城务工农民的规模已经过亿，2006年《中国农民工问题研究总报告》显示，中国外出农民工数量为1.2亿人左右；2008年《第二次全国农业普查主要数据公报》显示，农村外出就业劳动力达到1.3亿多人。同时，由于我国城乡发展不均衡，城乡公共服务、居民收入、教育发展等差距对农村劳动力外出产生了强大的"推拉合力"，越来越多的农村劳动力举家入城。举家入城农民的增多，带来的一个必然后果就是随父母入城的子女规模也越来越大。根据《2005年全国1%人口抽样调查主要数据公报》的公布数据推算，在0~14周岁全部流动儿童中，户口性质为农业户口的流动儿童占76.5%，非农业户口者只占23.5%。如果将户口性质为农业户口的流动儿童视为随迁子女的话，则全国随迁子女数量已达到1 403万人。其中，6~14周岁义务教育阶段适龄流动儿童在0~14周岁流动儿童中的比重为61.37%，据此推算，义务教育阶段适龄随迁子女数量已达到861万人。

近年来，国家出台了相关的政策，采取了多项措施来保障随迁子女受教育权利，极大地缓解了进城务工农民及其随迁子女对入学问题的担忧，深刻体现了科学发展观的思想内涵，充分表现了党中央和国务院对进城务工农民及其随迁子女的深切关怀，在很大程度上促进了教育公平。但是，随着社会形势的不断变化，随迁子女受教育状况到底如何、相关教育问题的解决程度以及相关政策的执行效果究竟如何等都是需要不断追踪、适时了解的关键问题。

当前，关于进城务工农民的书籍或文章俯拾即是，关注他们子女生存问题的书籍或文章也较多，而对随迁子女受教育问题进行系统研究的相关文献还较少。为此，本书以"重点研究随迁子女的流动现状和特点，全面把握随迁子女教育现状、问题及成因，多元分析相关政策、措施、经验及实施情况，深入思考具有前瞻性、可操作性的对策建议"为思路，采取文献研究、实地调研、科学分析等多种研究方法，对我国进城务工农民随迁子女这一城市特殊群体的基本情况、受教育问题与相关政策及执行情况等展开了系统深入的研究。研究发现，我国流动儿童（包括随迁子女）规模庞大，地区分布高度集中，但基本的统计数据缺失或不完整；随迁子女在城市的受教育权利遭到相对剥夺，在学校和家庭都存在着不利于他们成长的主观或客观因素。究其原因，户籍制度的存在、公共政策体系不健全、政策文本不完善与政策落实不到位、教育教学质量监督评价机制缺失、学校与家庭教育功能的发挥不力等都是随迁子女教育问题产生的深层原因或重要原因，而金融危机的发生又牵动了大规模进城务工农民的返乡潮，导致部分随迁子女辍学、失学或误学。

针对上述问题及原因，本书提出了诸如制定《进城务工农民随迁子女教育法》、构建公共教育政策体系、完善学校和家庭与社会教育功能、把握随迁子女流动情况等相应的对策建议。但是，作为研究者，面对突如其来、意想不到的社会变化，必须与时俱进关注随迁子女群体，做好持续深入的研究工作，并呼吁政府和相关部门及时调整政策，灵活解决现实问题，保障每一个随迁子女在城市健康成长。

导 论

20世纪80年代，经济体制改革使我国进入社会转型期。随着中国改革开放与城市化进程的逐步推进，中国农村劳动力大规模外出就业，进城务工农民数量急剧增加，而且举家入城的农民持续增多，随迁子女规模也逐渐扩大。由此，随迁子女在城市的生存与教育问题进一步彰显，成为关系国计民生、关系教育公平以及我国普及义务教育面临的一个重大课题。为此，本研究在文献分析的基础上，以进城务工农民输入地、输出地的典型性为依据，确定了北京、上海、广州、深圳、成都、郑州、杭州、义乌、东莞、重庆、格尔木、乌鲁木齐12座城市为调研区域，对当地随迁子女教育现状、相关政策实施效果开展了实地调研。

一、研究概述

（一）问题提出与研究背景

1. 问题提出

农村富余劳动力向非农产业和城镇转移，是工业化和现代化的必然趋势。随着中国改革开放与城市化进程的逐步推进，中国农村劳动力大规模外出就业，开始了具有中国特色的迁移潮流。党的十六大以来，国家为了统筹城乡发展，解决农民增收问题，对农民外出务工采取了积极引导的政策，连续几年出台关于切实改善农民进城就业环境、做好管理和服务的相关政策，农民外出务工进入了一个新的发展时期，规模逐渐扩大。《2005年全国1%人口抽样调查主要数据公报》显示，全国人口中流动人口为14 735万人，与第五次全国人口普查相比，流动人口增加了296万人；2006年《中国农民工问题研究总报告》显示，中国外出农民工数量为1.2亿人左右，如果加上在本地乡镇企业就业的农村劳动力，农民工总数大约为2亿人；2008年《第二次全国农业普查主要数据公报》显示，农村外出就业劳动力达到13 181万人。根据国家统计局农民工统计监测调查，截至2008年12月31日，全国农民工总量为22 542万人。其中本乡镇以外就业的外出农民工数量为14 041万人，占农民工总量的62.3%；本乡镇以内的本地农民工数量为8 501万人，占农民工总量的37.7%（中华人民共和国国家统计局，2009）。

近年来举家外出的农民持续增加，2003年举家在外务工的农村劳动力为2 430万人，占所有外出务工农村劳动力的21.3%（中央教育科学研究所教育发展研究部课题组，2005）；2006年国家统计局农调队调查与《中国农民工问题研究总报告》显示，2004年农民工举家外迁的有2 470万人，比2003年增长1.6%，约占农村外出人口的20.9%（中国农民工问题研究总报告起草组，2006）。举家外出的家庭化流动带来的是进城务工农民随迁子女数量的不断增加，2003年国务院妇女儿童工作委员会和全国妇联根据2000年第五次全国人口普查结果推算出的进城务工就业农民随迁子女将近

1 500万人，还有研究（林露，2007）指出随迁子女近2 000万人。多项研究显示，进城务工农民随迁子女规模逐渐扩大意味着他们在城市的生存与教育问题将进一步突出。与城市适龄儿童一样，随务工父母进城的随迁子女能否顺利在城市平等接受义务教育，是关系国计民生、关系教育公平以及我国普及义务教育面临的一个重大课题。

近年来，中央关注民生，强调教育公平，特别重视进城务工农民随迁子女接受义务教育问题，并出台了一系列关于解决好进城务工农民有关问题的文件。2003年9月30日，国务院办公厅转发教育部等六部委《关于进一步做好进城务工就业农民子女义务教育工作的意见》中规定："进城务工就业农民流入地政府负责进城务工就业农民子女接受义务教育工作，以全日制公办中小学为主。地方各级政府特别是教育行政部门和全日制公办中小学要建立完善保障进城务工就业农民子女接受义务教育的工作制度和机制，使进城就业务工农民子女受教育环境得到明显改善"。2006年中央一号文件《中共中央国务院关于推进社会主义新农村建设的若干意见》提出："进一步清除和取消各种针对务工农民流动和进城就业的歧视性规定和不合理限制……认真解决务工农民的子女上学问题。"2006年3月27日颁布的《国务院关于解决农民工问题的若干意见》规定："输入地政府要承担起农民工同住子女义务教育的责任，将农民工子女义务教育纳入当地教育发展规划"。2006年6月新修订的《中华人民共和国义务教育法》明确规定："父母或者其他法定监护人在非户籍所在地工作或者居住的适龄儿童、少年，在其父母或其他法定监护人工作或者居住地接受义务教育的，当地人民政府应当为其提供平等接受义务教育的条件。"2006年温家宝总理在《政府工作报告》中明确提出："要解决城市低收入家庭和农民工子女教育阶段上学困难问题，让每个孩子都有平等接受义务教育的机会。"十七大报告进一步提出"要保障进城务工人员子女平等接受义务教育"。教育部2007、2008年工作要点中都明确规定要"以流入地政府为主、以公办学校为主，保障进城务工人员子女平等接受义务教育"。2008年8月12日，《国务院关于做好免除城市义务教育阶段学生学杂费工作的通知》正式发布，明确要求"切实解决好进城务工人员随迁子女就学问题"，重申"进城务工人员随迁子女接受义务教育要以流入地为主、公办学校为主解决"。

这充分表明，进城务工农民随迁子女教育问题已经成为中国政府高度关注的重大社会问题与民生问题。因此，在全面建设和谐社会的背景下，不断深入了解进城务工农民随迁子女教育现状，分析进城务工农民随迁子女教育中出现的各种问题,探讨解决进城务工农民随迁子女教育问题的政策建议及对策,为政府及教育行政部门提供决策服务,是当前及今后一段时间内必须解决的重大问题。而且,随着政策的调整和变化,进城务工农民随迁子女教育会面临一系列新的情况和新的问题,对此应当开展持续研究,以适应实践的不断发展与变化。

2. 研究背景

(1) 经济持续发展,对农村劳动力资源的需求越来越大

改革开放以来,国内生产总值(GDP)实现了持续30年9.8%的高速增长,中国进入了快速的城镇化和工业化阶段,表现为第一产业产值和吸纳就业人员都呈现迅速下降的趋势;而第二、三产业产值在GDP中的比重迅速上升,不仅吸纳了绝大多数新的劳动力,而且吸纳了第一产业转移出来的剩余劳动力。以第三产业为例,1978年,我国第三产业从业人员4 890万人,占总就业人口的12.2%;到2006年,第三产业从业人员达24 614万人,占总就业人口的32.2%,第三产业从业人员将近增加了2亿人。中国的人均GDP从1978年的300美元左右,增加到2007年的2 482美元(中华人民共和国统计局,2007)。如图0-1所示。

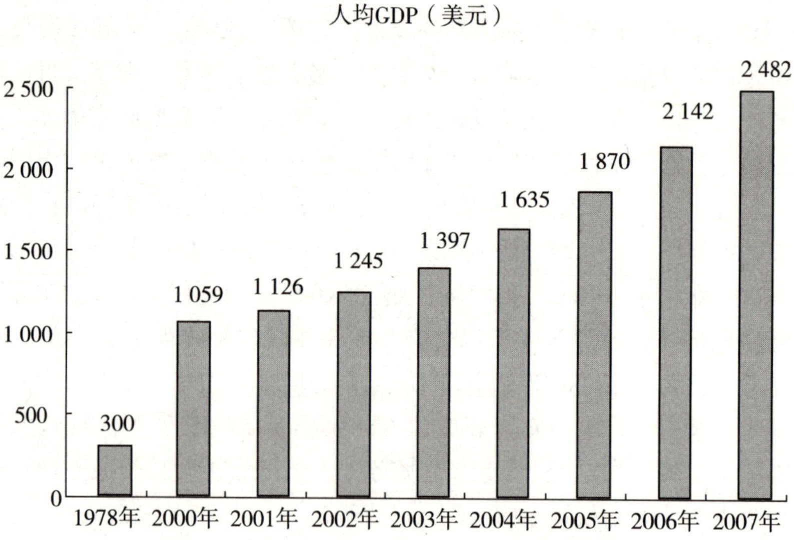

人均GDP(美元)

图0-1 1978—2007年中国人均GDP变化趋势

《国务院关于解决农民工问题的若干意见》指出:"农民工是我国改革

开放和工业化、城镇化进程中涌现的一支新型劳动大军……他们对我国现代化建设做出了重大贡献。"可以说，农民工问题是随着我国改革开放而出现的社会现象。随着经济的持续发展，中国的城市化率由1978年的17.92%上升至2007年的44.90%，农村富余劳动力转移进程不断加快，如图0-2所示。据统计，2006年年末全国总人口为131 448万人，农村劳动力资源总量为53 100万人，其中外出从业劳动力资源总量达到13 181万人，占全部农村劳动力资源总量的24.8%，如表0-1所示。从外出从业劳动力的地区构成（表0-2）看，外出从业劳动力中，在乡外县内从业的劳动力占19.2%，在县外市（地区）内从业的劳动力占13.8%，在市（地区）外省内从业的劳动力占17.7%，去省外从业的劳动力占49.3%；从其产业构成（表0-2）看，从事第一产业的劳动力占2.8%，从事第二产业的劳动力占56.7%，从事第三产业的劳动力占40.5%。可以看出，大约80%的外出从业劳动力资源是在县外省内或省外务工，并且主要从事第二、三产业。可见，随着城市经济的不断发展，其对农村劳动力资源的需求不断增加，农村劳动力的转移规模将进一步扩大。

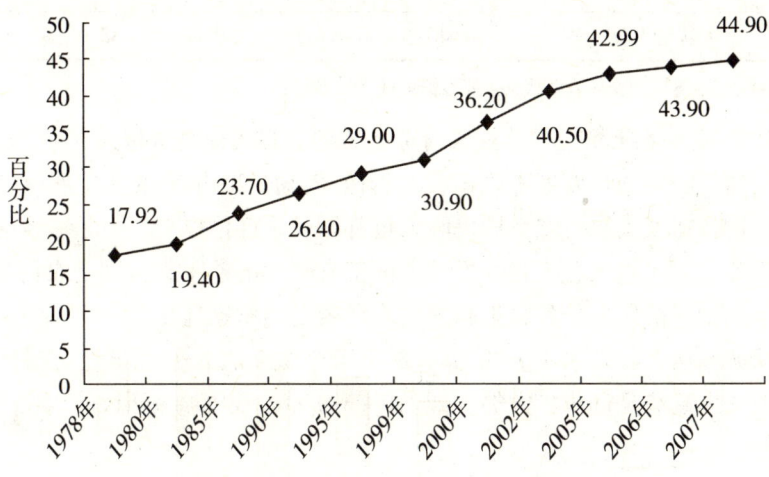

图0-2　1978—2007年中国城市化率变化趋势（%）

表0-1 农村劳动力①资源总量、外出从业劳动力②资源总量及地域分布

项目	全国	东部地区	中部地区	西部地区	东北地区
农村劳动力资源总量（万人）	53 100	19 828	14 582	15 142	3 548
外出从业劳动力资源总量（万人）	13 181	3 846	4 918	4 035	382

资料来源：第二次全国农业普查主要数据公报（第五号）

表0-2 外出从业劳动力资源总量及从业的地区③构成与产业构成（%）

外出从业劳动力从业地区构成	全国	东部地区	中部地区	西部地区	东北地区
乡外县内	19.2	29.9	13.5	15.2	26.9
县外市内	13.8	18.4	9.9	12.4	31.5
市外省内	17.7	33.1	9.0	12.8	24.2
省外	49.3	18.6	67.6	59.6	17.4
外出从业劳动力从业产业构成	全国	东部地区	中部地区	西部地区	东北地区
第一产业	2.8	2.5	2.2	3.6	4.2
第二产业	56.7	55.8	57.1	58.4	44.3
第三产业	40.5	41.7	40.7	38.0	51.5

资料来源：第二次全国农业普查主要数据公报（第五号）

(2) 城乡差距扩大，导致农村劳动力家庭化流动趋势增强

当前，我国城乡发展不均衡，尽管改革开放30年来城乡发展保持良好态势，增长速度飞快，城乡居民收入也都增长了5倍以上，但是城乡居民在公共服务、居民收入、教育发展等方面都有较大的差距，特别是农村义务教育水平的相对落后，导致越来越多的农村劳动力举家迁出。

从城乡居民收入水平分析，1978年至今城乡收入差距虽然有过缩小阶段，但总体趋势是逐步扩大的。如表0-3所示，我国城乡居民收入比由1978

---

① 农村劳动力，是指2006年年末农村住户常住人口（即在本户居住6个月以上人口）中16周岁以上具有劳动能力的人员。

② 农村外出从业劳动力，是指农村住户户籍从业人员中，2006年到本乡镇行政管辖区域以外从业1个月及以上的人员。

③ 分为四大地区：东部地区包括北京市、天津市、河北省、上海市、江苏省、浙江省、福建省、山东省、广东省、海南省；中部地区包括山西省、安徽省、江西省、河南省、湖北省、湖南省；西部地区包括内蒙古自治区、广西壮族自治区、重庆市、四川省、贵州省、云南省、西藏自治区、陕西省、甘肃省、青海省、宁夏回族自治区、新疆维吾尔自治区；东北地区包括辽宁省、吉林省、黑龙江省。

表 0-3　中国城乡居民收入状况

年份	城镇居民年可支配收入（元）	农民人均年纯收入（元）	城镇居民家庭恩格尔系数（%）	农村居民家庭恩格尔系数（%）	城乡居民收入差距
1978	343.4	133.6	57.5	67.7	2.57:1
1980	477.6	191.3	56.9	61.8	2.50:1
1985	739.1	397.6	53.3	57.8	1.86:1
1990	1 510.2	686.3	54.2	58.8	2.20:1
1991	1 700.6	708.6	53.8	57.6	2.40:1
1992	2 026.6	784.0	53.0	57.6	2.58:1
1993	2 577.4	921.6	50.3	58.1	2.80:1
1994	3 496.2	1 221.0	50.0	58.9	2.86:1
1995	4 283.0	1 577.7	50.1	58.6	2.71:1
1996	4 838.9	1 926.1	48.8	56.3	2.51:1
1997	5 160.3	2 090.1	46.6	55.1	2.47:1
1998	5 425.1	2 162.0	44.7	53.4	2.51:1
1999	5 854.0	2 210.3	42.1	52.6	2.65:1
2000	6 280.0	2 253.4	39.4	49.1	2.79:1
2001	6 859.6	2 366.4	38.2	47.7	2.90:1
2002	7 702.8	2 475.6	37.7	46.2	3.11:1
2003	8 472.2	2 622.2	37.1	45.6	3.23:1
2004	9 421.6	2 936.4	37.7	47.2	3.21:1
2005	10 493.0	3 254.9	36.7	45.5	3.22:1
2006	11 759.5	3 587.0	35.8	43.0	3.28:1
2007	13 786.0	4 140.0	36.3	43.1	3.33:1

数据来源：1978—2006 年数据来源于《中国统计年鉴 2007》；2007 年数据来源于《2007 年国民经济和社会发展统计公报》。其中城乡居民收入差距根据各年数据计算而得，计算公式为："城乡居民收入差距 = 城市居民人均年可支配收入：农民人均年纯收入"。

年的 2.57:1 上升到 2007 年的 3.33:1，绝对差距达到了 9 646 元[①]。城乡居民家庭恩格尔系数（即居民家庭食品消费支出占家庭消费总支出的比重）相

---

① 根据《中国统计年鉴 2007》中城乡居民收入数据计算而得。

差6.8个百分点（中华人民共和国国家统计局，2008）。从城乡教育差距分析，由于长期以来形成的城乡二元结构，城乡之间的教育投资差距显而易见，国家有限的教育经费较多地投入到基础较好的城市学校或重点中小学校，却忽略了乡村学校；从国民人均受教育年限来看，教育部公布的《中国教育与人力资源问题报告——从人口大国迈向人力资源强国》数据分析显示："1982—2000年，农村15岁及以上人口人均受教育年限从4.70年上升到6.85年，城镇15岁及以上人口人均受教育年限从7.57年上升到9.80年，农村比城市低2.95年；而且2000年我国15岁以上文盲人口有3/4分布在农村。"（中国教育与人力资源问题报告课题组，2003）根据中国第五次全国人口普查结果，农村劳动人口人均受教育年限为7.33年，而城市是10.20年，城乡人均受教育年限差距是2.87年。

现代推拉理论说明，在市场经济和人口自由流动的情况下，人口迁移和移民搬迁的原因是人们可以通过搬迁改善生活条件。于是，在流入地中那些使移民生活条件改善的因素就成为拉力，而流出地中那些不利的社会经济条件就成为推力。人口迁移就是在这两种力量的共同作用下完成的。因此，城乡收入差距与城乡教育发展差距为农村劳动力外出产生了强大的"推拉合力"，大多数外出从业的农村劳动力在进城后选择继续留城生活，并且在适当的时候举家迁移，导致随迁子女规模越来越大。

（3）维护教育公平，迫切需要解决进城务工农民随迁子女教育问题

胡锦涛总书记在2007年8月31日召开的全国优秀教师代表座谈会上明确指出，"要把促进教育公平作为国家基本教育政策"。温家宝总理也强调，"教育公平是重要的社会公平"。教育涉及千家万户，事关人民群众切身利益，实现教育公平既是建设中国特色社会主义与构建和谐社会的基本要求，也是我国教育改革和发展始终不懈追求的目标。教育公平的内涵可以分为三个层次：确保人人都享有平等的受教育的权利和义务；提供相对平等的受教育的机会和条件；教育成功机会和教育效果的相对均等，即每个学生接受同等水平的教育后能达到一个最基本的标准，包括学生的学业成绩上的实质性公平及教育质量公平、目标层面上的平等。

教育公平是社会公平的重要基础，进城务工农民随迁子女教育问题是实现教育公平必须解决的瓶颈问题，是任何一个崇尚公平与正义的社会必须正视的问题。让适龄的进城务工农民随迁子女不再游离于义务教育之外，平等享有受教育的权利，它不仅关系到广大进城务工农民的切身利益，更关系到下一代人的健康成长。全纳教育理论积极倡导教育公平和全部接纳（即共

同、共容），反对排斥，强调合作，反对歧视，主张全纳，强调尊重个体差异和多样化存在和发展；力求促进人与人、人与社会、人与自然的和谐共处，进而建立一种无歧视、无排斥的，平等、公正、和谐相处的全纳社会。因此，使所有进城务工农民随迁子女都能在城市里享受公平、均衡的优质教育，才能符合教育公平和全纳教育理念的实质，才是构建和谐社会的要旨。

(4) 坚持以人为本，必须有效解决进城务工农民随迁子女教育问题

人本主义教育观非常重视人性的培养，普遍关心教育对培养儿童独立人格所起的作用，关注学生的内心世界，以顺应学生的兴趣、需要、经验以及个别差异等；在教育和环境的关系上，认为只有家庭教育、学校教育、社会教育结合起来，形成教育的合力，才能为学生创设一个健康的成长环境，才能最大限度地使学习者的内在潜能得以发挥。然而，进城务工农民随迁子女进入流入地之后，无论是在公办学校、民办学校还是在未获准打工子弟学校就读，在教学中常常受到相对不公平待遇，并不易与城里的老师、孩子融合，容易受到歧视，在学习生活中缺少人文关怀，从而导致他们接受教育缺乏一种良好的氛围，不利于他们的学习。因此，坚持以人为本的思想，解决进城务工农民随迁子女教育问题是科学发展观的深度体现。

（二）研究意义与研究目标

1. 研究意义

《国务院关于解决农民工问题的若干意见》指出，农民工问题事关我国经济和社会发展全局，维护农民工权益是需要解决的突出问题，其中子女上学问题成为难点之一。十七大报告提出，教育是民族振兴的基石，教育公平是社会公平的重要基础。解决好农民工子女教育的问题，直接关系到维护社会公平正义，保持社会和谐稳定的局面，同时，更能体现我国的教育公平、社会公平，对促进我国教育事业发展、促进社会主义新农村建设、实现统筹城乡发展及解决民生问题有着较为典型的示范意义。因此，研究进城务工农民随迁子女教育问题并提出解决对策在当前社会意义重大。

2. 研究目标

本研究的主要目标是了解进城务工农民随迁子女的流动现状与流动趋势；总结提炼解决进城务工农民随迁子女教育问题的典型经验；调查了解进

城务工农民随迁子女教育现状及存在问题；提出适合当前进城务工农民随迁子女流动特征的教育政策及对策建议，为政府及教育行政部门科学决策提供咨询意见或参考建议。

（三）研究内容与研究重点

1. 研究内容

本书研究内容包括流动儿童及进城务工农民随迁子女的流动现状研究、进城务工农民随迁子女的教育现状、问题及成因分析、进城务工农民随迁子女教育相关政策研究、进城务工农民随迁子女教育的对策建议研究等。

2. 研究重点

本书研究重点包括四方面：一是进城务工农民随迁子女的流动现状；二是进城务工农民随迁子女的教育现状分析；三是进城务工农民随迁子女教育相关政策及实施效果；四是进城务工农民随迁子女教育的对策建议研究。

（四）研究思路与研究方法

1. 研究思路

在搜集相关文献资料、官方统计数据的基础上，本研究主要做以下几方面的工作：

（1）重点研究进城务工农民随迁子女的流动现状、特点；

（2）全面把握进城务工农民随迁子女教育现状、问题及成因；

（3）分析已有的进城务工农民随迁子女教育相关学术研究，借鉴经验，得到启示；

（4）分析进城务工农民随迁子女教育的相关政策、措施、经验及实施情况；

（5）在实证研究、文献研究、政策研究的基础上，深入思考具有前瞻性、可操作性的进城务工农民随迁子女教育对策。

研究具体思路如图 0-3 所示。

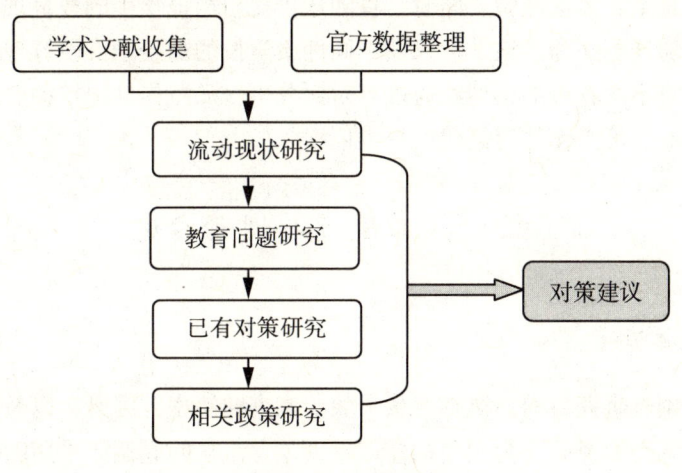

图 0-3 研究思路

2. 研究方法

本研究采用定性研究与定量研究相结合的方法，具体运用了文献研究法、调查研究法、比较研究法等。在运用调查研究法时，采用了抽样调查、全面调查及典型调查等方法。

（1）文献研究法（Literature Research）

通过查阅大量的国内外相关文献资料，了解了与进城务工农民随迁子女教育相关的研究，并分类整理，从中得到借鉴与启示，为政策建议的提出奠定了比较扎实的学术基础。

（2）调查研究法（Survey Research）

通过调查表、访谈和问卷调查三种调查工具，对当地政府及教育行政部门，校长、教师、学生及家长进行调研或访谈，得到了丰富的第一手资料，为进城务工农民随迁子女的流动特点、教育现状及政策实施情况的分析提供了真实有效的数据。

问卷回收后，对有效问卷进行了整理。在此基础上，运用统计学中数量关系分析方法、SPSS统计分析软件对进城务工农民及随迁子女的数量表现，包括规模、水平、数据增长速度、结构比重、与其他群体的关系进行分析，将繁杂的原始材料整理、汇总成容易理解能够进行处理的统计图、统计表，通过量化分析、统计检验，根据样本研究推断总体情况。

（3）比较研究法（Comparative Study）

本研究将外国流动儿童教育的研究与我国这方面的研究结合起来，在比较分析后总结、借鉴经验。同时,将随迁子女与当地学生的教育现状、不同性质学校随迁子女与当地学生以及不同性质学校的随迁子女教育现状进行对比分析;将不同省市的典型经验进行对比分析,从差异性中挖掘普遍性,为提出有效的、可操作的对策建议提供依据。

(五) 样本设计与调研实施

1. 样本设计

根据调查研究目的、调查变量个数、调查回答率等因素,以及以往若干全国社会调查的经验,为避免抽样调查误差,本次问卷调研采用随机抽样原则,以义务教育阶段接收进城务工农民随迁子女的各类学校为主,运用分层整群抽样方法,最终确定每城市样本规模为800人(400名学生、400位家长),整个调研的样本规模为9 600人。问卷调研中具体的抽样方案是:每城市选择4所学校,包括公办学校、民办学校(含获准打工子弟学校)①、未获准打工子弟学校。根据实际情况,在调查时,以民办学校尤其是未获准打工子弟学校为主,但至少要包括一所公办学校,每所学校选择100名学生与相应的100位家长。访谈调查则每城市访谈1位政府部门主管教育的领导、1位教育局相关领导、4位学校校长,共6位访谈对象,整个访谈调研样本规模为72人。如表0-4所示。

表0-4 调研样本规模

调查城市	调查方法	样本规模(人)
北京、上海、广州、深圳、成都、郑州、杭州、义乌、东莞、重庆、格尔木、乌鲁木齐	问卷法	(400+400)×12=9 600
	访谈法	6×12=72
	问卷+访谈 合计	9 672

2. 调研实施

在实地调查中,根据事先制定好的调查手册,组成调研小组分赴12座

---

① 本书中民办学校是指国家机构以外的社会组织或者个人,利用非国家财政性经费,面向社会依法举办的,以接收进城务工农民随迁子女为主的义务教育阶段学校,包括获准打工子弟学校,以下统称为"民办学校"。

城市开展调研。调研过程中，各省市教育局、教科所、社管办等单位大力支持，并派相关人员配合调研员共同走访与调查，大大提高了调研效率与质量。调研实施基本流程如下。

（1）学校调研

根据调研目的与内容，问卷调研由各城市相关负责单位抽取接收进城务工农民随迁子女较多的公办学校、民办学校、未获准打工子弟学校共4所，以班级为单位，抽取小学四年级、五年级和初中一、二年级学生各1个班发放自制问卷《中小学在校学生基本情况问卷调查》与《中小学在校学生家长问卷调查》。在对样本班级进行问卷调查时，由两名调研员先将问卷调查目的、问卷填答要求按照调查手册进行说明，并指导学生完成调查问卷；问卷回收采取学生问卷当场回收的方式，随后再发放家长问卷，家长问卷采取由学生先填好问卷编号及问卷类型后带回家填答，次日由班主任负责统一收齐，再由学校统一交指定地点，最后调研人员负责回收与整理。同时，另外两名调研人员负责对校长进行问卷调查和访谈；并对学校办学条件、学生精神面貌以及学校整体状况进行实地观察。

（2）领导访谈

学校调研结束后，调研小组成员对当地教育局、教科所、社管办等单位相关负责人进行深入访谈，全面了解当地教育发展概况、进城务工农民随迁子女教育状况及相关政策执行情况等，并获取相关的原始资料以备研究之用。实地调研实施基本流程如图0-4所示。

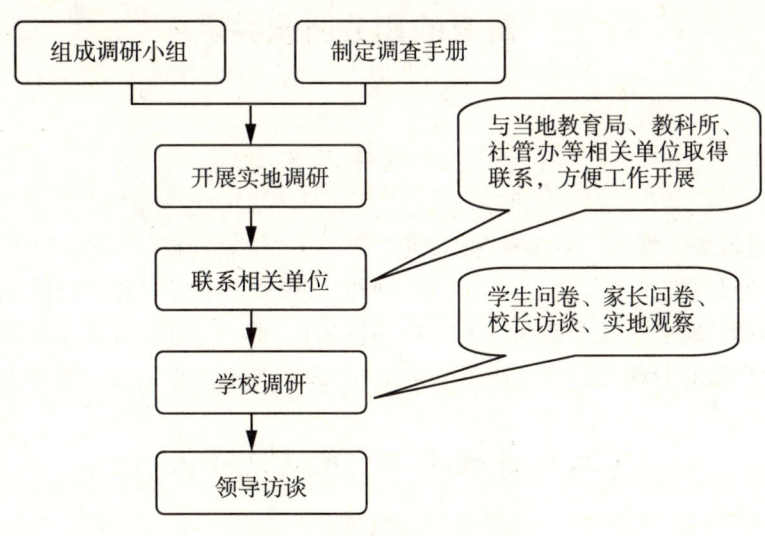

图0-4 实地调研实施流程

3. 数据处理

在样本规模确定之后，受学校班级人数不同的影响，本次调研收回学生、家长、访谈有效问卷共 7 864 份，其中学生有效问卷 4 252 份，家长有效问卷 3 520 份，领导访谈问卷 92 份。

2008 年 5 月底调研问卷及访谈数据等全部回收完毕，调研组组织专业人员对回收问卷及资料进行整理，对于不符合逻辑的问卷一律淘汰；之后共同协商问卷数据录入的支持软件，并制定了 SPSS11.0 数据录入专业模板；6 月初开始对 12 座城市回收有效数据进行录入，录入初步完成后，调研组成员共同对数据进行预分析；7 月初，调研组成员邀请相关统计分析专家对数据分析进行指导。因此，在数据的处理上，主要采用 SPSS11.0 中的基本描述性统计与推断统计方法进行数据处理。数据处理流程图如图 0-5 所示。

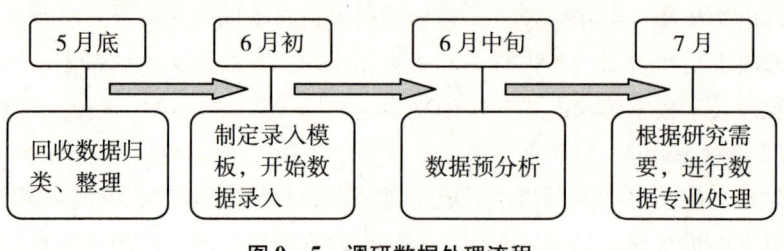

图 0-5　调研数据处理流程

二、研究的相关概念界定

（一）进城务工农民

"进城务工农民"有多种称谓，如"民工""流动人口""外来人口""打工者""进城农民工"等。在参考相关研究成果后，本书中的"进城务工农民"是指：跨省市或跨地区（省市内不同地区间）长期外出进城务工就业的农村户籍的劳动力，不包括在本县或本乡从事非农产业的农村劳动力。

（二）进城务工农民随迁子女

"进城务工农民随迁子女"的表述从 1996 年《城镇流动人口中适龄儿童少

年就学办法（试行）》以来，经过了"城镇流动人口中适龄儿童少年""流动儿童少年""流动人口子女""农民工子女""进城务工就业农民子女"等概念的演变。2008年8月，《国务院关于做好免除城市义务教育阶段学生学杂费工作的通知》中又称为"进城务工人员随迁子女"。政策对象的表述变化，不仅与进城务工农民随迁子女教育问题的日趋突出有密切关系，而且也反映了国家把随迁子女教育问题从教育政策问题逐步上升到公共政策问题的认识和变化过程。

本书所指的"进城务工农民随迁子女"即"进城务工人员随迁子女"，即户籍不在县城及以上城市，而随进城务工就业的父母或监护人在县城及以上城市合法居住的，应依法接受九年义务教育的适龄①儿童少年，简称为"随迁子女"。随迁子女类型包括两类：(1) 在农村出生后随父母进城的适龄儿童少年；(2) 父母进城务工后，在城市出生并留城生活的适龄儿童少年。

（三）流动儿童

《流动儿童少年就学暂行办法》（教基〔1998〕2号）中所称的"流动儿童少年"是指：6至14周岁（或7至15周岁），随父母或其他监护人在流入地暂时居住半年以上有学习能力的儿童少年。本书中的"流动儿童"是指：随父母或其他监护人到流入地暂时居住半年以上的，年龄在14周岁以下的儿童少年。②

（四）流动儿童与随迁子女的关系

根据二者概念界定，流动儿童包括随迁子女在内，随迁子女是处于义务教育阶段（6~14周岁）的农村户口适龄儿童，是流动儿童的一部分。由于目前关于随迁子女流动趋势分析的较新依据是来源于《2005年全国1%人口抽样调查主要数据公报》的公布数据，因此为全面把握随迁子女的流动趋势与受教育状况，本书将流动儿童全部纳入分析范围。

---

① 《中华人民共和国义务教育法》第十一条规定："凡年满六周岁的儿童，其父母或者其他法定监护人应当送其入学接受并完成义务教育；条件不具备的地区的儿童，可以推迟到七周岁。"但为与《2005年全国1%人口抽样调查主要数据公报》推测数据的年龄段相统一，本书中所指义务教育阶段适龄儿童年龄段是6~14周岁。

② 本书依据《2005年全国1%人口抽样调查主要数据公报》的公布数据推算流动儿童流动情况，其年龄段为14周岁以下。为与此相统一，本书中所指的流动儿童年龄段为14周岁以下。

三、研究的基本结论

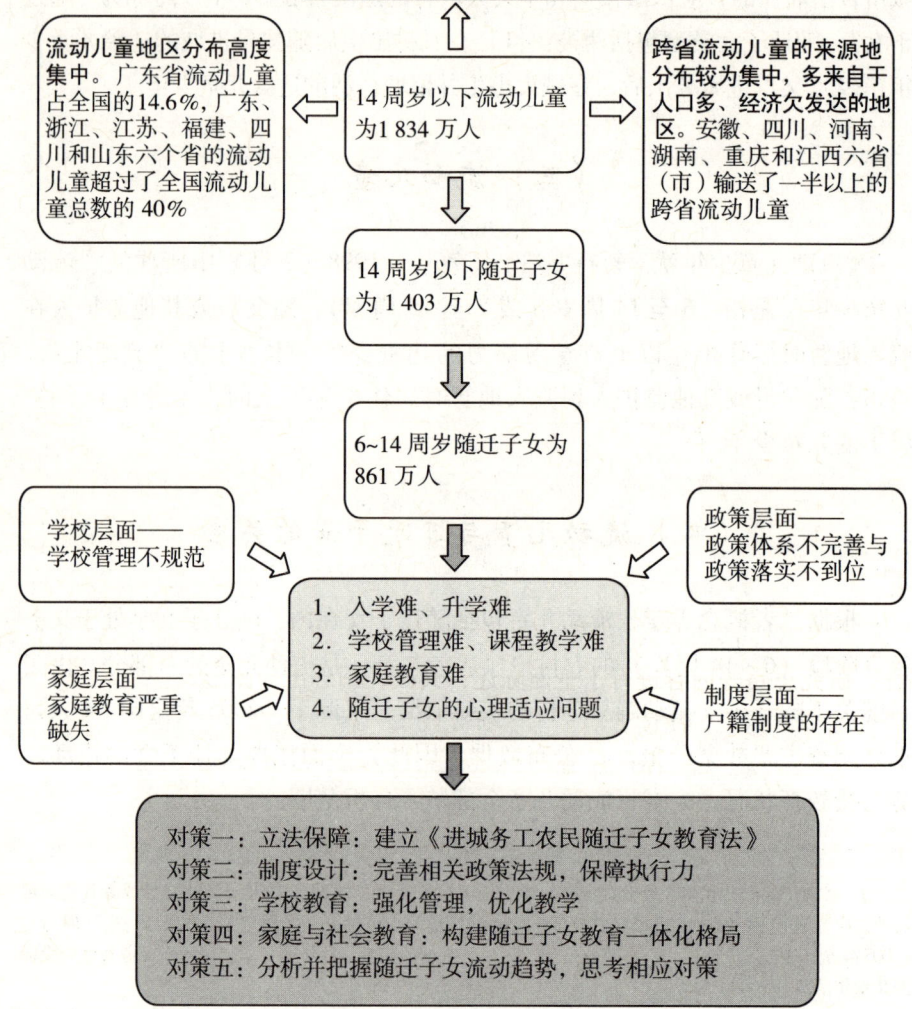

图0-6 研究的基本结论

四、本书的结构与内容梗概

本书由导论、上篇、下篇、附录四部分构成,全书结构如图0-7所示。

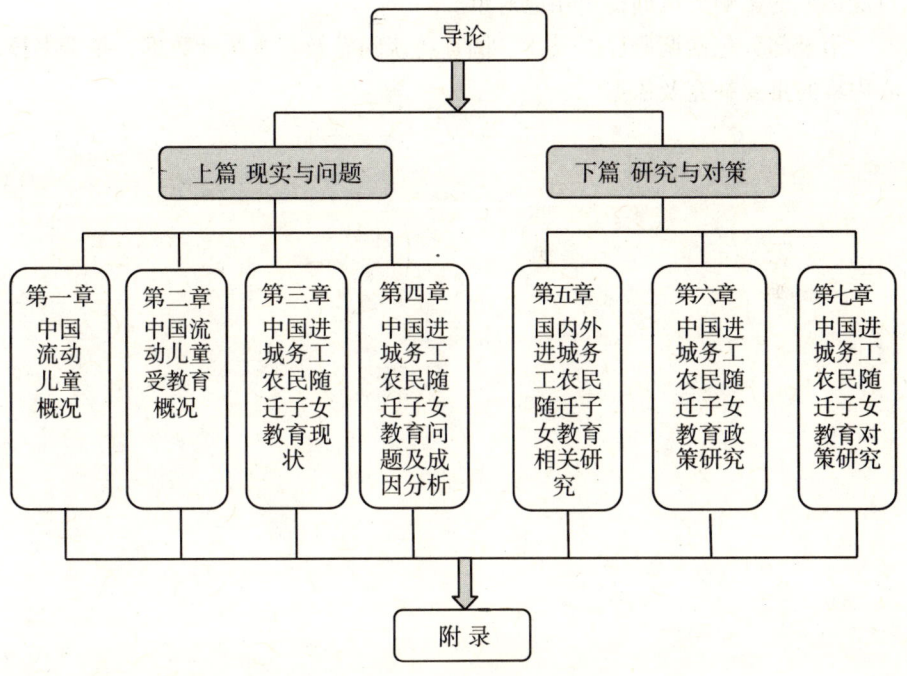

图0-7 全书结构

导论是全书的导向图。首先,对问题提出、研究相关概念界定、研究过程、研究思路等内容进行了全面陈述;其次,用思维导图形式生动地展现了研究的基本结论,使读者对全书的研究成果一目了然。

全书的核心内容分为上篇与下篇两部分。

上篇以科学分析数据和实地调研为主,共分为4章。第一章和第二章根据2005年全国1%人口抽样调查数据,对我国流动儿童的基本状况及受教育状况进行了分析,为了解随迁子女基本状况奠定了扎实的科学基础。第三章和第四章是对我国进城务工农民随迁子女的教育现状、问题及成因的深入解读。

下篇以文献梳理与政策研究为主,共分为3章。第五章全面把握国内外与随迁子女教育相关的理论与实践经验研究；第六章对我国进城务工农民随迁子女教育相关政策的历史演变及特点和政策执行效果进行了客观分析；第七章是全书的重心，在前面研究的基础上，提出了解决我国进城务工农民随迁子女教育问题的对策及建议，并针对2008年后半年出现的金融危机所造成的大量进城务工农民返乡现象进行解读，客观判断随迁子女的流动趋势及可能造成的影响，从而提出相应对策。

附录部分包括调研样本描述、调查访谈问卷及基本统计数据，是全书核心内容的重要补充及依据。

上篇

现实与问题

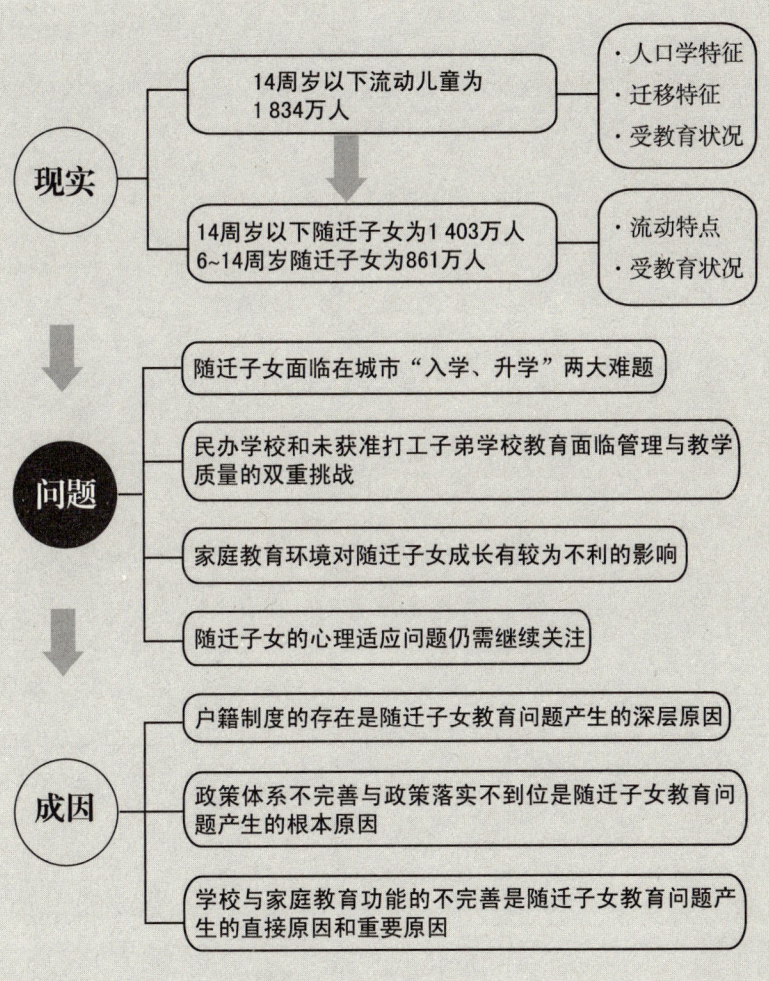

第一章

中国流动儿童概况

　　进入 21 世纪以来，我国流动人口持续保持强劲的增长势头。同时，流动儿童的数量也在不断增加并引起了中央和地方各级政府的高度重视。在流动儿童问题备受关注的同时，我们观察到一个与此相悖的矛盾现象，即虽然流动儿童问题备受重视，但有关流动儿童的各种基本信息却明显缺乏。目前所掌握的有关全国流动儿童状况的信息，全部源于 2000 年第五次全国人口普查。10 年前的信息，已经难以准确反映当前的流动儿童状况。为此，本书依据《2005 年全国 1% 人口抽样调查主要数据公报》的公布数据，概括和分析全国流动儿童的各项特征，以期为流动儿童问题的解决提供基本的人口学依据。

第一节　资料来源和概念界定

一、资料来源

本书关于流动儿童最新状况的描述和分析，以 2005 年全国 1% 人口抽样调查的数据为依据，我们从该次调查的原始数据中抽取了一个人数为 2 585 481 人的子样本。如无特别说明，本书以下分析结果及所推算数据，均根据该子样本数据。

二、概念界定

在我国，一般将流动人口理解为户籍不在"本地"但在"本地"已居住相当长时间的人口。但是，这些离开户口登记地异地居住的人实际上包含了至少两类情况差别十分悬殊的人，一类是远离家乡到"外地"经营、就业或学习的人；另一类则是在一个城市的市区范围内因为搬迁等原因而形成居住地与户口登记地相分离的人。前一类人口在很大程度上与人们在日常生活中所说的流动人口接近，后一类人口则被称为城市内部人户分离人口（简称市内人户分离人口）。

流动人口与市内人户分离人口在年龄结构、教育、婚姻、就业、迁移原因等诸多方面都存在明显的差别（段成荣 等，2006）。因此，在进行统计和分析时有必要将流动人口与市内人户分离人口区分开。

综合上述考虑，结合 2005 年全国 1% 人口抽样调查的数据结构，我们可以把流动人口定义为："调查时点居住地"（调查项目 R7）在本调查小区，"户口登记地情况"（调查项目 R6）为本乡（镇、街道）以外的人口，但不包括这些人口中在一个城市市区范围以内居住地和户口登记地相分离的人口。据此，流动人口界定的主要依据是"户口登记地情况"（调查项目 R6）。具体地讲，调查项目 R6 共有以下答案选项：1. 本乡（镇、街道），2. 本县（市、区）其他乡（镇、街道），3. 其他县（市、区）。对于选择答案 3 的被调查者，还要进一步填报户口所在的省、市（地）及县（市、区）。根据该项目特点以及前文所述原则，我们将常住人口中 R6 选择答案 1

的人定为人户一致人口，选择答案2或答案3的人进一步分为流动人口和市内人户分离人口两类。详细分类信息参见图1-1。

相应地，将流动儿童定义为流动人口中14周岁及以下的儿童人口。依照流动儿童所跨越行政区域的级别，还可以将流动儿童进一步划分为县（市）内流动儿童、省内跨县（市）流动儿童和跨省（市、区）流动儿童。

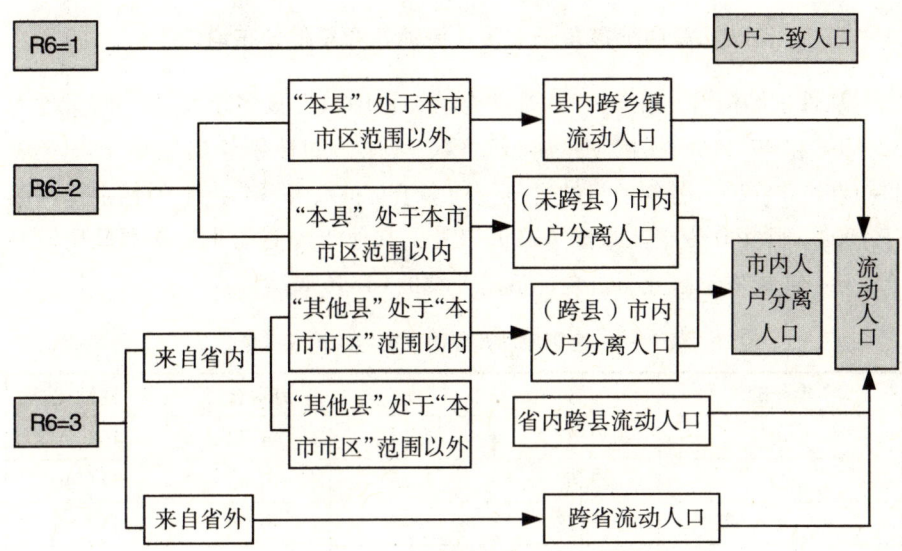

图1-1 依据2005年1%人口抽样调查数据划分的人户一致人口、市内人户分离人口和流动人口

第二节 流动儿童的人口学特征与迁移特征

当前，人口迁移的显著性和活跃性日益明显，并已成为重要的社会经济现象。流动儿童作为我国改革开放的产物，其人口学特征与迁移特征对于全面掌握流动儿童的基本情况及流向至关重要。

一、流动儿童的人口学特征

（一）我国流动儿童规模庞大，增长迅速

根据《2005年全国1%人口抽样调查主要数据公报》公布的数据，14

周岁及以下流动儿童占全部流动人口的比重为12.45%。根据这一比重和全国流动人口总量（1.4735亿人）推算，全国14周岁及以下流动儿童规模达到1834万人。

与2000年第五次全国人口普查时相比，全国14周岁及以下流动儿童数量增长了424万人，5年间增长30%。

（二）流动儿童中男孩多于女孩，流动儿童年龄分布均匀

从性别结构看，在0~14周岁流动儿童中，男孩多于女孩。男女各占52.89%和47.11%，性别比为112.37。从他们的性别年龄结构上看（表1-1和图1-2），各年龄组的男孩数均多于女孩数（各年龄上的性别比均高于100）。除了0岁组儿童比重略低以外，其他年龄流动儿童基本呈均匀分布。6~14周岁学龄儿童占全部流动儿童的61.36%。

表1-1 全国流动儿童的性别年龄构成（%）

年 龄	男	女	男女合计	性别比
0	2.27	2.15	4.42	105.58
1	3.60	3.23	6.83	111.46
2	3.28	2.96	6.24	110.81
3	3.64	2.96	6.60	122.97
4	3.80	3.39	7.19	112.09
5	3.93	3.43	7.36	114.58
学龄前儿童合计	20.52	18.12	38.64	113.25
6	3.57	3.02	6.59	118.21
7	3.62	3.28	6.90	110.37
8	3.51	3.15	6.66	111.43
9	3.76	3.37	7.13	111.57
10	4.17	3.72	7.89	112.10
11	3.47	3.02	6.49	114.90
12	3.55	3.19	6.74	111.29
13	3.28	3.05	6.33	107.54
14	3.44	3.19	6.63	107.84
学龄儿童合计	32.37	28.99	61.36	111.62
合计	52.89	47.11	100.00	112.27

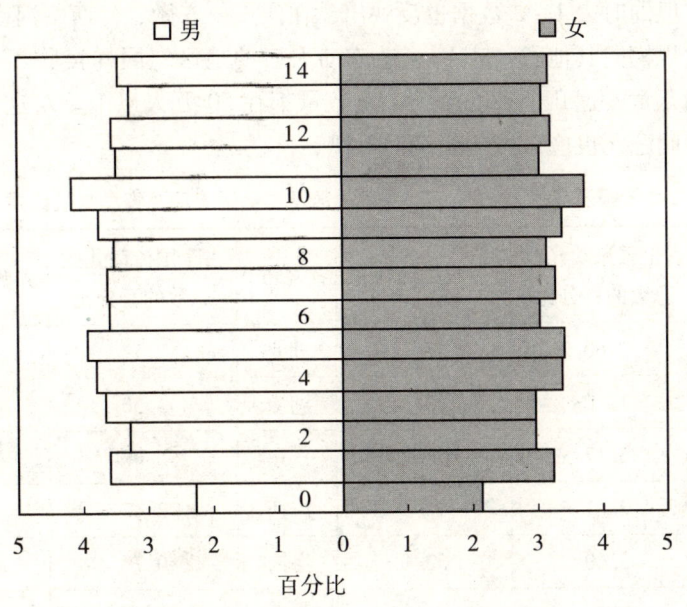

图1-2 全国流动儿童性别年龄结构

（三）大多数流动儿童来自农村

在0~14周岁全部流动儿童中，户口性质为农业户口的流动儿童占76.50%，非农业户口者只占23.50%。如果将户口性质为农业户口的流动儿童视为进城务工农民随迁子女的话，则全国进城务工农民随迁子女数量达到1 403万人。

（四）流动儿童地区分布高度集中，广东省流动儿童占全国的14.60%，人数达267.8万人

各地区流动儿童的数量如表1-2所示。从表中可以看到，流动儿童的分布集中于少数省份。广东省的流动儿童占全国总量的14.60%，人数高达267.8万人，远远高于其他省份。流动儿童数量较多的省还有浙江、江苏和福建，这三个省的流动儿童数量都超过100万人。四川和山东两省的流动儿童数量也比较多，分别达到92.9万人和79.6万人。前述6个省的流动儿童超过了全国流动儿童总数的40%。

值得指出的是，习惯上人们认为流动儿童主要流动到发达地区，前述广东、江苏、浙江等发达省份聚集了大量流动儿童的事实，也确认了惯常的这

一印象。但同时表1-2数据也反映出，在四川、安徽、江西、河南、湖北、湖南等大规模向其他省（市）输送流动人口的地区，同样接收了相当大规模的流动儿童，这几个省的流动儿童数量都在50万人以上。对这些地区的流动儿童问题，也应该给予相应的重视。

表1-2 全国及各省（市）流动儿童人数及占全国流动儿童总数的比重（%）

省（市）	占全国流动儿童总数的百分比	人数（万人）	省（市）	占全国流动儿童总数的百分比	人数（万人）
北京	2.60	47.7	湖北	2.77	50.8
天津	1.10	20.1	湖南	3.30	60.5
河北	3.17	58.1	广东	**14.60**	**267.8**
山西	2.61	47.8	广西	2.42	44.4
内蒙古	3.40	62.4	海南	0.76	13.9
辽宁	3.18	58.3	重庆	1.53	28.0
吉林	1.70	31.2	四川	**5.07**	**92.9**
黑龙江	2.35	43.0	贵州	2.52	46.2
上海	3.52	64.6	云南	3.13	57.4
江苏	**6.42**	**117.7**	西藏	0.13	2.3
浙江	**7.69**	**141.1**	陕西	2.13	39.1
安徽	3.56	65.3	甘肃	0.94	17.2
福建	**5.53**	**101.4**	青海	0.49	8.9
江西	3.32	60.9	宁夏	0.57	10.4
山东	**4.34**	**79.6**	新疆	2.36	43.2
河南	2.82	51.7	全国	100.00	1 834.0

（五）部分地区流动儿童在当地儿童总量中所占比重很高，其中，上海市每3个儿童中就有1个是流动儿童

日常生活中，当提到流动儿童问题时，人们首先想到的是上海和北京等主要城市。从表1-2看，上海、北京等城市的流动儿童规模并不特别"突出"。当然，这只是从流动儿童的绝对规模上考察的结果。因为和广东等省相比，上海、北京的总人口规模毕竟有限，因而其流动儿童绝对规模相对较小也是合理的。如果我们从流动儿童在各地全部儿童总量中所占的相对份额来看，则北京、上海等城市的流动儿童规模就十分"突出"了。

从全国总的情况来看，流动儿童在儿童总量中所占比重为6.03%，并不算高。但这个比重在不同地区之间存在着较大差异。如表1-3所示，在上海市，流动儿童在全体儿童中所占比重高达30.80%，每3个儿童中就有1个是流动儿童。这一比重较高的地区还有北京（23.83%）、浙江（14.51%）、天津（12.84%）、福建（12.08%）和内蒙古（11.44%）等地。

表1-3　各省（市）0~14周岁流动儿童占当地儿童总数的比重（%）

省（市）	流动儿童占当地儿童总数的百分比	流入城镇的流动儿童占城镇儿童总数的百分比	省（市）	流动儿童占当地儿童总数的百分比	流入城镇的流动儿童占城镇儿童总数的百分比
北京	23.83	26.07	湖北	3.47	7.37
天津	12.84	16.86	湖南	3.89	9.36
河北	3.58	8.00	广东	8.92	15.41
山西	5.07	8.96	广西	3.17	9.85
内蒙古	11.44	17.20	海南	5.21	10.11
辽宁	7.42	10.20	重庆	3.66	7.53
吉林	5.88	9.35	四川	3.84	9.39
黑龙江	5.74	8.14	贵州	3.33	10.47
上海	30.80	30.56	云南	3.43	10.80
江苏	7.82	12.06	西藏	1.97	5.09
浙江	14.51	21.21	陕西	4.18	9.29
安徽	3.13	7.41	甘肃	2.03	6.54
福建	12.08	21.56	青海	5.30	14.16
江西	4.31	9.55	宁夏	5.12	12.54
山东	4.27	7.87	新疆	6.98	12.90
河南	1.95	5.70	全国	6.03	12.41

由于流动儿童主要是从农村流动到城市和城镇，因而在流入地的城镇儿童中流动儿童所占比重更高。全国城镇儿童中的流动儿童比重为12.41%，每8个城镇儿童中就有一个是流动儿童。上海、北京、浙江、福建等地城镇儿童中流动儿童所占比重则分别达到30.56%、26.07%、21.21%和21.56%。

在中西部的湖南、广西、贵州、云南、宁夏、青海和新疆等地，流动儿童在当地城镇儿童总量中所占比重也比较高，达到10%左右。在这些地区，城镇地区的流动儿童问题也应该引起重视。

（六）流动儿童以独生子女居多

调查数据分析显示，49.54%的流动儿童是独生子女，38.90%的流动儿童有一个兄弟姐妹，8.96%的流动儿童有两个兄弟姐妹，2.60%的流动儿童有三个及以上的兄弟姐妹。

二、流动儿童的迁移特征

（一）跨省流动儿童、省内跨县流动儿童和县内流动儿童在全部流动儿童中各占1/3左右

流动儿童可以分为跨省流动儿童、省内跨县流动儿童和县内流动儿童三种类型。从表1-4可以看到，在全国流动儿童中，跨省流动儿童占全部流动儿童的34.87%，省内跨县流动儿童占31.52%，县内跨乡镇流动儿童占33.61%，三种类型流动儿童在全部流动儿童中所占比重都在1/3左右。

如果从6~14周岁学龄流动儿童的类型构成来看，县内跨乡镇流动儿童的比重相对较低。在全部学龄流动儿童中，跨省流动儿童占36.20%，省内跨县流动儿童占32.10%，县内跨乡镇流动儿童占31.70%。

表1-4 全国及各省(市)不同类型流动儿童构成(%)

省(市)	各类流动儿童所占百分比			总 计
	县内跨乡镇	省内跨县	跨 省	
北京	1.97	0.98	**97.05**	100.00
天津	4.68	0.34	**94.98**	100.00
河北	47.98	28.67	23.35	100.00
山西	47.96	31.84	20.20	100.00
内蒙古	39.18	36.38	24.44	100.00
辽宁	40.32	30.53	29.15	100.00
吉林	44.40	34.70	20.90	100.00
黑龙江	31.67	54.29	14.04	100.00
上海	1.46	2.49	**96.05**	100.00
江苏	21.49	27.60	**50.91**	100.00
浙江	29.64	16.13	**54.23**	100.00
安徽	52.62	39.05	8.33	100.00
福建	34.57	30.13	35.30	100.00
江西	67.59	23.15	9.26	100.00
山东	53.37	26.90	19.73	100.00
河南	44.23	45.52	10.25	100.00
湖北	36.02	43.40	20.58	100.00
湖南	49.50	42.95	7.55	100.00
广东	16.24	40.29	**43.47**	100.00
广西	41.45	39.79	18.76	100.00
海南	21.85	32.52	**45.63**	100.00
重庆	56.94	20.33	22.73	100.00
四川	51.01	35.62	13.37	100.00
贵州	37.79	43.75	18.46	100.00
云南	22.78	41.01	36.21	100.00
西藏	42.86	34.29	22.85	100.00
陕西	42.17	36.83	21.00	100.00
甘肃	36.96	43.97	19.07	100.00
青海	29.55	36.36	34.09	100.00
宁夏	32.26	38.06	29.68	100.00
新疆	17.26	19.44	**63.30**	100.00
全国	33.61	31.52	34.87	100.00

（二）各地流动儿童的类型构成差异巨大：北京、天津、上海、新疆、浙江等地的跨省流动儿童所占比重较高，而安徽、江西、河南、湖南等地的省内流动儿童所占比重高达90%左右

各个地区的流动儿童类型构成明显不同。如表1-4所示，从各类流动儿童的比重来看，大都市的跨省流动儿童比重比较大，北京（97.05%）、上海（96.05%）、天津（94.98%）的跨省流动儿童所占比重较高；新疆、江苏、浙江的跨省流动儿童所占比重也在50%以上。广东、海南等地的跨省流动儿童所占比重超过40%。

有些省份的省内流动儿童比重较高，比如江西、安徽、河南、湖南等省的省内流动儿童占当地全部流动儿童的90%左右。

在省内流动儿童较多的省份，又可以进一步分为两种情况：一种情况是省内跨县流动儿童明显多于县内流动儿童的省份，包括黑龙江、湖北、云南、贵州、甘肃、青海和宁夏等地；另一种情况是县内流动儿童明显居多的地区，主要包括安徽、河北、山西、辽宁、吉林、江西、山东、重庆和四川等地。

（三）广东、浙江、江苏、上海、北京五省（市）接收了全国56.50%的跨省流动儿童

从跨省流动儿童的流入地分布看，远距离的跨省流动儿童主要流动到东部发达地区。广东、浙江、江苏、上海、北京五省（市）接收的跨省流动儿童占全国跨省流动儿童总数的56.50%，仅广东一个省就接收了18.21%的跨省流动儿童。如表1-5所示。

（四）跨省流动儿童的来源地分布较为集中，多来自于人口多、经济欠发达的地区。安徽、四川、河南、湖南、重庆和江西六省（市）输送了一半以上的跨省流动儿童

在全部跨省流动儿童中，14.54%来自安徽，12.50%来自四川，8.88%来自河南，来自湖南、重庆和江西的跨省流动儿童也比较多。来自这六个省份的跨省流动儿童占全部跨省流动儿童的55.19%。如表1-5所示。

表1-5 跨省流动儿童的来源地和流入地分布（%）

省（市）	来源地	流入地	省（市）	来源地	流入地
北京	0.24	7.24	湖北	3.99	1.64
天津	0.09	2.98	湖南	6.82	0.71
河北	3.02	2.12	广东	1.98	18.21
山西	0.80	1.51	广西	3.14	1.31
内蒙古	1.64	2.38	海南	0.33	0.99
辽宁	1.04	2.66	重庆	6.25	1.01
吉林	1.41	1.02	四川	12.50	1.94
黑龙江	3.58	0.94	贵州	4.97	1.34
上海	0.10	9.71	云南	1.26	3.25
江苏	2.89	9.37	西藏	0.10	0.08
浙江	3.48	11.97	陕西	2.04	1.28
安徽	14.54	0.85	甘肃	1.76	0.51
福建	3.01	5.59	青海	0.25	0.47
江西	6.20	0.88	宁夏	0.21	0.48
山东	3.10	2.46	新疆	0.38	4.27
河南	8.88	0.83	全国	100.00	100.00

（五）流动儿童多属长期流动

很多人认为，和流动人口一样，流动儿童的主要特点是"流"或者是"动"，他们在流入地的停留是短暂的，会很快结束他们的流动过程并最终返回老家。然而，事实并非如此。2005年1%人口抽样调查收集了流动人口的"离开户口登记地时间"信息。根据这一信息，可以计算流动儿童在户口登记地以外地区流动的时间。分析发现，在0~5周岁的流动儿童中，半数流动儿童的流动时间接近他们的年龄，也就是说，这些年龄较小的儿童，他们成长过程中的大部分时间是在"流动"中度过的。而在6~14周岁的流动儿童中，1/3的人的流动时间超过了6年。

平均而言，每个流动儿童在户口登记地以外地区"流动"的时间为3.6年。各年龄组流动儿童的平均流动时间是随着年龄增长的，其中5~7周岁的流动儿童的平均流动时间为3~4年，而8~10周岁的流动儿童的平均流动时间达到4~5年，11~14周岁的流动儿童的平均流动时间都在5年以上。上述信息表明，流动儿童在户口登记地以外地区的流动是长期的，并不像人们认为的那样是暂时的。如表1-6所示。

表1-6 分年龄的流动儿童流动时间构成（%）和平均流动时间（年）

年龄	半年以下①	半年至一年②	一年至二年③	二年至三年④	三年至四年⑤	四年至五年⑥	五年至六年⑦	六年以上⑧	合计	平均流动时间①
0	49.9	50.1	—	—	—	—	—	—	100.0	0.5
1	0.2	52.7	47.1	—	—	—	—	—	100.0	1.1
2	0.2	26.3	43.4	30.1	—	—	—	—	100.0	1.6
3	0.2	23.6	20.2	31.5	24.5	—	—	—	100.0	2.1
4	0.3	21.4	17.8	14.6	23.5	22.4	—	—	100.0	2.6
5	0.5	18.9	17.7	12.3	12.6	19.5	18.5	—	100.0	3.1
6	0.3	19.5	16.6	12.4	10.0	6.9	15.3	19.0	100.0	2.2
7	0.3	16.9	15.6	12.6	9.3	7.2	6.9	31.2	100.0	3.9
8	0.2	15.4	17.1	13.5	9.0	7.6	6.1	31.1	100.0	4.1
9	0.2	15.9	14.6	14.4	10.4	6.8	4.8	32.9	100.0	4.5
10	0.3	16.7	16.0	13.2	9.9	6.9	4.5	32.4	100.0	4.7
11	0.2	15.7	14.9	14.0	8.6	6.4	6.0	34.2	100.0	5.2
12	0.2	14.9	15.8	13.2	8.8	6.3	5.2	35.6	100.0	5.1
13	0.1	16.3	16.2	13.2	8.9	5.3	5.3	34.7	100.0	5.4
14	0.4	18.7	15.6	12.9	8.5	6.1	5.4	32.4	100.0	5.5
总计	2.4	22.2	19.5	14.1	9.9	7.1	5.4	19.4	100.0	3.6

① 平均流动时间的计算方法如下：

第①—⑦列的组中值分别取0.25年、0.75年、1.5年、2.5年、3.5年、4.5年、5.5年。

第⑧列所对应的是"六年以上"组，其组中值比较复杂，流动儿童的流动时间受其年龄的影响。0～5周岁的流动儿童的流动时间不可能为"六年以上"；6周岁组儿童的流动时间若为"六年以上"，则必然是六年；7～14周岁流动儿童的"六年以上"组的组中值参照中国人民大学人口与发展研究中心"2005年北京市1‰流动人口调查"的有关数据。该调查获取了流动儿童确切的流动时间数据，对于调查到的流动儿童中流动时间为"六年以上"的儿童，其分年龄的流动时间均值如下：

年龄	7	8	9	10	11	12	13	14	合计
流动时间均值	7.00	7.82	8.77	9.50	10.35	10.00	11.18	12.13	9.41

因此，组中值依据上表的均值进行修正得到。

最终，表6中平均流动时间的计算公式为：

平均流动时间 = （①×0.25 + ②×0.75 + ③×1.5 + ④×2.5 + ⑤×3.5 + ⑥×4.5 + ⑦×5.5 + ⑧×Y）/100

Y为上表中的流动时间均值。

不同类型的流动儿童的流动时间有所差异,省内跨县的流动儿童流动时间最长,平均为3.91年,其次是县内跨乡镇的流动儿童,其平均流动时间为3.55年,跨省流动儿童的流动时间最短。其原因可能和流动儿童的父母有关,最早期的人口流动往往是近距离的省内人口流动。如表1-7所示。

表1-7 分流动类型的流动儿童流动时间构成(%)和平均流动时间(年)

分 类	半年以下	半年至一年	一年至二年	二年至三年	三年至四年	四年至五年	五年至六年	六年以上	合计	平均流动时间
县内跨乡镇	2.1	24.5	19.4	13.1	10.1	6.6	4.7	19.5	100	3.55
省内跨县	2.4	19.9	17.4	14.2	10.2	7.6	5.6	22.7	100	3.91
跨 省	2.9	21.8	21.6	14.8	9.6	7.2	5.8	16.3	100	3.37
总 计	2.4	22.2	19.5	14.1	9.9	7.1	5.4	19.4	100	3.60

注:平均流动时间的计算方法同表1-6。

(六)流动儿童的迁移原因基本属于"随迁家属"或"投亲靠友"

人口迁移理论认为,人们迁移和流动的重要原因之一是为了更好地实现就业和增加经济收入,然而,儿童尚缺乏自立能力,他们的流动原因应该属于"随迁家属"或"投亲靠友"。如表1-8所示。在0~14周岁流动儿童中,57.67%的流动儿童是"随迁家属",22.09%的流动儿童是"投亲靠友",二者合计占79.76%,可见,大多数流动儿童能得到亲友的照顾;另有2.95%和7.28%的流动儿童分别因"拆迁搬家"和"学习培训"而到流入地。

不同类型的流动儿童的流动原因有所差异。县内跨乡镇流动儿童中11.61%其流动原因是"学习培训",这远远大于其他类型的流动儿童。而跨省流动儿童中"随迁家属"和"投亲靠友"的比重比较大。

表1-8 流动儿童的流动原因构成(%)

流动原因	不同类型流动儿童的流动原因所占百分比			全部流动儿童
	县内跨乡镇	省内跨县	跨 省	
学习培训	**11.61**	6.08	4.19	7.28
拆迁搬家	5.55	2.33	0.99	2.95
随迁家属	51.26	59.40	62.30	**57.67**
投亲靠友	17.57	22.69	25.89	**22.09**
寄挂户口	4.00	2.10	0.87	2.31
其 他	10.01	7.40	5.76	7.70
总 计	100.00	100.00	100.00	100.00

第三节 进城务工农民随迁子女规模及流动特点

一、进城务工农民随迁子女的总体规模

从总体规模看，2003年国务院妇女儿童工作委员会和全国妇联根据2000年第五次全国人口普查结果推算出的进城务工农民随迁子女将近1 500万人；据有关专家预测，至2020年，我国农民工数量将进一步扩张，农民工随迁子女数量将达到2 000万人左右（中华人民共和国教育部，2009）；同时，根据2005年全国1%人口抽样调查数据计算，在0～14周岁全部流动儿童中，户口性质为农业户口的流动儿童占76.5%，非农业户口者只占23.5%。如果将户口性质为农业户口的流动儿童视为进城务工农民随迁子女的话，则全国进城务工农民随迁子女数量达到1 403万人。

二、进城务工农民随迁子女的省市规模

本次调研以义务教育阶段进城务工农民随迁子女规模为调研重点，发现各省市义务教育阶段进城务工农民随迁子女数量在逐年增长，并且数量规模较大。如表1-9所示，北京、义乌、郑州、成都、重庆等地随迁子女数量均超过10万人；杭州、乌鲁木齐等地随迁子女数量在8万人及以下，而上海、广州、深圳、东莞、格尔木等地则以"流动人口子女或暂住人口子女"作为统计口径，如果根据"五普"的有关数据中"全国14岁以下农村户籍的流动儿童占74%"的比重计算，上海2006年流动人口子女中随迁子女有285 420人；广州2007年则有随迁子女318 200人；深圳2007年则有随迁子女376 660人；东莞2005年则有随迁子女250 860人；格尔木2006年则有随迁子女7 466人；如果按照《2005年全国1%人口抽样调查主要数据公报》中户口性质为农业户口的流动儿童占76.5%计算，2006年上海有随迁子女295 063人；2007年广州有随迁子女328 950人；2007年深圳有随迁子女389 385人；2005年东莞有随迁子女259 335人；2006年格尔木有随迁子女7 718人。

表1-9 义务教育阶段进城务工农民随迁子女统计数据

城 市	年 份	子女类型	人 数	统计来源
北京	2006	随迁子女	400 372	北京市教育委员会
上海	2006	流动人口子女	385 703	上海市教育委员会
杭州	2007	随迁子女	28 000	杭州市教育局
义乌	2006	随迁子女	141 714	义乌市教育局
郑州	2007	随迁子女	115 474	郑州市教育局
成都	2006	随迁子女	150 000	成都市教育局
广州	2007	非本地户籍生	430 000	广州市教育局
深圳	2007	暂住人口子女	509 000	深圳市教育局
东莞	2005	流动人口子女	339 000	东莞市教育局
重庆	2007	随迁子女	225 000	重庆市教育委员会
格尔木	2006	流动人口子女	10 089	青海省教育厅
乌鲁木齐	2007	随迁子女	80 000	乌鲁木齐市教育局

此外，根据《2007中国教育统计年鉴》数据分析显示：2006年，天津解决9万余名来津务工人员子女的教育问题；吉林省有农民工子女83 321人；江苏省有59.9万流动人口子女接受义务教育；宁波市共有19.3万名外来务工人员子女接受义务教育；福建省各地义务教育阶段学校共接收农民工子女48.7万人到校就读；河南省（包括郑州）进城同住农民工子女义务教育阶段适龄人数为32.3万人；湖北省在中等以上城市务工农民的子女有近20万人；湖南省城区中小学共接受农民工子女近10万人就读，等等。根据各地《国民经济和社会发展统计公报》数据分析显示，大连市2007年全市中小学共接收农民工子女9.3万人（国家统计局大连调查队，2008）；南京市2007年接纳外来务工人员子女接受义务教育人数达到6.37万人（南京市统计局，2008）；成都市武侯区截至2006年年底，共接纳了28 741名流动人员子女就读，约占全区在校学生总数的40.65%（武侯区统计局，2008）。可见，全国多数省市进城务工农民随迁子女数量非常大。

三、进城务工农民随迁子女的流动特点

调查数据分析显示，调研12座城市的进城务工农民随迁子女流动呈现

如下三大特点。

（1）以省内地区间流动为主。如表1-10所示，杭州、郑州、成都、广州、深圳、东莞、重庆、格尔木等城市的随迁子女来自本省的比重相当大。如杭州市随迁子女中的59.22%来自浙江省内，郑州市随迁子女中的85.13%来自河南省内，成都市随迁子女中94.14%的来自四川省内，广州、深圳、东莞三市的随迁子女中来自广东省内的分别占77.46%、55.61%、48.19%，重庆市随迁子女中的64%来自于市内，格尔木市随迁子女中青海省内的占59.41%。

（2）以邻近省份省际流动为主。如北京市随迁子女主要来自河北（14.73%）、安徽（15.18%）、河南（28.13%）、四川（9.82%）等地；上海市随迁子女主要来自江苏（10.75%）、安徽（45.33%）、四川（13.08%）等地；杭州市随迁子女除浙江户籍占大部分外，还有部分来自邻近省份安徽（10.61%）、江西（13.41%）等地；义乌市随迁子女主要来自浙江（12.75%）、安徽（16.67%）、江西（17.16%）、贵州（12.75%）等地；重庆市随迁子女除64%来自重庆市内以外，还有35.33%来自四川省；格尔木市随迁子女除59.41%来自青海省内以外，还来自于宁夏（20.08%）、河南（7.53%）等地；乌鲁木齐市随迁子女主要来自河南（29.46%）、四川（17.05%）、新疆其他地区（21.71%）。如表1-10所示。

（3）流入地一般是发达城市或沿海城市，如北京、上海、杭州、义乌以及广州、深圳、东莞等地；流出地则主要是发展中或西部城市，如安徽、河南、四川等是进城务工农民随迁子女的主要流出地。

表1-10 调研12座城市随迁子女地域来源特征（%）

流入地 流出地	北京	上海	杭州	义乌	郑州	成都	广州	深圳	东莞	重庆	格尔木	乌鲁木齐
北京	2.23	—	—	—	—	—	0.51	—	—	—	—	—
上海	—	0.47	—	—	—	—	—	3.06	—	—	—	—
重庆	1.34	4.21	—	4.41	1.03	1.03	1.73	0.51	2.41	64.00	—	—
河北	14.73	0.47	0.56	—	0.51	—	0.58	—	—	0.67	—	—
山西	—	—	1.68	0.49	0.51	—	—	—	—	—	—	—
辽宁	0.89	0.47	1.12	—	—	—	—	—	—	—	—	0.78
吉林	0.45	—	0.56	—	0.51	—	0.58	—	—	—	—	—

续表

流出地＼流入地	北京	上海	杭州	义乌	郑州	成都	广州	深圳	东莞	重庆	格尔木	乌鲁木齐
黑龙江	1.34	—	1.12	—	—	—	0.58	—	—	—	—	—
江苏	1.34	10.75	1.68	—	0.51	0.34	—	0.51	—	—	—	2.33
浙江	0.89	2.80	59.22	12.75	—	0.34	2.31	0.51	0.60	—	—	—
安徽	15.18	45.33	10.61	16.67	3.08	1.03	1.16	2.55	1.81	—	2.09	6.20
福建	1.34	0.93	—	2.94	—	0.34	2.89	0.51	3.61	—	—	1.55
江西	0.89	5.14	13.41	17.16	1.03	—	2.31	2.55	4.82	—	0.42	—
山东	4.91	2.34	1.12	0.49	1.54	—	—	—	—	—	0.42	3.10
河南	28.13	6.07	4.47	5.88	85.13	0.34	—	0.51	4.82	—	7.53	29.46
湖北	4.91	3.27	1.12	3.92	3.08	1.03	1.73	2.04	4.82	—	—	—
湖南	5.36	0.47	—	9.31	—	0.34	2.31	13.27	10.24	—	0.42	3.10
广东	—	0.47	—	0.49	0.51	0.34	77.46	55.61	48.19	—	—	—
海南	—	—	—	—	—	—	1.16	0.51	1.20	—	—	—
四川	9.82	13.08	1.68	9.31	1.54	94.14	2.31	7.14	12.05	35.33	1.26	17.05
贵州	0.45	1.87	—	12.75	0.51	—	—	1.02	0.60	—	0.42	—
云南	—	0.93	—	—	—	0.34	—	0.51	—	—	—	—
陕西	3.57	—	1.12	0.49	—	0.34	—	0.51	0.60	—	0.84	7.75
甘肃	0.89	0.47	0.56	—	—	—	0.58	—	—	—	6.28	6.98
青海	—	—	—	0.49	—	—	—	—	0.60	—	59.41	—
广西	—	0.47	—	—	—	—	2.31	8.16	3.61	—	—	—
宁夏	—	—	—	—	—	—	—	—	—	—	20.08	—
西藏	—	—	—	—	—	—	—	—	—	—	0.42	—
新疆	—	—	—	—	0.51	—	—	—	—	—	—	21.71
内蒙古	1.34	—	—	—	—	—	—	—	—	—	0.42	—

第二章

中国流动儿童受教育概况

根据我国义务教育法规，适龄儿童接受相应的学校教育是儿童的基本权利，同时保证适龄儿童接受相应的学校教育也是家庭、学校乃至全社会的责任和义务。依据《2005年全国1%人口抽样调查主要数据公报》，6~14周岁义务教育适龄流动儿童在0~14周岁流动儿童中的比重为61.37%，据此推算，2005年我国学龄流动儿童数量达到了1 126万人，比2000年增加了200万人。那么，这些流动儿童的受教育状况如何呢？

第一节　流动儿童受教育概况

一、流动儿童整体的受教育状况

流动儿童受教育状况虽有所好转，但依然不太乐观，未按要求入学接受义务教育的流动儿童占 4.35%。2000 年普查结果表明，在全国适龄流动儿童中，"未上过学"者所占比重为 4.0%，上过学后又辍学的比重为 0.8%。二者相加为 4.8%（段成荣 等，2004）。而根据 2005 年 1% 人口抽样调查数据，在 2005 年我国的适龄流动儿童中，未上过学的占 2.65%，辍学的占 0.50%，二者合计为 3.15%，比 2000 年下降了近 2 个百分点，这表明流动儿童接受义务教育的状况①在过去 5 年中有明显好转。

二、流动儿童教育中存在的问题

现实表明，流动儿童的义务教育状况仍面临严峻的形势。2005 年 1% 人口抽样调查数据还可以提供以下两个信息：在适龄流动儿童中仅小学毕业但目前已终止学业者所占比重和仅小学肄业但目前已终止学业者所占比重。这样的儿童只完成了小学教育，而没有完成初中教育，故视其为未按要求完成义务教育。2005 年，在适龄流动儿童中，仅小学毕业但目前已终止学业者占 1.11%，仅小学肄业但目前已终止学业者占 0.09%。将此两项与前述"未上过学"和"辍学"者的比重加在一起，共计 4.35%。也就是说，目前，在全国适龄流动儿童中未按要求接受义务教育的流动儿童占 4.35%，情况依然不乐观。如表 2-1 所示。

表 2-1　6~14 周岁流动儿童的受教育状况构成（%）

就学状况	百分比
未上学	2.65
在　校	94.95

---

① 本文所指流动儿童义务教育状况，均指是否上学的情况，不含教育质量等其他信息。

续表

就学状况	百分比
初中毕业	0.56
初中肄业	0.06
辍　学	0.50
仅小学毕业	1.11
仅小学肄业	0.09
其　他	0.08
合　计	100.00
未按规定接受义务教育小计	**4.35**

当我们考察年龄稍大的流动人口时，可以更深刻地感受到流动儿童义务教育问题的严重程度。根据2005年1%人口抽样调查数据，在15~17周岁流动人口中，未上过学者占0.58%，辍学者占2.66%，仅小学毕业就终止学业者占5.36%，而小学肄业就终止学业者占0.18%。上述各项合计达到8.78%。也就是说，在刚刚超过义务教育年龄段的15~17周岁流动人口中，有8.78%的人没有能够按规定完成义务教育[①]。

第二节　流动儿童受教育状况比较

一、不同类型流动儿童的受教育状况比较

调查发现，不同类型流动儿童的受教育状况不一样，跨省流动儿童接受义务教育的情况最差，其中未按规定接收义务教育者所占比重为5.48%，明显高于县内流动儿童和省内跨县流动儿童的对应比重（分别为3.30%和4.44%），如表2-2所示。

---

① 在这些人中，有的人是在停止学业之后才离开户口登记地成为流动人口的。

表 2-2　不同类型流动儿童的受教育状况构成（%）

就学状况	县内跨乡镇	省内跨县	跨　省
未上过学	2.04	2.71	3.26
在　校	96.11	94.9	93.67
初中毕业	0.44	0.48	0.77
初中肄业	0.03	0.07	0.08
辍　学	0.35	0.43	0.75
仅小学毕业	0.86	1.13	1.39
仅小学肄业	0.05	0.17	0.08
其　他	0.12	0.11	0.00
合　计	100.00	100.00	100.00
未按规定接受义务教育小计	**3.30**	**4.44**	**5.48**

二、流动儿童与非流动儿童受教育状况比较

流动儿童的义务教育问题，既有农村儿童义务教育所面临的问题，也有流动所带来的问题。当我们把流动儿童与非流动儿童的义务教育接受情况进行比较时，可以发现，在6~13周岁年龄段，流动儿童与非流动儿童的受教育状况十分相近，两组儿童的"分年龄未按规定接受义务教育者所占比重"曲线几乎重合（图2-1）。在这个年龄段，6周岁儿童因为部分儿童未及时上学而使该曲线较高（非流动儿童达到19.84%，流动儿童达到18.35%），7周岁儿童中仍然还有少量儿童没有及时上学而使曲线略微偏高（非流动儿童占4.19%，流动儿童占3.01%）。但在这两个年龄组，流动儿童与非流动儿童的曲线基本重合，二者没有差别；在8~13周岁年龄段，无论是流动儿童还是非流动儿童，在校比重都很高，未按规定接受义务教育者所占比重都很低，大致在1.5%~2.5%。而且，流动儿童与非流动儿童曲线也基本重合，二者之间没有差异。

流动儿童与非流动儿童在接受义务教育状况上的差异，主要表现在14周岁儿童身上。在这个年龄组，不管是流动儿童还是非流动儿童，未按规定接受义务教育者所占比重都比13周岁组有大幅度上升，非流动儿童的这一比重达到5.39%，流动儿童更高，达到6.89%，比非流动儿童高出近2个百分点。

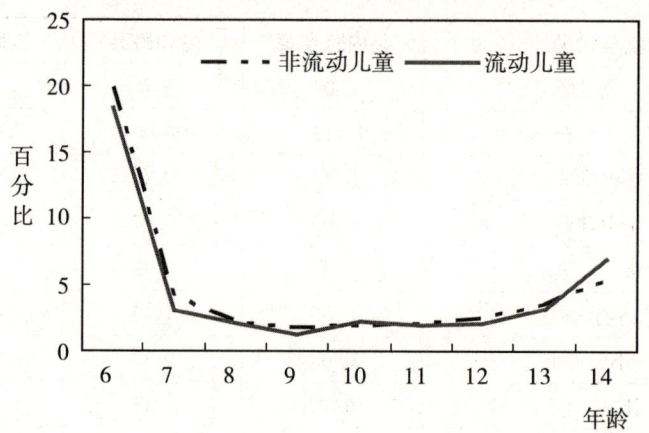

图 2-1 流动儿童和非流动儿童未按规定接受义务教育状况比较

这组信息告诉我们,当前,我国儿童接受义务教育所面临的主要问题之一是能否按规定完整地完成九年制义务教育的问题,流动儿童更是如此。

如前所述,流动儿童主要是由农村流向城市和城镇。如果我们将流动儿童接受义务教育的情况与城镇非流动儿童相比较(如图2-2所示),则可以看到,流动儿童与城镇非流动儿童之间的差异与图2-1所示的差异模式相似,但是14周岁组的差异更大,流动儿童比城镇非流动儿童的曲线高出3个百分点。

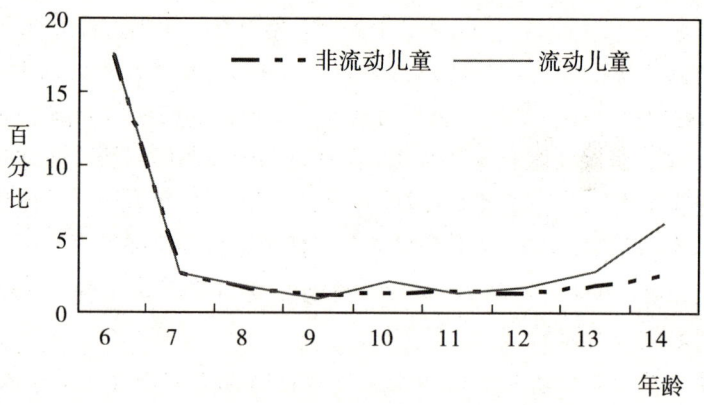

图 2-2 流动儿童和城镇非流动儿童未按规定接受义务教育状况比较

不管是流动儿童还是非流动儿童,都有户口性质之分。当我们按户口性质对流动儿童与非流动儿童的受教育状况进行比较(如图2-3所示)时,可以看到，农村儿童（户口性质为农业户口者）不论流动与否都有其独立的受教育模式，城镇儿童（非农业户口者）不论流动与否也有其独立的受教育模式，而且，二者的受教育状况存在明显差异。总体来讲，农村儿童未按规定接受义务教育的比重在各个年龄组都基本高于城镇儿童（但9、10、11周岁三个年龄组例外。在这三个组，非农业户口流动儿童的曲线比农业户口儿童的曲线略高，但高出部分十分有限）。这表现了我国义务教育的城乡差异。

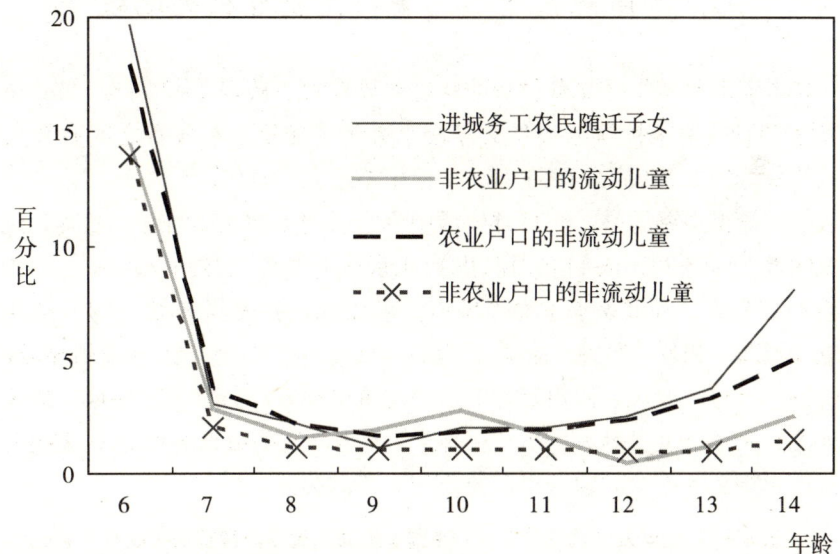

图2-3　分户口性质流动儿童与非流动儿童未按规定接受义务教育状况比较

与此同时，不论在农村内部，还是在城镇内部，流动儿童与非流动儿童之间的差异，也基本符合图2-3所示的差异模式，即流动儿童与非流动儿童的受教育状况在13周岁以前大致相同（9、10、11周岁三个年龄组除外），但在14周岁组存在较大差异。

如果我们对14周岁组农业户口流动儿童未按规定接受义务教育者所占比重（8.00%）与非农业户口非流动儿童的对应比重（1.45%）之间的差异（6.55%）进行分解的话，分解的方式有以下两种。

第一种是：1. 农村儿童内部流动与非流动的差异，农业户口的流动儿童和非流动儿童之间相差3.03个百分点，占全部差异的46%；2. 非流动儿童内部的城乡差异，农业户口非流动儿童和非农业户口非流动儿童之间相差3.52个百分点，占54%。在这种分解方式下，城乡差异大于"流动"和

"非流动"的差异。

第二种是：1. 流动儿童内部的城乡差异，农业户口流动儿童和非农业户口流动儿童之间相差 5.51 个百分点，占全部差异的 84%；2. 城镇儿童内部的流动与非流动差异，非农业户口的流动儿童和非流动儿童之间相差 1.04 个百分点，占 16%。在这种分解方式下，城乡差异（84%）大于"流动"与"非流动"的差异（16%）。

三、不同地区流动儿童的受教育状况比较

各省流动儿童接受义务教育的状况差异较大。从表 2-3 可以看到，6~14 周岁流动儿童未按规定接受义务教育者所占比重，在各省之间有较大差异，从最低的 1.5% 到最高的 15.4%，相差近 14 个百分点。

非常值得强调的是，在日常生活中，当谈到流动儿童问题，尤其是流动儿童的教育问题时，人们立即联想到北京、上海等大城市。实际上，从表 2-3 可以看到，在北京、上海等城市，未按规定接受义务教育的流动儿童比重并不高。相反，西藏、新疆、青海、云南等省的这一比重则明显较高；内蒙古、吉林、浙江、四川等省的这一比重也比较高。尽管这些地区的流动儿童没有北京、上海等大城市"显眼"，但是，这些数据表明，对这些地区的流动儿童义务教育问题，也需要给予更多的关注。

表 2-3 全国及各省（市）6~14 周岁流动儿童受教育状况构成（%）

省（市）	未上学	在校	初中毕业	初中肄业	辍学	仅小学毕业	仅小学肄业	其他	总计	未按规定接受义务教育
北京	2.1	96.0	0.3	—	0.3	1.3	—	—	100.0	**3.7**
天津	3.1	93.8	1.0	—	0.5	1.6	0.0	0.0	100.0	5.2
河北	2.4	96.6	—	—	0.6	0.4	—	—	100.0	3.3
山西	1.2	96.2	1.0	0.2	0.4	1.0	—	—	100.0	2.6
内蒙古	3.8	93.4	0.3	—	0.6	1.6	—	0.3	100.0	**6.0**
辽宁	2.0	96.1	0.6	—	0.7	0.6	—	—	100.0	3.3
吉林	3.6	92.3	0.6	0.3	0.6	2.6	—	—	100.0	**6.8**
黑龙江	2.5	93.3	0.9	0.2	1.2	1.0	—	0.9	100.0	4.6
上海	3.1	95.0	0.6	0.0	0.2	1.1	—	—	100.0	**4.4**

续表

省（市）	未上学	在校	初中毕业	初中肄业	辍学	仅小学毕业	仅小学肄业	其他	总计	未按规定接受义务教育
江苏	1.9	95.3	1.1	—	0.6	1.1	—	—	100.0	3.7
浙江	4.2	93.3	0.6	0.1	1.0	0.6	0.1	0.1	100.0	**5.9**
安徽	0.7	98.1	—	—	0.3	0.9	—	—	100.0	1.9
福建	2.6	94.6	0.1	—	1.0	1.7	—	—	100.0	5.3
江西	0.6	97.6	0.8	—	0.2	0.6	0.2	—	100.0	1.5
山东	3.1	94.3	1.3	—	—	1.2	—	0.1	100.0	4.3
河南	0.8	95.9	1.3	—	—	1.2	0.8	—	100.0	2.9
湖北	0.8	94.2	1.0	0.2	0.8	2.2	—	0.8	100.0	3.8
湖南	1.7	96.3	0.6	—	—	0.8	0.6	—	100.0	3.0
广东	3.4	94.4	0.5	0.1	0.4	1.1	0.1	0.0	100.0	4.9
广西	2.8	96.0	—	—	—	1.2	—	—	100.0	4.0
海南	1.5	97.8	—	—	—	0.7	—	—	100.0	2.2
重庆	2.9	94.6	1.1	—	0.7	0.7	—	—	100.0	4.3
四川	4.0	94.3	0.2	0.2	0.2	0.9	0.2	—	100.0	**5.5**
贵州	3.3	95.9	—	—	0.4	0.2	0.2	—	100.0	4.2
云南	3.9	91.7	0.7	—	1.7	2.0	—	—	100.0	**7.6**
西藏	11.5	84.7	0.0	—	—	3.8	—	—	100.0	**15.4**
陕西	0.5	97.9	0.3	—	0.3	1.0	—	—	100.0	1.8
甘肃	1.2	95.8	1.2	—	0.6	0.6	—	0.6	100.0	2.4
青海	5.6	92.2	—	—	0.0	2.2	—	—	100.0	**7.8**
宁夏	1.0	98.0	0.0	—	1.0	0.0	—	—	100.0	2.0
新疆	4.5	92.7	0.2	—	0.5	1.9	0.2	—	100.0	**7.0**
全国	2.7	94.8	0.6	0.1	0.5	1.1	0.1	0.1	100.0	4.4

第三章

中国进城务工农民随迁子女教育现状

　　进城务工农民子女在城市接受教育问题,是伴随着我国经济社会发展和城市化进程的推进而出现的。作为当前在城市生存的社会性弱势群体,随迁子女的就学状况、学校教育状况以及家庭教育状况等已经成为我国普及九年义务教育工作的一个难点和社会关注的焦点。

第一节 进城务工农民随迁子女就学状况

保障进城务工农民随迁子女平等享受教育，是义务教育均衡发展的着力点。目前从规模来看，随迁子女已达到 1 403 万人，如果按照《2005 年全国 1% 人口抽样调查主要数据公报》推算出的"6~14 周岁学龄儿童占全部流动儿童的 61.37%"来计算，学龄阶段的随迁子女已达到 861 万人。调研显示，在全国各省市、自治区，随迁子女以不同比例分别就读于公办学校、民办学校（含获准打工子弟学校）、未获准打工子弟学校。

一、进城务工农民随迁子女的就学特点

(一) 就学途径的政策规定

党中央、国务院对进城务工农民随迁子女就学问题高度重视。2004 年 9 月，国务院办公厅转发教育部等六部委《关于进一步做好进城务工就业农民子女义务教育工作的意见》，对民工子女就学问题进行了强调，指出"要以流入地政府管理为主，以全日制公办学校接收为主，加大投入力度减免学费，扶持规范打工子弟学校。"2006 年 3 月，《国务院关于解决农民工问题的若干意见》中也强调"要保障农民工子女平等接受义务教育"。并指出，输入地政府要承担起农民工同住子女义务教育的责任，将农民工子女义务教育纳入当地教育发展规划，列入教育经费预算，以全日制公办中小学校为主接收农民工子女入学，并按照实际在校人数拨付学校公用经费。城市公办学校对农民工子女接受义务教育要与当地学生在收费、管理等方面同等对待，不得违反国家规定向农民工子女加收借读费及其他任何费用。输入地政府对委托承担农民工子女义务教育的民办学校，要在办学经费、师资培训等方面给予支持和指导，提高办学质量。几年来，各省市纷纷制定并落实《国务院关于解决农民工问题的若干意见》的实施意见。一方面，坚持流动人口子女"以流入地政府管理为主和以公办中小学为主"的"两为主"政策；另一方面，同时开展多渠道、多种办学方式接纳进城务工农民随迁子女，保障随迁子女接受义务教育的公平权利。

（二）就学途径的现实选择

通过对 12 座城市的政府主管部门及教育相关部门领导的访谈发现，义务教育阶段适龄的进城务工农民随迁子女在城市就学归纳起来共有五种途径：①公办学校；②国有民办学校，又被称为"贵族学校"或"高价私立学校"；③政府批准建立的农民工子弟学校，即普通民办学校或"获准打工子弟学校"，又被称为"公益民办学校"；④未经政府批准的非正规农民工子弟学校，即"未获准打工子弟学校"；⑤名校办民校形式，即一些著名学校出资办的民办学校，用于接收外来务工人员子女，缓解就学压力。通过调研发现，随迁子女在各地就学途径又有差异，北京、上海等地未获准打工子弟学校较多；广州、深圳等地民办学校占很大比重；而重庆、格尔木、乌鲁木齐则主要以公办学校接收为主。

如北京接受进城务工农民随迁子女的学校有公办学校、获准打工子弟学校及未获准打工子弟学校三类，而且未获准打工子弟学校占多数。调研资料显示，2007 年，在专门接收流动人口子女就读的 268 所自办学校中，已经获审批 63 所（又称民办学校），另有 205 所未经审批；上海 2006 年有农民工随迁子女学校 277 所，比 2005 年减少 14 所，主要分布在城郊结合部与郊区；广东省民办学校大部分以集团式办学为主。仅以东莞为例，2007 年 4 月东莞民办学校数量增至 203 所，其中小学 115 所、初中 9 所、九年一贯制学校 67 所，高中和完全中学各 2 所，另有多层次学校 8 所，尚有 22 所中小学批准筹建。在已开办的民办学校中，专门面向新东莞人子女的低收费学校共有 179 所。访谈资料显示，2006 年底，东莞市非户籍学生为 39.26 万人，在民办学校就读的非户籍学生为 27.62 万人，占非户籍学生总数的 70.51%；截至 2007 年底，重庆市中小学校共接收进城务工就业农民工子女就学 22.5 万人，全市接收进城农民工子女的学校有 322 所（主城九区 115 所），75.6% 的进城务工农民随迁子女在公办学校就读。如表 3-1 所示。

表 3-1 随迁子女就学途径

调研区域	就学途径
北京	①全市公办中小学 ②在流动人口集中居住区，由政府举办或改办一批重点招收流动儿童少年的学校 ③鼓励社会力量举办的中小学校接收流动人口子女，对其进一步规范

续表

调研区域	就 学 途 径
上海	①公办全日制学校 ②农民工随迁子女学校
杭州	①公办中小学 ②政府批准的打工子弟学校
义乌	①公办中小学 ②政府批准的打工子弟学校 ③未获准打工子弟学校
郑州	①公办中小学 ②民工子弟学校 ③民办学校
成都	①公办学校 ②民工子弟学校 ③民办或私立学校,包括"贵族学校"
广州	①公办学校 ②民办学校 ③名校办的民校
深圳	①公办学校 ②公益民办学校、"平民学校" ③国有民办学校、"贵族学校"
东莞	①公办学校 ②高收费民办学校
重庆	①公办学校 ②民办学校
格尔木	①公办学校 ②农民工自办简易学校
乌鲁木齐	①公办学校 ②民办学校

(三) 就读学校类型的分布特征

在各省市执行政策的过程中,就学途径的政策规定决定了办学形式的多元性以及随迁子女就学的多样化。调研数据分析显示,在大多数地区,如北京、上海、杭州、郑州、成都、重庆、格尔木、乌鲁木齐等地随迁子女在公办学校的就读比例较大,有的城市如义乌公办学校与民办学校接收比例各占一半;而在广州、深圳、东莞等地则以民办学校接收为主。访谈资料显示,在广州市,非本地户籍的中小学生有43万人,有29万人在民办学校就读,占67%;剩余33%的非本地户籍学生则在公办学校就读;在深圳南山区,民办学校中当地户籍学生占7%,而外来务工子女占93%。如表3-2所示。

表3-2 随迁子女在各类学校的就读情况

调研区域		各类学校就读比例
北京	2006年	①62%在公办中小学就读 ②12%在民办中小学就读 ③26%在未经批准专门接收流动人口子女的自办学校就读
上海	2006年	①53.88%在公办全日制学校就读 ②46.12%在随迁子女学校就读
杭州	2007年	①68.4%在公办中小学就读 ②31.6%在获准打工子弟学校就读
义乌	2006年	①50%在公办中小学就读 ②50%在打工子弟学校就读
郑州	2007年	①81.32%在公办中小学就读 ②7.42%在民工子弟学校就读 ③8.26%在民办学校就读
成都	2006年	①66.7%在公办学校就读 ②22%在获准的民工子弟学校就读 ③11.3%在其他民办学校或私立学校就读
广州	2006年	①37%在公办学校就读 ②63%在民办学校就读

续表

调研区域		各类学校就读比例
深圳	2007年	①40%在公办学校就读 ②60%在民办学校就读
东莞	2007年	①26.9%在公办学校就读 ②73.1%在民办学校就读
重庆	2007年	①75.6%在公办学校就读 ②24.4%在民办学校就读
格尔木	2006年	①54.8%在公办学校就读 ②45.2%在农民工自办简易学校就读
乌鲁木齐	2006年	①95%在公办学校就读 ②5%在民办学校就读

数据来源：以上数据均来自12座城市教育相关部门领导访谈资料。

此外，从一些公布的统计数据分析显示，公办学校接收进城务工农民随迁子女比例较大。如南京市就读于公办学校的随迁子女占随迁子女总数的85%（南京市统计局，2008）；珠海市2006年流动人口学龄子女有69 059人，入读公办学校的人数有38 135人，占流动人口子女的55.22%（韩秋亚，2006）。

（四）就读阶段的分布特征

调研数据表明，随迁子女在义务教育阶段的分布较不平衡，小学阶段的就读人数明显要高于初中阶段。比如，北京市2006年在小学借读的外来流动人口子女数量（331 848人）远远超过了在初中借读的人数（68 524人）；义乌市2005年在小学就读的随迁子女总数为19 467人，在初中就读的随迁子女总数为2 515人；深圳市2006—2007学年度暂住人口子女中，小学生有41.2万人，初中生有9.7万人，占全市义务教育阶段在校学生的67.7%；乌鲁木齐市截至2007年底，义务教育阶段随迁子女在小学就读的人数有5.5万人，占随迁子女总数的74.3%，而初中就读人数只占25.7%。

二、进城务工农民随迁子女的入学状况

(一) 教育收费

1. 学杂费

公办学校随迁子女上学缴纳学杂费较少,民办学校则较多。数据分析显示,随迁子女家长每年平均所交的学杂费在 500 元~1 000 元。其中,16.7%的家长认为每年平均交学杂费在 200 元以下,25.1%的要交 201 元~500 元,12.7%的要交 501 元~1 000 元,20.5%的平均每年要交 1 001 元~3 000 元,25%的每年交的学杂费至少在 5 000 元及以上,如图 3-1 所示。其中,公办学校随迁子女家长平均每年交学杂费的均值为 3.482 5,低于总均值;而民办学校平均每年交学杂费的均值为 4.262 1,高于总均值;未获准打工子弟学校平均每年交学杂费的均值为 3.728 5,与总均值基本相当(如表 3-3 所示)。通过方差分析,$P = 0.000 < 0.001$(如表 3-4 所示),可见,民办学校(含获准打工子弟学校)与公办学校、未获准打工子弟学校之间存在显著差异,公办学校收取学杂费较少,民办学校收取的较多,如图 3-2 所示。

据访谈了解,在广州、深圳、东莞等城市有许多高收费民办学校。如深圳市有两类民办学校,一种是"国有民办学校",另一种是"公益民办学校"。前者属于高收费(中外合作)学校,学费为 20 000 元~50 000 元/年;后者则属于低收费学校,小学学费为 950 元/生·学期,初中学费为 2 300 元/生·学期。东莞市也同样如此,有的民办学校基本上属于全商业运作,经费来源于学生,收费标准分三个档次,其中,高收费学校为 6 万多元/生·学期,中收费学校为 2 000 元~8 000 元/生·学期,低收费学校为 2 000 元以下/生·学期。目前,广州等地民办中小学生源主要来自低收费的外来工子弟,高质、高价的民办学校也较受追捧,其中,大部分民办学校是通过举办者自筹资金启动办学,学校成立后则以收取学杂费维持发展。访谈资料显示,在东莞市的一些学校,除了基本的学费外,还需要缴纳一些如"住宿、食堂、校车"等费用,这些费用加起来总共有 1 000 多元。

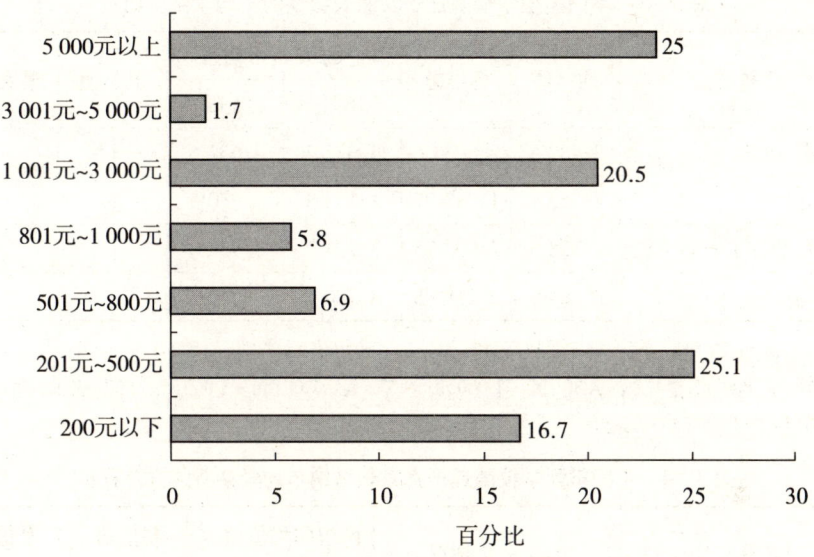

图3-1 随迁子女家长每年要交的学杂费（%）

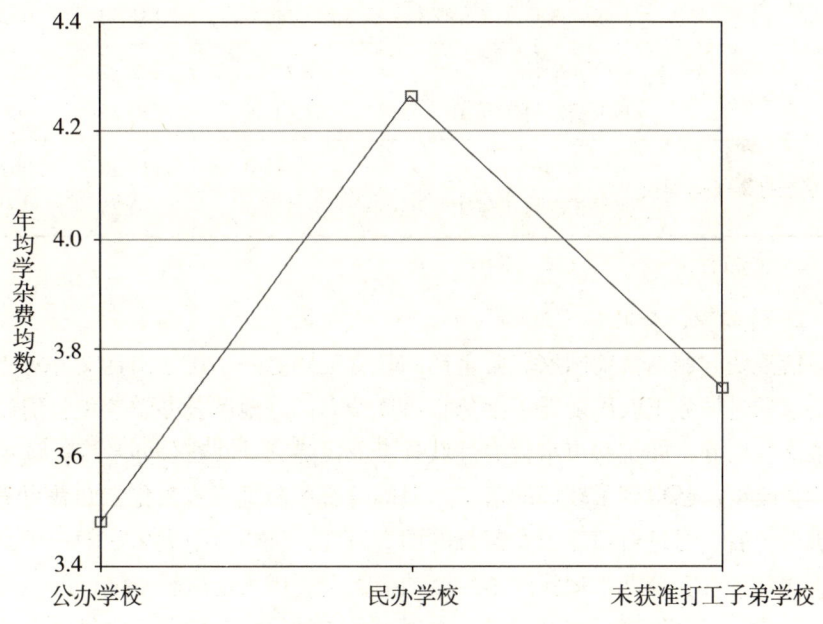

图3-2 不同类型学校随迁子女年均学杂费均数

表 3-3 不同类型学校随迁子女家长缴纳的年均学杂费比较

学校类型	均 值	标准差	差值的95%可信区间		最小值	最大值
			下限	上限		
公办学校	3.482 5	2.523 06	3.332 4	3.632 6	1	7
民办学校	4.262 1	1.893 07	4.153 8	4.370 5	1	7
未获准打工子弟学校	3.728 5	2.003 76	3.524 2	3.932 8	1	7
总均值	3.864 9	2.218 85	3.780 1	3.949 7	1	7

注：均值越大表示年均学杂费越高。"1"表示200元以下；"2"表示201元~500元；"3"表示501元~800元；"4"表示801元~1 000元；"5"表示1 001元~3 000元；"6"表示3 001元~5 000元；"7"表示5 000元以上。

表 3-4 不同类型学校随迁子女家长缴纳年均学杂费的方差分析

(I) 分组情况	(J) 分组情况	两组间均值差值 (I~J)	差值的标准误	P值 (Sig.)
公办学校	民办学校	-.779 6*	.092 12	.000
	未获准打工子弟学校	-.246 0	.131 50	.062
民办学校	公办学校	.779 6*	.092 12	.000
	未获准打工子弟学校	.533 6*	.130 25	.000
未获准打工子弟学校	公办学校	.246 0	.131 50	.062
	未获准打工子弟学校	-.533 6*	.130 25	.000

* 均值差值在0.05水平上呈现显著性。

2. 借读费、赞助费

借读费问题是目前国家非常重视的教育问题之一，各地出台文件对于符合要求的进城务工农民随迁子女免收借读费。部分地区公办学校免收借读费政策落实较好，如杭州市出台的进城务工农民随迁子女在公办学校就读免收借读费政策，已得到了较好的落实，但同时有可能进一步激化公办教育资源的供求矛盾。通过对随迁子女家长的调查发现，杭州市绝大多数随迁子女家长表示其子女在公办学校就读不需交纳借读费，极大地减轻了他们的经济负担。但是，当地教育行政部门领导表现出另一种担忧：随着免收借读费政策的逐步落实，可能带来的后果有两种，一是涌入杭州市的随迁子女的总量将会继续攀升；二是在打工子弟学校就学的随迁子女，将会寻求到公办学校中就读，以享受免费的优质教育，这样将会进一步激化公办教育资源供不应求的矛盾。又如，乌鲁木齐市自2004年9月实行"一费制"后，暂住证、就业证、户口簿成为免除借读费的唯一证明，乌鲁木齐市所有公办中小学校向进城务工农民随迁子女敞开了大门。

然而，调查分析表明，当前在许多地区进城务工农民随迁子女入读公办学校或民办学校仍要交借读费或其他费用。如图3-3所示，在每年交借读费和赞助费的家长中，公办学校家长所占比重最大，但很多家长也表示这两种费用以前交过，现在不交了；从没交过借读费和赞助费的家长大多数来自民办学校和未获准打工子弟学校。通过均值比较，入读公办学校、民办学校、未获准打工子弟学校平均每年交借读费和赞助费的均值分别为4.320 8、4.651 1、4.435 5（均值越大表示借读费越高），这表示入读三类学校平均每年所交的借读费与赞助费基本在800元~1 000元，如图3-4所示，民办学校借读费数额主要集中在1 001元~3 000元，公办学校或未获准打工子弟学校与民办学校相比，借读费与赞助费平均水平较低。

据访谈了解，也有个别高收费民办学校随迁子女需要交上万元的借读费，如广州市非户籍学生入读小学、初中、高中公办学校均要交"借读费"或"择校费"3万~10万元；还有的地区入读公办学校不仅有条件限制，而且还要交一定的借读费，如深圳市必须符合"1+5"政策规定，才能享受免费义务教育，但仍要交100元~1 000元的借读费。

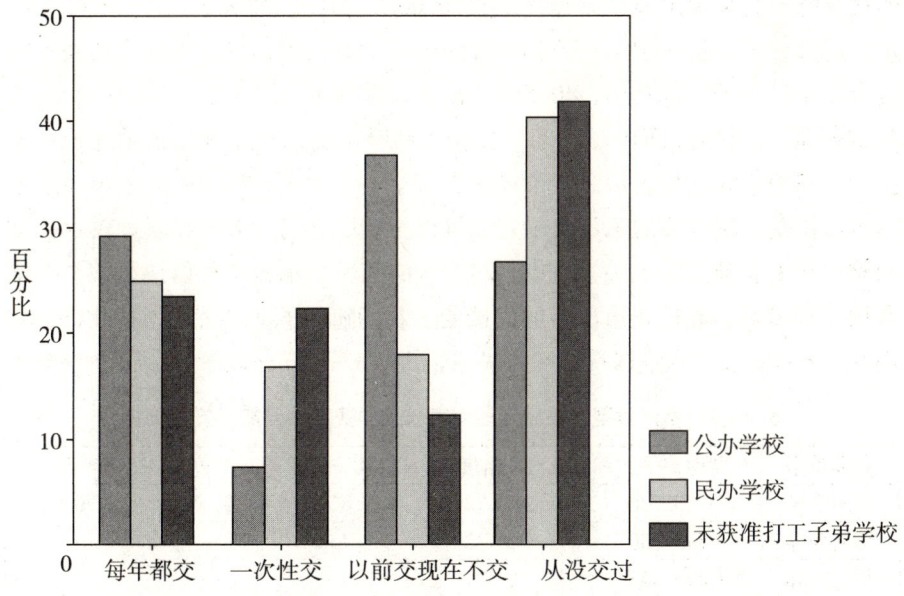

图3-3 不同类型学校随迁子女家长交纳借读费频率比较

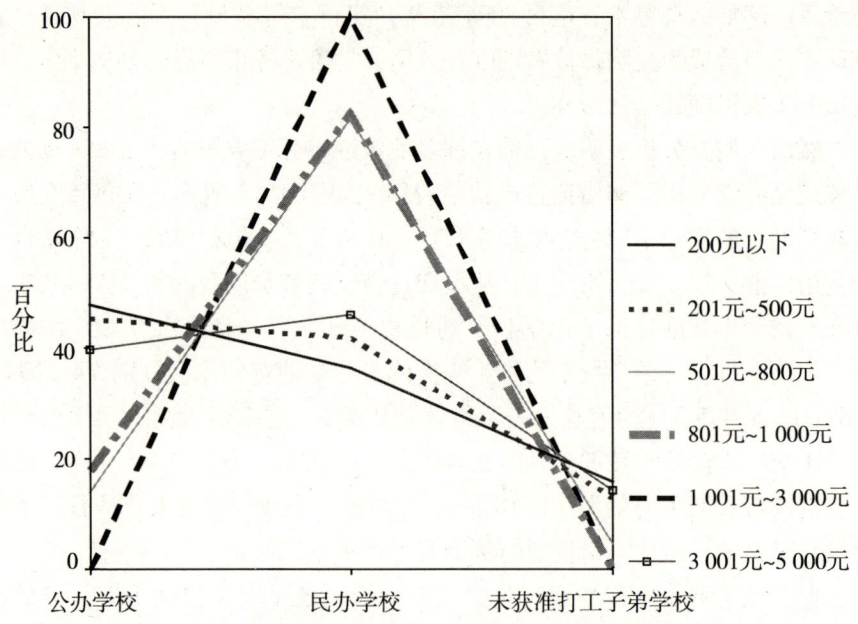

图 3-4 不同类型学校随迁子女家长交纳借读费数额比较

3. 家长花费能力

研究分析表明，民办学校与其他两类学校随迁子女家长在孩子上学费用的接受能力上呈现出显著差异（P=0.000<0.001），如表 3-5、表 3-6 所示。通过频数分析发现，在公办学校随迁子女家长中，31.9%的家长表示完全可以接受孩子上学费用，40.5%的家长表示基本可以接受，22.3%的家长表示勉强可以接受，而5.3%的家长表示难以接受；在民办学校随迁子女家长中，18.0%的家长表示完全可以接受孩子上学费用，45.4%的家长表示基本可以接受，28.7%的家长表示勉强可以接受，还有7.8%的家长表示接受困难；在未获准打工子弟学校中，24.8%的家长表示完全可以接受孩子上学费用，41.0%的家长表示基本可以接受，28.0%的家长表示勉强可以接受，而6.2%的家长表示难以接受。可见，民办学校家长明显感觉要吃力一些。

表 3-5 不同类型学校随迁子女家长上学费用接受能力方差分析

变异类型	离均差平方和	自由度	均方	F值	P值
组间变异	33.726	2	16.863	22.932	.000
组内变异	1 795.730	2 442	.735	—	—
总 变 异	1 829.456	2 444	—	—	—

注：P值<0.001，表示不同样本之间呈现显著差异性。

表 3-6　不同类型学校随迁子女家长上学费用接受能力比较

学校类型	均　值	标准差	差值的95%可信区间		最小值	最大值
			下限	上限		
公办学校	2.01	.869	1.96	2.06	1	4
民办学校	2.26	.844	2.21	2.31	1	4
未获准打工子弟学校	2.16	.868	2.06	2.25	1	4
总均值	2.15	.865	2.11	2.18	1	4

注：均值越大表示家长接受能力越差。

（二）入学情况

研究表明，尽管在三种不同类型的学校中，随迁子女家长对于进城目的的选择有些差别，但是仍然可以看出，随迁子女家长带孩子进城的主要目的是为了将孩子带在身边接受优质的教育。通过频数分析发现，公办学校随迁子女家长把孩子带进城里来的原因首先是为孩子在城里接受更好的教育（35.9%），其次是为了在身边更好地照顾孩子（27.2%）；民办学校随迁女家长也是为了更好的照顾孩子（38.2%），希望孩子在城里能接受更好的教育（36.9%），还有部分家长是因为孩子在老家没人照顾（23.1%）；未获准打工子弟学校家长表示把孩子带进城，主要是为了更好地照顾孩子（37.2%），有的家长希望孩子在城里能接受更好的教育（30.2%）。

然而，家长们希望子女接受优质教育的主观意愿在现实中却遭受了重重阻碍，造成了部分家长只能选择容易入读的民办学校或未获准打工子弟学校，甚至造成了一定的辍学现象。

1. 家长的主观意愿：希望入读公办学校，但入读难度大

调查数据分析显示，70.9%的随迁子女家长选择公办学校，29.1%的家长选择打工子弟学校。如图3-5所示，在公办学校中，89.1%的随迁子女家长希望孩子读公办学校，只有10.9%的家长选择打工子弟学校；在民办学校中，59.8%的家长愿意选择公办学校，40.2%的家长希望孩子读打工子弟学校；在未获准打工子弟学校中，52.4%的家长希望孩子读公办学校，有47.6%的家长还是愿意孩子在打工子弟学校读书。在希望入读公办学校的家长中，公办学校家长占多数，其次是民办学校的家长，再次是未获准打工子弟学校的家长；而在希望入读打工子弟学校的家长中，未获准打工子弟学校的家长居多，其次是民办学校的家长，再次是公办学校的家长。但不同类型

学校的大多数家长之所以选择公办学校，主要是由于公办学校教育质量好、离家近。

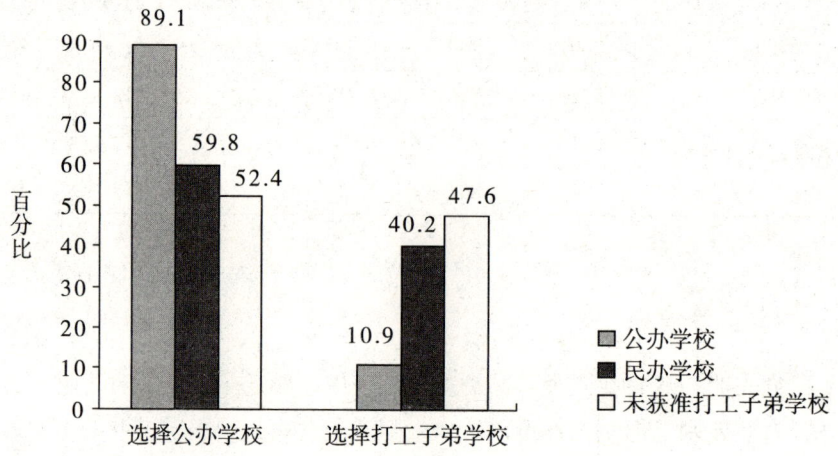

图3-5 不同类型学校随迁子女家长选择就读学校比较（%）

但是入读公办学校并不是件容易的事情。通过频数分析发现，31.9%的随迁子女家长认为读公办学校很难，38.7%的认为比较难，有17.4%的认为不太难，11.9%的认为不难。不同类型学校随迁子女家长对入读公办学校的难度评价分析显示，在公办学校中，20.0%的随迁子女家长认为很难，36.0%的认为比较难，25.4%的认为不太难，18.6%的认为不难；在民办学校中，40.4%的随迁子女家长认为很难，40.0%的认为比较难，11.2%的认为不太难，8.4%的认为不难；在未获准打工子弟学校中，37.6%的随迁子女家长认为很难，42.3%的认为比较难，15.4%的认为不太难，4.7%的认为不难，如图3-6所示。同时，通过均值比较显示，公办学校难度评价均值为2.43，民办学校难度评价均值为1.88，未获准打工子弟学校难度评价均值为1.87，这说明对于民办学校或未获准打工子弟学校的家长而言，读公办学校难度较大，如表3-7所示。通过方差分析发现，公办学校与民办学校和未获准打工子弟学校的随迁子女家长在入读公办学校难度评价中存在显著差异（$P=0.000<0.001$），如表3-8所示。

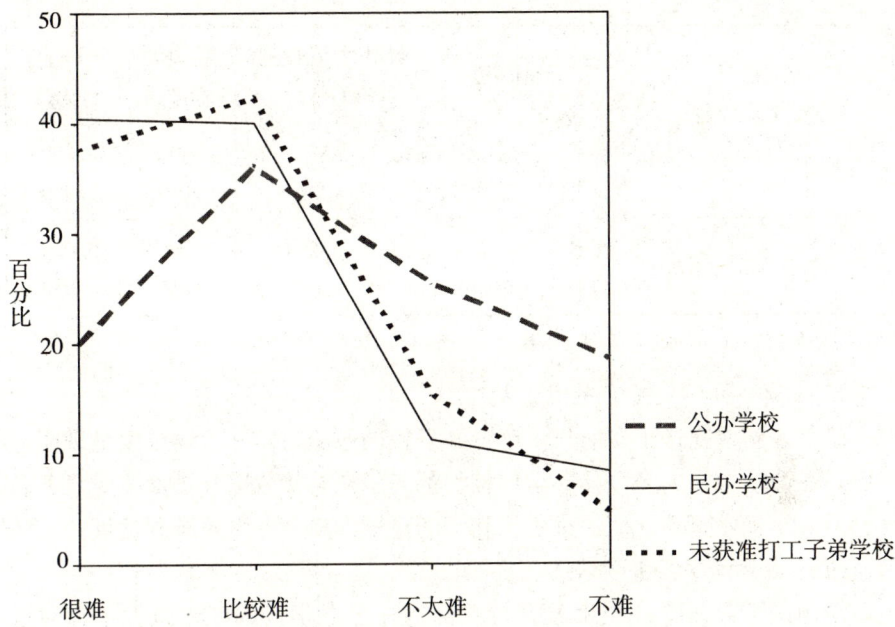

图3-6 不同类型学校随迁子女家长入读公办学校难度评价

表3-7 不同类型学校随迁子女家长入读公办学校难度评价比较

学校类型	均 值	标准差	差值的95%可信区间		最小值	最大值
			下限	上限		
公办学校	2.43	1.009	2.36	2.49	1	4
民办学校	1.88	.915	1.82	1.93	1	4
未获准打工子弟学校	1.87	.840	1.78	1.96	1	4
总均值	2.09	.980	2.05	2.13	1	4

注：均值越大表示难度评价越低。"1"表示很难；"2"表示比较难；"3"表示不太难；"4"表示不难。

表3-8 不同类型学校随迁子女家长入读公办学校难度方差分析

(I) 分组情况	(J) 分组情况	两组间均值差值 (I~J)	差值的标准误	P值 (Sig.)
公办学校	民办学校	.55*	.042	.000
	未获准打工子弟学校	.55*	.060	.000

续表

（I）分组情况	（J）分组情况	两组间均值差值 （I~J）	差值的 标准误	P值 （Sig.）
民办学校	公办学校	-.55*	.042	.000
	未获准打工子弟学校	.00	.059	.959
未获准打工子弟学校	公办学校	-.55*	.060	.000
	未获准打工子弟学校	.00	.059	.959

* 均值差值在 0.05 水平上呈现显著性。

2. 入读公办学校受客观因素制约

研究表明，随迁子女家长入读公办学校的愿望与实际入读难度呈现明显矛盾。在访谈中，大多数公办学校校长都表示愿意接收随迁子女接受义务教育，但入学程序繁琐、证件过多不利于随迁子女在公办学校顺利就读。

（1）入学程序：手续繁琐、步骤较多

据访谈了解，12座城市教育行政部门在公办学校的准入条件中针对进城务工农民随迁子女入学作了具体规定，准入条件非常清晰，基本上是按照教育行政部门指定，但有些学校则会在上级指定的前提下结合学校实际再自定条件。比如，在北京、成都等地，有些校长表示，如果少数家长确实证件不全、办理困难，而且学校还有多余的空位接收随迁子女，多交几百块钱即可入学；在广东省，广东省物价局《关于进城务工农民随迁子女入学收费有关问题的复函》进一步明确规定：流动人员在同一市、县暂住5年以上，有合法就业或经营证明、计划生育证明的，其子女入学与常住人口同等待遇；对进城务工就业农民子女的借读费和择校费予以免收，并酌情减免家庭经济困难进城务工就业农民子女的有关费用。

同时，问卷调查表明，在随迁子女家长中，认为入读公办学校的入学手续太复杂（33.7%）而且不知道怎么联系公办学校（18.5%），这就造成了入读公办学校较难的局面。如表3-9所示，各地入学程序虽不完全相同，但都需要经过多个步骤才能够完成入学手续的办理。

表 3-9　调研 12 座城市随迁子女入读公办学校的入学程序规定

调研城市	入 学 程 序
北京	①家长或监护人申请（持暂住证、在京务工就业证明、全家户口簿（复印件）等证件，向暂住地街道办或乡镇政府提出申请）； ②开具在京借读证明（街道办或乡镇政府开具标注"农民子女"字样的在京借读证明）； ③联系就读学校（持在京借读证明，到暂住地附近的公办小学、初中或经批准的民办学校联系就读）。
上海	①凡具备"五证"的流动人口子女（身份证、暂住证、务工证、转学证明、防疫接种证），可以直接向学校或所在学区或区教育部门申请借读入学，办理临时学籍； ②流出地教育行政部门出具借读证明； ③区教育行政部门就近安排就读。
杭州	①申请人在规定报名时间内持相关证明到实际居住地所属教育服务区域的学校报名，如居住地学校接受有困难，由居住地学校受理登记后统一报居住地的区、县（市）教育行政部门统筹安排； ②居住地的区、县（市）教育行政部门应坚持公开、公平、公正的原则，按照进城务工人员的实际居住时间，在我市工作和交纳社会保险时间为依据，就近或相对就近安排其子女就学。
郑州	①外来务工人员同住子女中的学龄儿童，报名时需持户籍所在地的户口簿、父母的身份证、郑州市居住证、父母一方与用人单位签订并由劳动保障部门备案的劳动合同或工商行政部门颁发的营业执照，计划免疫保偿证或预防接种卡，以及户口所在地乡（镇）政府或县（市）以上教育部门出具的准予在郑州就读的借读证明，到就近的小学报名登记； ②然后名单反馈到教体局，手续齐全的将由教体局统一安排到指定学校就读。
成都	①凡暂住在成都市五城区和高新区的进城务工就业农民子女，凭家长本人在成都市五城区和高新区务工就业的劳动合同或工商营业执照、纳税证明，在市公安机关办理在有效期内的 IC 卡暂住证、原籍农业户口簿等有效证明，在暂住地所在街道办事处办理接受义务教育有关情况确认手续； ②由街道办事处免费开具由成都市教育局统一印制的《成都市进城务工就业农民子女接受义务教育证明》； ③再到所在区教育行政部门指定的登记点登记，由区教育行政部门统一安排入学； ④在农民工暂住地所在街道办事处对符合入学条件的农民工子女的入学信息进行公布。

续表

调研城市	入 学 程 序
广州	①进城务工就业农民子女要求在县城及以上城市就学，凭其父母或监护人户籍所在地的户籍证明或身份证、现居住地所属社区居委会开具的证明、现就业单位或相关部门提供的证明及原就读学校出具的学籍证明等材料，向当地教育局提出申请； ②凡符合条件的，由当地教育局统筹安排入学。
深圳	①符合暂住人口子女就读条件的适龄儿童的家长按照深圳市义务教育阶段适龄儿童入学的有关管理办法，在规定时间内持相关材料向居住地片区学校申请学位，根据各区对学位类型的规定，提供《学位申请表》； ②学校或教育行政部门在收齐有关证明材料后，必须交给当地相关部门审核，如：当地公安部门必须负责审核户口本、儿童出生证，父母、儿童暂住证；街道办事处或房管部门必须审核房产证或购房合同或在本学区租房一年以上的《租赁合同》；现居住地街道办事处必须负责审核《计划生育证明》；劳动保障部门必须负责审核就业证明或社会保障证明；工商部门要负责审核营业执照，等等； ③区教育局和学校根据学位情况尽量安排符合就读条件者入学。录取次序将按学位类型1、2、3……类的顺序依次录取；学区内的公办学校学位录满后，其余符合就读条件的适龄儿童自行到民办学校申请学位。
东莞	①由父母向镇（街）宣教办提出书面申请； ②镇（街）宣教办再根据学区内学校学位情况统筹安排； ③安排符合公办学校就读条件的新莞人子女入学。 属学段起始年级的，原则上到与其父母本人暂住证相同的固定住址所对应地段的公办小学、初中就读；属学段内插班的，则视学区内公办学校学位情况进行安排。
重庆	进城务工农民携带户口、身份证、暂住证、务工合同等相关证明，领孩子到辖区指定的学校报名上学，不用交纳借读费。
格尔木①	①进城就业农牧民子女接受义务教育，根据其居住地，原则上实行就近入学； ②入学时须如实填写《青海省进城就业农牧民子女接受义务教育就业登记表》，中小学校对进城就业农牧民子女与当地学生统一报名，简化入学手续； ③各州（地、市）教育行政部门于新学年开学后两月内将辖区学校接收进城务工农牧民子女的情况统计后报省教育厅。

续表

调研城市	入学程序
乌鲁木齐②	农民工子女进校就学前,必须完成"先申请、再登记、后联系"的程序。 ①家长按规定持暂住证、实际住所居住证明、就业证明、进城务工证明和其他相关手续向暂住地街道办事处提出申请; ②由街道办事处每年6月份对符合就读条件的农民工适龄子女开具借读登记证明; ③农民工持借读登记等有关证明,非小学一年级借读学生还应出具原就读学校开具的学习证明,到暂住地所在区指定的公办中小学校或经批准的民办学校联系就读。

资料来源:①转引自:青海省人民政府办公厅.进城就业农牧民子女接受义务教育实施办法(试行).2006-11-07;②转引自:乌鲁木齐市关于进一步做好进城务工就业农民工子女接受义务教育工作实施意见.2006-12-21.

(2) 入学证件:种类多样、办理困难

首先,入学证件种类要求齐全。问卷调查结果表明,户口本、暂住证、身份证是入读公办学校必要且首要的三类证件,而在不同省市、不同地区对诸如工作证明、以前学籍证明等其他证件有着不同程度的需要。如表3-10所示,随迁子女家长普遍认为进入公办学校一般需要较多的证件是户口本(23.9%)、暂住证(18.1%)、身份证(16.7%),其次还需要工作证明(9.9%)、以前学籍证明(9.4%)、计划生育证明(9.2%)、房产证房屋租赁合同(8.2%),无人监护证明(2.6%)及其他证明(2%)。而且,不同类型学校的随迁子女家长对所需证件类型的需求评价基本一致。

表3-10 随迁子女家长对入读公办学校证件需求评价(%)

入学需要证件	总体	公办学校	民办学校	未获准打工子弟学校
暂住证	18.1	19.3	17.1	17.4
户口本	23.9	24.7	23.2	23.8
工作证明	9.9	11.1	8.9	9.6
身份证	16.7	16.3	16.5	18.5
计划生育证明	9.2	7.2	11.0	9.5
无人监护证明	2.6	2.9	2.1	2.8
以前学籍证明	9.4	8.5	10.2	10.0
房产证房屋租赁合同	8.2	8.0	9.0	6.3
其他	2.0	1.8	2.1	2.2

通过访谈了解，各省市对于进城务工农民随迁子女入读公办中小学校规定的证件类型非常多，且各地有所不同。

北京进城务工就业农民子女到本市义务教育阶段公办学校就读，须由其家长或监护人持"五类证件"向暂住地的街道办事处或乡镇政府提出申请。五类证件包括：本人在京暂住证；在京实际住所居住证明，如房屋产权证、住房租赁合同等；在京务工就业证明，如劳动合同、受聘合同、营业执照等；户口所在地乡镇政府出具的在当地没有监护条件的证明；全家户口簿（可以是复印件）等。上海进城务工农民随迁子女公办学校准入证件包括：在上海务工居住的证明、上海市务工合同、上海市的劳动综合保险、流出地派出所有关监护人义务的情况材料、独生子女证、身份证等。杭州进城务工人员子女入学时，须提供一些材料的原件和复印件，包括家庭户籍本和父母或法定监护人身份证、父母双方或法定监护人在杭州的有效暂住证和房产证或房屋租赁证明、父母一方或法定监护人与用人单位签订的劳动合同或工商部门的营业执照、父母一方或法定监护人交纳社会保险的凭证、适龄儿童的预防接种证、《独生子女父母光荣证》或户籍地乡镇人民政府（街道办事处）签发的合法生育证明，浙江省籍学生需提交《义务教育登记卡》。深圳市按照"1＋5"文件①规定执行。文件指明暂住人口子女求学需提供5种材料才可申请在深圳接受义务教育：一是适龄儿童出生证、由公安部门出具的适龄儿童及其父母的原籍户口本、在深圳居住证或暂住证；二是适龄儿童父母在本市的有效房产证明和购房合同，或由当地街道办事处房屋租赁管理所提供的租房合同登记、备案材料；三是适龄儿童父母持有本市劳动保障部门出具的就业和社保证明，或者本市工商部门核发的营业执照副本等证明；四是适龄儿童父母现居住地街道办事处计划生育工作机构出具的计划生育证明材料；五是适龄儿童原户籍地乡（镇）以上教育管理部门开具的就学联系函或学校开具的转学证明。重庆市进城务工农民随迁子女办理入学手续时，按重庆市教委要求，需向学校提供四类材料：家长身份证原件和复印件、家长从业证明、暂住证原件和复印件、子女原学籍证明材料。格尔木市在《进城就业农牧民子女接受义务教育实施办法（试行）》中第三条明确规定了进城务工农民随迁子女的入学所需证明：一是持有家长原籍农牧民户口簿

---

① "1＋5"政策文件中的"1"，指的是《深圳市关于加强和完善人口管理工作的若干意见》；"5"指的是五个配套文件，包括《深圳市户籍迁入若干规定》《深圳市暂住人口证件和居住管理办法》《深圳市暂住人口就业管理办法》《深圳市流动人口计划生育工作管理办法》《深圳市暂住人口子女接受义务教育管理办法》。

或原籍乡镇以上政府出具的外出务工证明；二是父母在流入地居住半年以上并在当地公安部门办理了暂住证；三是有现暂住地居住半年以上的租房或购房协议；四是父母具有流入地相关单位、企业或其他用工单位就业卡，或有与用工单位签订的正式劳动合同（或流动就业证、个体工商营业执照）；五是进城就业农牧民子女是非起始年级学生还应提供原籍学校的学籍证明或转学证明。乌鲁木齐市在《关于进一步做好进城务工就业农民工子女接受义务教育工作实施意见》中指出，农民工子女到乌鲁木齐市义务教育阶段公办学校就读，必须持暂住证、实际住所居住证明、就业证明、流出地政府出具的农民工进城务工证明和其他相关证件。

其次，部分证件办理时间长，且难度大。从办理时间分析，如图3-7所示，36.7%的随迁子女家长办理上述证件在15天以内，17.3%的需要花费16～30天的时间，3.6%的需要花费31～60天的时间，42.4%的需要61天以上的时间。从办理难度分析，如表3-11所示，随迁子女家长认为办理较难的证件主要是房产证房屋租赁合同（24.1%）、以前学籍证明（13.3%）、无人监护证明（11.7%）、户口本（11.7%）、计划生育证明（10.4%），其次是工作证明（10.0%）、暂住证（7.1%）、身份证（6.6%）及其他证明（5.2%）。同时，不同类型学校的随迁子女家长对于证件办理难度及办理时间长短的评价基本相同，无显著差异。

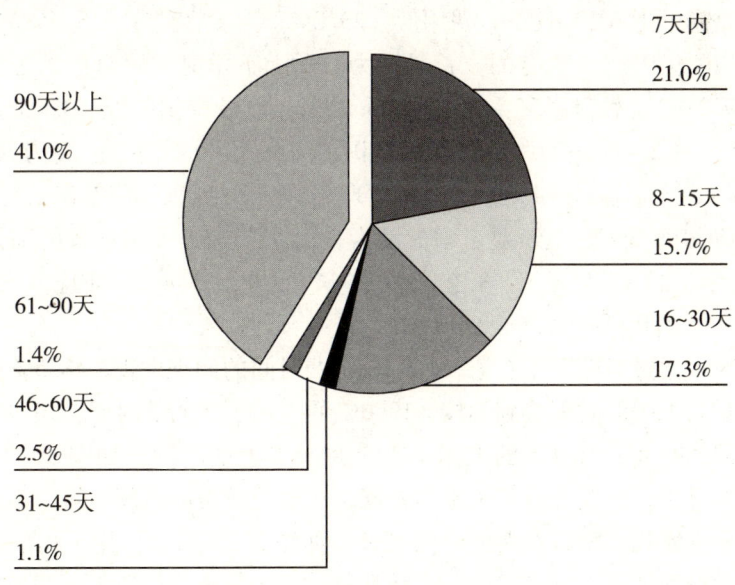

图3-7　办理入学证件的时间

表3-11 随迁子女家长对证件办理难度的评价（%）

难办理证件	总体	公办学校	民办学校	未获准打工子弟学校
暂住证	7.1	8.1	6.5	6.6
户口本	11.7	10.7	11.6	14.6
工作证明	10.0	11.2	8.5	11.8
身份证	6.6	4.7	7.9	7.0
计划生育证明	10.4	7.8	12.3	10.5
无人监护证明	11.7	11.4	12.2	10.7
以前学籍证明	13.3	13.0	13.5	13.1
房产证房屋租赁合同	24.1	27.1	22.8	21.0
其他	5.2	6.0	4.8	4.8

3. 选择打工子弟学校入学容易、花费时间少

如前所述，三类学校的随迁子女家长在选择希望孩子就读的学校类型有显著不同。其中，10.9%的公办学校随迁子女家长希望孩子读打工子弟学校；40.2%的民办学校随迁子女家长希望孩子读打工子弟学校；47.6%的未获准打工子弟学校随迁子女家长认为就读打工子弟学校是更好的选择。问卷调查结果表明，之所以选择打工子弟学校，公办学校的随迁子女家长认为主要原因是离家近（29.4%）、费用低（23.0%）、入学容易（18.6%）、孩子容易适应（9.9%），也有的家长是因为孩子上下学时间跟自己的工作时间合适（9.2%）、教材跟家乡的一样（3.9%）、学校提供午饭（3.7%）或有班车接送（2.4%）；民办学校的部分随迁子女家长也认为离家近（25.1%）、入学容易（19.9%）是主要的原因，费用低（13.2%）及孩子容易适应（12.6%）也是要考虑的因素；未获准打工子弟学校的随迁子女家长表示，读打工子弟学校不仅离家近（26.1%），而且入学容易（22.6%）、费用低（11.6%）。

同时，通过对随迁子女家长找学校花费时间的调查发现，48.5%的随迁子女家长用1周的时间找到学校，19.6%的人用了2周的时间，10.9%的人用了3周的时间，21.1%的人用了1个月及以上的时间，如图3-8所示。分析结果显示，未获准打工子弟学校家长找学校花费的时间最短，而公办学校随迁子女家长找学校花费的时间最长。如图3-9所示，用1周的时间可以找到学校的随迁子女家长中，未获准打工子弟学校家长所占比例最大；花费2周的时间可以找到学校的随迁子女家长中，民办学校的家长比例较大；

用 1~2 周的时间内就可以找到学校的随迁子女家长中，公办学校的随迁子女家长比例较小；同样，用 1 个月或以上的时间找到学校的随迁子女家长中，公办学校所占比例最大，而另外两类学校的随迁子女家长比例较小。调研显示，对于民办学校与未获准打工子弟学校的随迁子女家长来说，选择打工子弟学校的主要原因还包括找学校花费的时间相对较短。

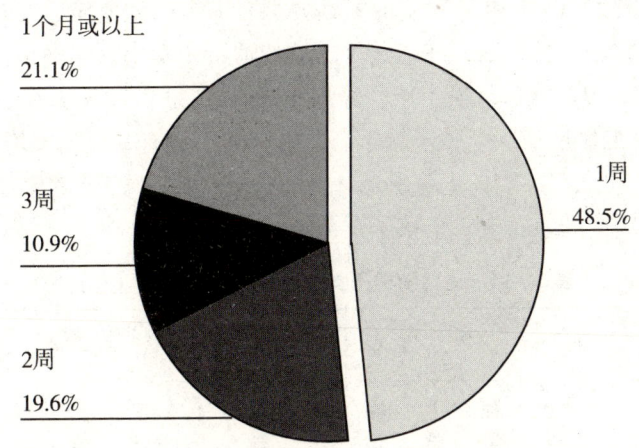

图 3-8 随迁子女家长找学校花费时间的情况（%）

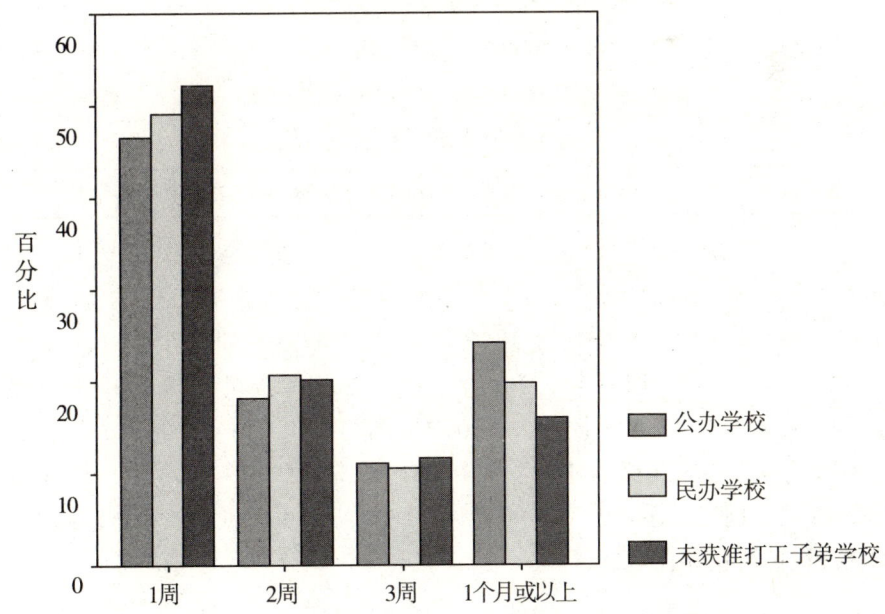

图 3-9 不同类型学校随迁子女家长找学校花费的时间比较

4. 入学率、辍学率及超龄率

研究分析发现，适龄随迁子女中保证能够上学的比重较大。如表 3-12 所示，在独生子女家庭中，有 90.18% 的家庭的子女有学可上；在双子女家庭中，87.13% 的家庭中 2 个孩子都可以上学，但仍有 9.46% 的家庭仅有 1 个孩子上得了学；在三子女家庭中，82.35% 的家庭有 3 个子女全部都有学可上，但还有 13.03% 和 3.78% 的家庭分别有 1 个或 2 个孩子失去上学的机会。同时，数据分析显示，在随父母进城的适龄子女中辍学率在一定程度上存在。如表 3-12 所示，独生子女家庭的辍学率为 9.42%；在双子女家庭中，10.57% 的家庭有 1 个孩子辍学，4.41% 的家庭有 2 个孩子均辍学在家；在三子女家庭中，14.54% 的家庭有 1 个孩子辍学，7.05% 的家庭有 2 个孩子辍学，2.20% 的家庭有 3 个孩子全部不上学。

表 3-12　适龄随迁子女的上学与辍学情况（%）

带进城的适龄孩子数量（个） \ 上学与辍学数量（个）	0		1		2		3		4		5 及以上	
	上学率	辍学率	上学率	辍学率	上学率	辍学率	上学率	辍学率	上学率	辍学率	上学率	辍学率
1	0.60	88.79	90.18	9.42	—	—	—	—	—	—	—	—
2	0.77	84.79	9.46	10.57	87.13	4.41	—	—	—	—	—	—
3	0.42	75.77	3.78	14.54	13.03	7.05	82.35	2.20	—	—	—	—
4	—	68.85	9.52	14.75	4.76	6.56	15.87	6.56	68.25	1.64	—	—
5 及以上	—	66.67	—	11.11	5.26	5.56	10.53	—	21.05	—	52.63	—

从入读年龄分析，如表 3-13 所示，在 4 年级的随迁子女中，有 59.63% 的是 9~10 周岁，37.28% 的是 11~12 周岁，还有 1.54% 的年龄达到 13~14 周岁；在 5 年级的随迁子女中，54.35% 的是 10~11 周岁，41.40% 的是 12~13 周岁，3.17% 的是 14~18 周岁；在 7 年级的随迁子女中，46.97% 的是 12~13 周岁，49.04% 的是 14~15 周岁，有 3.18% 的是 16~18 周岁；在 8 年级的随迁子女中，41.96% 的是 13~14 周岁，53.32% 的是 15~16 周岁，还有 3.32% 的是 17~18 周岁。可见，随迁子女超龄读书的情况仍然严重存在。

表3-13 随迁子女适龄与超龄情况（%）

年级	年龄段						
	8周岁以下	8周岁	9~10周岁	11~12周岁	13~14周岁	15~16周岁	17~18周岁
4年级	0.30	1.13	59.63	37.28	1.54	0.10	0
8年级	0	0	0	1.40	41.96	53.32	3.32

年级	年龄段						
	8周岁以下	8周岁	9周岁	10~11周岁	12~13周岁	14~15周岁	16~18周岁
5年级	0	0.10	0.99	54.35	41.40	2.77	0.40
7年级	0	0	0	0.80	46.97	49.04	3.18

注：根据《中华人民共和国义务教育法》关于义务教育阶段法定年龄的规定，本书认为读4年级的法定年龄是9~10周岁，读5年级的法定年龄是10~11周岁，读7年级的法定年龄是12~13周岁，读8年级的法定年龄是13~14周岁。大于法定年龄段的年龄均为超龄。计算过程中，为保留小数点后两位采用四舍五入方法，因此部分计算结果总和会大于或小于100%。

三、进城务工农民随迁子女的升学状况

按照现行政策规定，由于受户籍和学籍的限制，进城务工农民随迁子女在九年义务教育阶段完成后必须回原籍升学。这无论对城市学校还是对进城务工农民来说，都是一个沉重的话题。据访谈了解，升学成为校长及随迁子女家长们最关心的问题，大家普遍认为，因各地课改程度和教材存在较大差异，在城市学校所学内容与原籍学校教学内容难以衔接，教材差异较大，造成这些返乡农民随迁子女学业延误，严重影响孩子正常的升学和发展。因此，进城务工农民随迁子女初中毕业后何去何从对很多家庭来说是一个艰难的选择。

（一）主观愿望：大多数家长希望子女继续在本地上学

问卷分析结果表明，47.3%的随迁子女家长希望孩子继续在本地上高中；21.3%的打算让孩子回乡上高中；17.6%的表示目前还不知道该怎么解决孩子的升学问题，因为一方面在本地上高中很难，另一方面回乡上高中又不适应；10.8%的想让孩子初中毕业后上职业学校，学门技术活；2.5%的

打算让孩子初中毕业后不读书，在本地工作；只有0.5%的打算让孩子初中毕业后回乡务农。如图3-10所示。

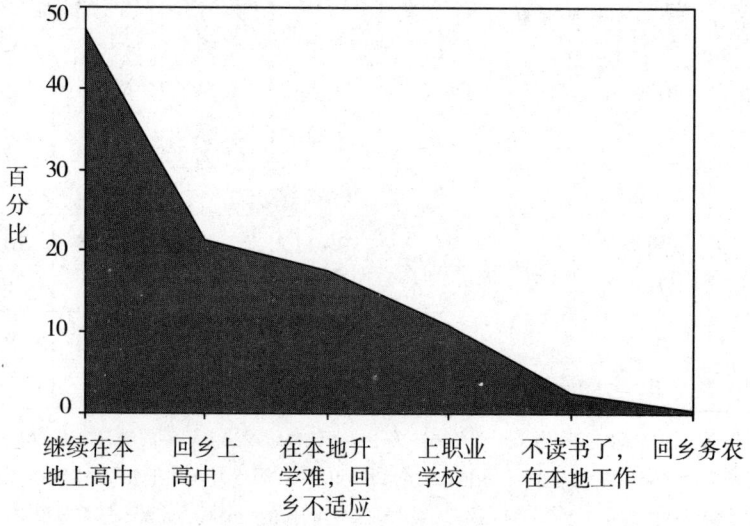

图3-10 随迁子女家长对孩子初中毕业后的打算

（二）两难境地：留城还是回乡？

如前分析，17.6%的随迁子女家长表示目前还不知道该怎么解决孩子的升学问题。通过均值比较，公办学校、民办学校与未获准打工子弟学校的家长在"希望孩子初中毕业后做什么"这一问题中存在显著差异（P=0.000<0.001），如表3-14、表3-15所示。

表3-14 不同类型学校随迁子女初中毕业后打算的均值比较

学校类型	均值	标准差	差值的95%可信区间		最小值	最大值
			下限	上限		
公办学校	1.80	1.122	1.73	1.87	1	6
民办学校	2.13	1.182	2.06	2.20	1	6
未获准打工子弟学校	2.26	1.190	2.13	2.39	1	6
总均值	2.01	1.173	1.96	2.06	1	6

注："1"表示继续在本地上高中；"2"表示回乡上高中；"3"表示在本地升学难，回乡不适应；"4"表示上职业学校；"5"表示不读书了，在本地工作；"6"表示回乡务农。

表3-15 不同类型学校随迁子女初中毕业后打算的方差分析

项 目	离均差平方和	自由度	均方	F值	P值
组间变异	78.450	2	39.225	29.197	.000
组内变异	3 169.218	2 359	1.343	—	—
总 变 异	3 247.668	2 361	—	—	—

注：P值<0.001，表示不同样本之间呈现显著差异。

如图3-11所示，希望孩子继续在本地上高中的随迁子女家长中，公办学校的比例最大；但在希望孩子回乡读高中的随迁子女家长中，公办学校的比例最小；希望孩子初中毕业后读职业学校的随迁子女家长中，未获准打工子弟学校的比例较大，但实际人数并不多，只占未获准打工子弟学校调查人数的10.5%。具体来讲，在公办学校随迁子女家长中，61.5%的家长希望孩子初中毕业后继续在本地升入高中，9.4%的家长打算让孩子回乡读高中，17.9%的家长觉得在本地上普通高中很难，回乡又不适应，不知道该怎么办，其余11.1%的家长则选择让孩子上职业学校、在本地工作或回乡务农；在民办学校随迁子女家长中，39.4%的家长打算让孩子在本地继续读高中，28.2%的家长打算让孩子回乡读高中，17.4%的家长不知道该怎么办，15.1%的家长选择让孩子上职业学校、在本地工作或回乡务农；在未获准打工子弟学校随迁子女家长中，31.7%的家长打算让孩子继续在本地读高中，33.5%的家长打算让孩子回乡上高中，17.7%的家长不知道怎么办，15.1%的家长选择让孩子读职业学校、在本地工作或回乡务农。

同时，访谈资料显示，在"小升初"阶段，升学基本可以满足，但在"初升高"阶段存在一定的问题。在深圳市，随迁子女初中毕业后，有的成绩好，回乡参加中考，或者读职校、直接进入社会打工、在深圳读高中，但最后一种方式由于受经济收入、分数、户籍等限制，需要交借读费，因此人数较少。东莞市在初升高阶段入读公办学校的名额中，一个学校只有3个名额收广东籍非东莞籍学生。因此，初中毕业后非广东籍学生的流向大概有五种：一是走向社会（20%）；二是读民办高中或民办职校（30%）；三是读职校，每个学生补贴1 500元；四是进当地公办学校，但比重很小；五是回乡（40%）。

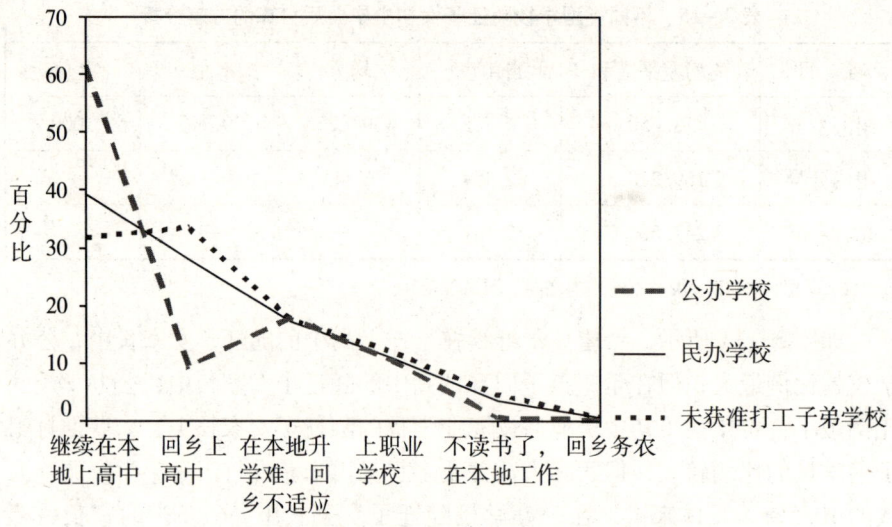

图 3-11 不同类型学校随迁子女初中毕业后打算

第二节 进城务工农民随迁子女学校管理状况

"同在蓝天下,共同成长进步",这是国务院总理温家宝对进城务工农民随迁子女的殷切期望。学校教育作为进城务工农民随迁子女接受教育的主要形式,其办学条件、管理状况、师资力量、教育教学、学生发展等各方面都需要得到各级政府及相关部门的高度重视和密切关注。

一、进城务工农民随迁子女的学校办学状况

(一)公办学校办学规范,而未获准打工子弟学校存在不规范现象

在本次调查中,通过校长访谈与实地观察了解,绝大多数公办学校办学手续齐全且办学规范。尽管在有些城市,由于公办学校地址位于农村附近,学校周边环境不太好,但是大多数公办学校在办学条件、校园环境、教育教学等方面都比较规范。同时,本次调查也了解到,绝大多数民办学校能够按照民办学校设置标准,规范办学,而未获准打工子弟学校的办学现状不太乐观。

据访谈了解,本次调查的未获准打工子弟学校在办理办学许可证中存在

较大的困难。一方面是政府明文规定，决定取缔此类学校；另一方面，为补充教育资源不足暂不取消，但仍然不予办理。相关领导也表示，未获准打工子弟学校的存在很大程度上分流了一部分生源，但由于存在房屋、食品卫生、消防等安全隐患，并且经整改后仍不合格，再加上规模小、办学条件短期内无法达标等因素又不得不对其进行限制或取缔，特别是北京、上海、郑州等城市较为突出。比如，在北京，没有校舍土地证或产权证、房屋评估和鉴定难、办学场地面积不够、学校地理位置不合格、硬件设施不达标等成为未获准打工子弟学校办理办学许可证的主要障碍；在上海，举办者认为办理办学许可证的标准较高，办学许可证审批受地方乡镇或相关部门的"堵"或设置过多的门槛；在郑州，未获准打工子弟学校一律不予获准。究其原因，一方面是认为郑州市公办学校有一定的接纳能力，另一方面是由于我国目前对于这类学校尚缺比较合理和明确的审批标准；在义乌，未获准打工子弟学校由于收费低廉，入学相对容易等原因，对经济条件不宽裕、区域流动频繁的农民工家庭来说确实具有一定的吸引力，但是有些学校根本不具备合法身份，属于"非法"办学。

（二）公办学校、部分民办学校办学条件较好，未获准打工子弟学校办学条件较差

据访谈了解及实地观察，公办学校由于政府资助较大，经费较为充足，办学条件能够满足学生的基本需要；民办学校由于办学主体多样化、办学方式多元化，并且部分地区民办学校依靠收取借读费与赞助费等维持生存和改善办学条件，因此，办学条件整体上较好。然而，未获准打工子弟学校由于政府资助力量微薄，经费较为短缺，办学条件整体较差，学校环境的满意度不高，存在严重的安全隐患。

在北京、上海、成都等城市，大多数未获准打工子弟学校由废弃的厂房或旧校舍改造而成，有的学校或租用民居、旧校舍、破旧祠堂，或临时搭建简易钢架棚，地理位置偏远或紧挨工业区、城乡结合部等，周围环境恶劣，交通不方便；有的学校教学、居住混用等基本卫生条件不完善，整体环境不佳，存在严重的安全隐患；有的学校办学资金短缺，受营利影响，部分经营者对学校投入不足，甚至无力维持学校的正常运转。如成都南华实验学校（私立学校），学校地址较偏、环境较差，不远处一家制造工厂的噪音污染很大，排出的废气严重，非常不利于学生学习及健康。同样，根据青海省教育厅《关于对格尔木市农民自办学校及义务教育阶段教育资源的现状和存

在问题等情况的调研报告》,"在格尔木的 6 所自办农民工简易学校,由于受到办学经费的限制,办学条件和办学设施较差,除简易的教学用房外,其他教学辅助用房、教学仪器设备、图书资料几乎是空白,运动场地窄小,几乎没有体育设施,也无取暖设备,办学质量无法得到有效保证。"

从问卷调查中对学校环境的满意度调查分析,随迁子女家长认为未获准打工子弟学校存在的问题有:周边环境差(21.1%)、办学条件差(20.8%)、教学差(19.0%)、学校气氛不好(15.7%)、安全隐患大(13.9%)及其他(9.4%)。随迁子女对学校环境特别是学校安全的满意度不高,28.8% 的随迁子女看到学校中常常有同学打架,12.4% 的感觉学校周边环境混乱,11.4% 的看到有人被勒索欺负,6.4% 的看到校园有陌生人出入,7.0% 的看到有其他不安全的情况,34.0% 则认为上述情况都没有发生过。同时,不同类型学校的随迁子女对校园安全及环境的看法有所不同,并提出了改善建议,如表 3-16、表 3-17 所示。这与实地调查到的一些民办学校办学条件相比,未获准打工子弟学校办学现状确实值得关注和改善。

表 3-16 随迁子女对校园安全状况的评价(%)

选 项	总体评价	公办学校	民办学校	未获准打工子弟学校
同学经常打架	28.8	31.2	28.4	25.0
校园有陌生人出入	6.4	6.3	5.3	11.1
学校周围环境混乱	12.4	10.3	13.6	12.7
有人勒索欺负	11.4	10.5	11.8	11.7
其他	7.0	4.2	8.6	7.5
以上情况都没有	34.0	37.5	32.3	32.0

表 3-17 随迁子女对校园环境的改善建议(%)

选 项	总体建议	公办学校	民办学校	未获准打工子弟学校
活动场地大一些	16.8	15.4	18.0	15.1
体育器材多一些	24.2	27.0	22.8	23.3
增加点课外活动	29.4	31.9	29.3	22.8
校园环境好一些	12.0	9.6	13.1	13.7
教室宽敞一些	7.4	7.8	6.4	10.8
学校再干净一些	10.2	8.3	10.4	14.3

二、进城务工农民随迁子女的学校管理状况

据访谈了解,进城务工农民随迁子女的大规模入城,给公办学校、民办学校和未获准打工子弟学校的学校管理带来了一定的困难。其中无论是哪种类型的学校,普遍反映的问题是学籍管理、师资管理等。

(一) 随迁子女的流动性大,造成学籍管理难度较大

据访谈了解,不论是何种类型的学校,校长几乎都认为学籍管理是最为突出的管理问题。在公办学校中,由于随迁子女流动性大,有一些流走学生的家长根本不与学校打招呼;有很多随迁子女因证件手续不全而没有学籍;有的学校通过建立临时学籍,进行动态管理,但效果也不好;有的学校通过教师督促的方法解决,但增加了教师的工作量。因此,无形增加了公办学校学籍管理工作量。如深圳宝安区白芒小学,学校每学期8%~10%的流动率,由于广东省"1+5"政策的限制,办齐证件很难,如果办不全,就采取"协议"读书,即"先读后办",只要两个月内办齐就可以继续读,但在一般情况下,协议读书不要求学籍,因此造成的直接后果是学生流动性更强。在民办学校中,条件好一些的民办学校基本上有档案、电子卡,与公办学校一样。但在未获准打工子弟学校,大多数学生的学籍由出生地管理,学校建立学生基本情况登记表,由于打工子弟学校相对入学较容易、管理不严格,学生的流动性很大;而且有的是插班生进班,学籍管理更是难上加难。在东莞民办学校水霖学校,由于流动人口多,学生流动率甚至达到50%,有时一学期招生1 800人,流走1 100人,人数达到学期招生总数的61.1%。

(二) 民办学校和未获准打工子弟学校的教师流动性大,师资管理困难

办学最大的困难之一是师资管理。一个好的学校,关键要有一支好的、稳定的师资队伍。然而,目前的政策还不能保证教师的平等,民办学校教师与公办学校教师在福利待遇上还有比较大的差距。据访谈了解,公办学校教师相对稳定,但数量不足。据2007年秋季开学统计,在成都金牛区义务教育阶段实际解决外来人口子女入学共4.95万人,其中公办学校接收3.5万人,享受"一费制"的农民工子女和居住证持有人子女近2万人。如果按小学1:17.56的师生比计算,需增加教师1 200名,但现在教师的数量远远不能满足教学需求。

相对而言，民办学校和未获准打工子弟学校的师资力量较弱，教师流动性极大。在北京的打工子弟学校调查时，学校普遍反映师资严重不足，由于教师待遇工资不高，人心思走。据访谈了解，未获准打工子弟学校的教师工资最低，高的月平均900元左右，少的只有600元，而且寒暑假没有工资，一些教师只是刚到城市就业，暂时在打工子弟学校教书，一旦有更好打工的去处，立即走人，造成新教师与学生的衔接较困难；打工子弟学校的很多教师都是一人兼任好几门课程，但在教研培训方面的机会较少，比如海淀区未获准打工子弟学校的教师几乎不参加任何教研活动；加上未获准打工子弟学校不合法的地位，使得教师心态不稳定、缺乏安全感。在广州、深圳、东莞等地访谈时，校长们普遍认为，民办学校的教师流动性强，打工子弟学校教师福利待遇偏低（如深圳，教师工资平均1 300元/人·月），没有社会福利保障；有的校长表示，教师流动性大，办学四年来留下来的教师只有原来的10%，教师评职评优工作很难进行；还有的校长表示，教师培训后流动性较大，教师队伍不稳定，教师与公办教师地位不平等，公办、民办教师资源不能交流；师资队伍整体素质不高，相当一部分教师甚至没有取得教师资格证。民办学校教师也是打工者，在民办学校中上课只是打工的一种方式；好的教师都愿意去公办学校，或者跳槽到待遇更好的地方，等等。

在教师培训方面，公办学校与民办学校、未获准打工子弟学校有显著差异。公办学校教师培训有一定的专项经费，据访谈了解，深圳南山区公办学校教师培训经费由政府拨款1 000元/年，而民办学校却没有，而对于未获准打工子弟学校教师而言，培训机会非常少。

在问卷调查中，学生对于"更换老师"的态度同样表明，未获准打工子弟学校学生教师更换频率均数比公办学校和民办学校高。通过均值计算，三类学校更换教师的均值分别是：公办学校3.05、民办学校3.13、未获准打工子弟学校2.80（均值越大表示教师更换频率越低），其均数变化趋势如图3-12所示。

（三）管理中遇到的其他问题

除学籍管理与师资管理两大问题外，据访谈了解，还存在一些其他问题。比如，在北京的打工子弟学校中，普遍面临的困难有资金紧缺问题，学校开支全靠学生收费，学生享受不到"两免一补"政策，校园硬件设施不足。有的学校存在教育教学方面的困难，如学生的学习成绩参差不齐；各地的教材与北京市教材不统一；班级学生数量过多；教师数量不足等。在上

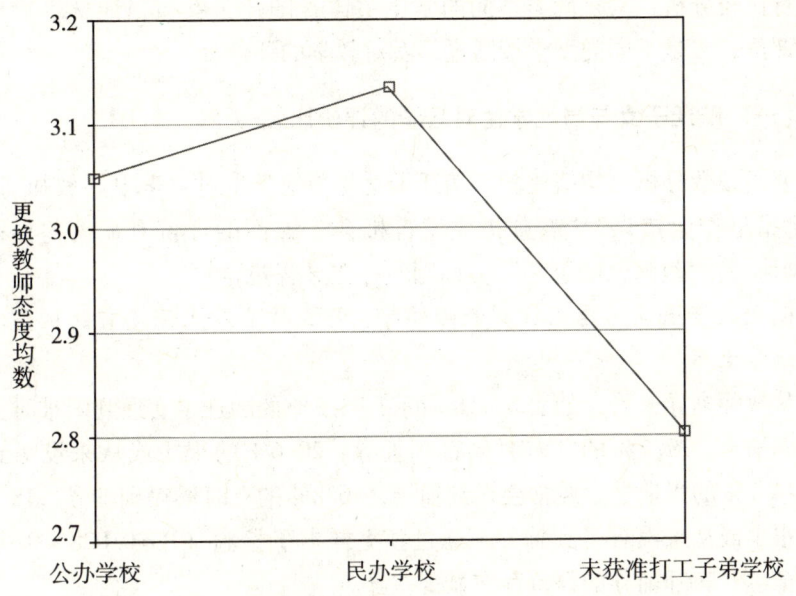

图 3-12　不同类型学校随迁子女对更换教师的评价均数

海，公办学校存在的管理和教育教学问题有：集中分班准入，年级差异大；转入的学生因教材不同而难"很快接轨"；在家校合作上有问题；家长辅导方法不当，缺乏家庭辅导等。在成都，存在大班额现象，有的学校每班学生基本在60人以上，特别是打工子弟学校。在深圳、东莞的部分学校中，尽管有规划好的校车路线图贴在墙或黑板上，但据管理者反映，由于接送的学生数量有限，学校的闲置校车常常造成资源浪费。

第三节　进城务工农民随迁子女教学状况

一、进城务工农民随迁子女的教学评价

对于随迁子女与当地学生而言，相同的教学会产生不同的主观感受；同样，对于不同类型学校的随迁子女而言，由于学校性质不同、管理不同、教师的教学态度和方式等方面的差异，也会产生不同的教学效果与主观评价。因此，为全面了解随迁子女对学校教学的态度与看法，本研究将从以下两方

面进行比较分析：一是两类不同的学生主体（随迁子女与当地学生）对教学的评价；二是不同类型学校随迁子女对教学的评价。

（一）随迁子女与当地学生对教学的评价比较

通过频数分析、均值比较，随迁子女与当地学生对教学中"教师辅导""教师指正作业错误""教师提供发言机会"方面的评价有显著差异；在"教师谈心""教师鼓励思考"方面则不存在显著差异。

1. 随迁子女认为自己得到教师辅导、指正作业及上课发言的机会均少于当地学生

从教师辅导来看，如表3－18所示，41.7%的随迁子女遇到困难时会经常得到辅导，37.7%的则有时候得到辅导，20.6%的很少或从来没得到辅导；44.7%的当地学生经常会得到辅导，36.8%的有时候得到辅导，18.5%的则很少或从来没有得到辅导。通过独立样本T检验（$P=0.028<0.05$），两类学生对教师辅导的评价存在显著差异。

表3－18 随迁子女与当地学生对教学的评价比较（%）

题目	学生类型	经常	有时	很少	从来不
学习遇到困难时，教师会辅导你吗？（教师辅导）	随迁子女	41.7	37.7	17.1	3.5
	当地学生	44.7	36.8	16.5	2.0
教师经常同你谈心吗？（教师谈心）	随迁子女	13.4	35.4	33.7	17.5
	当地学生	14.8	36.6	33.1	15.5
如果回答不出问题，教师会鼓励你思考吗？（教师鼓励）	随迁子女	49.7	31.1	14.7	4.5
	当地学生	52.2	31.0	12.6	4.2
作业上出错的地方，教师会指出并帮助你改正吗？（教师指正作业错误）	随迁子女	61.2	26.3	10.5	2.0
	当地学生	65.3	25.4	8.3	1.0
教师经常会给你发言的机会吗？（教师提供发言机会）	随迁子女	39.9	41.7	16.9	1.5
	当地学生	41.4	43.5	14.6	0.5

同样，如表3－18所示，61.2%的随迁子女认为教师会经常帮助自己指出作业中的错误并帮助改正，26.3%的认为有时会得到教师的帮助，12.5%的认为教师很少或从来没有帮助自己指正作业错误。在这一点上，当地学生的主观感受较好，65.3%的当地学生认为教师会指出作业错误并帮助改正，25.4%的学生认为有时会得到帮助，只有9.3%的学生认为教师很少或从来

没有帮助指正作业错误。独立样本 T 检验结果也表明（P = 0.002 < 0.001），两类学生在这一点上的评价呈现极其显著的差异。

在教师提供发言机会方面，随迁子女与当地学生也存在显著差异，P = 0.034 < 0.05。如表 3 - 18 所示，39.9% 的随迁子女经常得到发言的机会，41.7% 的有时会有发言的机会，18.4% 的很少或从来没有发言机会。在当地学生中，41.4% 的经常有发言机会，43.5% 的有时候有发言机会，15.1% 的则很少或从没得到发言机会。可见，教师给随迁子女的发言机会平均少于当地学生。

表 3 - 19　随迁子女与当地学生对教学的评价独立样本 T 检验

问　题	T 检验结果		
	t 值	自由度	P 值（Sig. 双侧）
教师辅导	2.203	4 226	**.028**
教师谈心	1.757	4 232	.079
教师鼓励	1.682	4 231	.093
教师指正作业错误	3.507	4 227	**.002**
教师提供发言机会	2.214	1 229	**.034**
平时教师对你如何	-.474	4 160	.636

注：P > 0.05，表示两类学生的态度无显著差异；P < 0.05，表示两类学生的态度有显著差异；P < 0.001，表示两类学生的态度呈现极其显著的差异。

2. 公办学校的两类学生对教学的评价基本一致，民办学校随迁子女对教师辅导与教师提供发言机会的评价较低

数据分析表明，公办学校的随迁子女与当地学生对教学的态度及评价不存在显著差异（P 值均大于 0.05），但是，民办学校的随迁子女与当地学生对教师辅导与教师提供发言机会的评价较低。根据均值计算，随迁子女与当地学生的教师辅导均值分别是 1.85 和 1.62；随迁子女与当地学生的教师提供发言机会均值分别是 1.83 和 1.58。经过独立样本 T 检验，两类学生的教师辅导 P 值为 0.041 < 0.05，教师提供发言机会的 P 值为 0.021 < 0.05。如表 3 - 20、表 3 - 21 所示。

表3-20　公办学校与民办学校中两类学生对教学的评价均值比较

问　题	学生类型	均　值		标准差	
		公办学校	民办学校	公办学校	民办学校
教师辅导	随迁子女	1.73	**1.85**	.794	.844
	当地学生	1.76	**1.62**	.788	.871
教师谈心	随迁子女	2.53	2.50	.887	.936
	当地学生	2.50	2.25	.916	1.040
教师鼓励	随迁子女	1.62	1.74	.790	.021
	当地学生	1.69	1.58	.838	.126
教师指正作业错误	随迁子女	1.40	1.56	.672	.018
	当地学生	1.45	1.36	.693	.079
教师提供发言机会	随迁子女	1.70	**1.83**	.712	.019
	当地学生	1.75	**1.58**	.713	.099
平时教师对你如何	随迁子女	4.54	4.59	1.114	.025
	当地学生	4.55	4.78	1.105	.101

注：前5项均值越大表示学生对教学的评价越低，第6项均值越大表示对教学的评价越高。

表3-21　民办学校随迁子女与当地学生对教学的评价独立样本T检验

问　题	T检验结果					
	t值		自由度		P值（Sig.双侧）	
	公办学校	民办学校	公办学校	民办学校	公办学校	民办学校
教师辅导	-.755	2.044	2 009	1 800	.450	**.041**
教师谈心	.544	1.882	2 015	1 799	.587	.060
教师鼓励	-1.931	1.337	2 011	1 802	.054	.182
教师指正作业错误	-1.600	1.844	2 014	1 800	.110	.065
教师提供发言机会	-1.519	2.314	2 014	1 802	.129	**.021**
平时教师对你如何	-.157	-1.351	1 988	1 799	.876	.177

注：$P > 0.05$，表示两类学生的态度无显著差异；$P < 0.05$，表示两类学生的态度有显著差异；$P < 0.001$，表示两类学生的态度呈现极其显著的差异。

3. 学生自我评价：随迁子女比较自信，并意识到自身存在学习问题

数据分析显示，随迁子女与当地学生的学习成绩主观评价有所不同，随迁子女整体上比当地学生对自己学习成绩的评价较高。在随迁子女中，认为

自己在班里成绩是"优秀和良好"的分别占 13.3% 和 33.1%，认为自己处于中等水平的占 41.9%，认为自己是班里"较差或很差"的学生占 11.7%；在当地学生中，认为自己在班里成绩是"优秀和良好"的分别占 13.8% 和 28.9%，认为自己处于中等水平的占 40.4%，认为自己是班里"较差或很差"的学生占 16.9%。均值计算表明，随迁子女和当地学生对学习自我评价的均值分别为 2.54 和 2.63，如表 3-22 所示；通过独立样本 T 检验发现，随迁子女与当地学生在自我评价时存在显著差异（P=0.007＜0.05），特别是在公办学校中两类学生的自我评价差异极其显著（P=0.000＜0.001），但在民办学校中不存在显著差异（P＞0.05），如表 3-23、表 3-24 所示。

表 3-22　随迁子女与当地学生学习成绩自我评价均值比较

项　　目	学生类型	整体均值	公办学校	民办学校（含获准打工子弟学校）
学习成绩自我评价	随迁子女	2.54	2.45	2.58
	当地学生	2.63	2.62	2.75

注：均值越大表示学习成绩自我评价越差。"1"表示优秀；"2"表示良好；"3"表示中等；"4"表示较差；"5"表示很差。

表 3-23　随迁子女与当地学生学习成绩自我评价的独立样本 T 检验

项　　目	T 检验结果		
	F 值	t 值	P 值（Sig. 双侧）
学习成绩自我评价	6.989	-2.693	.007

注：P＜0.05，表示两类学生学习成绩自我评价呈现显著差异。

表 3-24　公办学校与民办学校两类学生学习成绩自我评价的独立样本 T 检验

项　　目	T 检验结果					
	F 值		t 值		P 值（Sig. 双侧）	
	公办学校	民办学校	公办学校	民办学校	公办学校	民办学校
学习成绩自我评价	1.891	2.947	-4.008	-1.341	.000	.180

注：P＜0.001，表示两类学生学习成绩自我评价呈现极其显著的差异；P＞0.05，表示两类学生学习成绩自我评价无显著差异。

从家长对孩子学习成绩的评价中可以看出：随迁子女与当地学生家长对子女成绩的评价整体上认为处于中等水平（良好），但当地学生家长认为自己孩子学习成绩优秀的人数较多。60% 的随迁子女家长认为自己孩子的成绩处于优秀或良好水平，40% 的则认为是及格以下水平；64.5% 的当地学生家长认为孩子成绩优秀或良好，35.5%的认为孩子成绩属于及格及以下。同时，在随迁子女与当地学生中，均有30%以上的学生意识到学习中存在学习方法不对、上课没有认真听讲、胆怯而不敢向教师和同学求助以及学习基础不好等问题。

（二）不同类型学校随迁子女对教学的评价比较

1. 公办学校随迁子女对教学的评价比另两类学校高，未获准打工子弟学校的随迁子女对于教师在教学中的表现不太满意

由表3-25可知，在教师辅导、教师谈心、教师鼓励、教师指正作业错误、教师上课提供发言机会等方面，公办学校和民办学校的随迁子女对教师教学的态度评价均值都比未获准打工子弟学校小。这说明公办学校和民办学校的随迁子女对教师教学的整体评价比未获准打工子弟学校相对好一些。同时，通过方差检验分析，不同类型学校的随迁子女对教师教学的评价存在显著差异。

表3-25 不同类型学校随迁子女对教师教学评价的均值比较

问题	公办学校		民办学校		未获准打工子弟学校	
	均值	标准差	均值	标准差	均值	标准差
教师辅导	1.73	.794	1.85	.844	1.92	.872
教师谈心	2.53	.887	2.50	.936	2.87	.965
教师鼓励	1.62	.790	1.74	.871	2.05	.982
教师指正作业错误	1.40	.672	1.56	.763	1.79	.905
教师提供发言机会	1.70	.712	1.83	.780	1.94	.817
平时教师对你如何	4.54	1.114	4.59	1.020	4.30	1.281

注：前5项均值越大表示学生对教学的评价越低，第6项均值越大表示教师态度越好。

不同类型学校的随迁子女对教师教学过程中存在的问题进行了评价，认为教师存在的问题是态度严厉、讲课速度太快或者教学内容难懂等。如表3-26所示，公办学校、民办学校和未获准打工子弟学校的随迁子女中分别有36.1%、35.7%、22.6%的人认为教师上课比较好，不存在什么问题；但是仍有大多数随迁子女认为教师存在一定的问题，公办学校的随迁子女认为教师上课时主要的问题是态度严厉（15.6%）且讲课速度太快（15.5%），民办学校的随迁子女认为教师讲课速度太快（16.1%）、教的东西听不懂（13.5%）、太严厉（13.1%），未获准打工子弟学校的随迁子女认为教师讲课速度太快（23.3%）、太严厉（17.9%）。

表3-26 不同类型学校随迁子女对教师的主观评价比较（%）

问题	公办学校	民办学校	未获准打工子弟学校
教师的话难懂	10.7	12.5	10.0
教师教的东西听不懂	11.6	13.5	12.0
教师讲课速度太快	15.5	16.1	23.3
教师用的课本不一样	10.5	9.1	14.2
教师太严厉	15.6	13.1	17.9
以上情况都没有	36.1	35.7	22.6

但是，教师平时对待学生的态度得到了大多数随迁子女的认可。如表3-27所示，在公办学校和民办学校中，80%以上的随迁子女认为教师对自己很好，只有不到20%的人认为教师对自己的态度是经常批评、不关注、不公平对待、不喜欢，等等；在未获准打工子弟学校中，73.1%的学生感觉教师对自己很好，只有26.9%的学生认为教师对自己的态度不好。

表3-27 不同类型学校随迁子女认为"教师平时对自己的态度"评价比较（%）

问题	公办学校	民办学校	未获准打工子弟学校
教师经常批评我	5.3	3.4	6.0
教师从来不关注我	4.8	5.0	9.8
教师对我不公平	3.5	4.5	5.8
教师不喜欢我	3.5	3.5	5.3
教师对我很好	82.9	83.6	73.1

2. 学习成绩评价：公办学校的随迁子女的自我评价较高，公办学校的随迁子女家长对子女学习成绩的评价也较高

通过均值计算，公办学校、民办学校、未获准打工子弟学校的随迁子女对学习成绩评价的均值分别是2.45、2.58、2.59，如表3-28所示。这表明随迁子女对学习成绩的评价整体上处于良好、中等水平，而且公办学校随迁子女对学习成绩的满意度比其他两类学校高。通过方差检验发现，公办学校

与民办学校、未获准打工子弟学校的随迁子女对学习成绩的评价存在显著差异,后二者之间则不存在显著差异,如表3-29所示。

表3-28 不同类型学校随迁子女学习成绩自我评价的均值比较

项 目	公办学校	民办学校	未获准打工子弟学校
学习成绩自我评价	2.45	2.58	2.59

注:均值越大表示学习成绩自我评价越差。

表3-29 不同类型学校随迁子女学习成绩自我评价的方差检验

(I) 分组情况	(J) 分组情况	两组间均值差值 (I~J)	差值的标准误	P值 (Sig.)
公办学校	民办学校	-.13*	.035	.000
	未获准打工子弟学校	-.14*	.052	.008
民办学校	公办学校	.13*	.035	.000
	未获准打工子弟学校	-.01	.049	.910
未获准打工子弟学校	公办学校	.14*	.052	.008
	未获准打工子弟学校	.01	.049	.910

* 均值差值在0.05水平上呈现显著性。

同时,不同类型学校的随迁子女家长对子女学习成绩的评价也存在显著差异。数据分析结果表明,67.9%的公办学校的随迁子女家长认为子女学习成绩为优秀、良好水平,而在民办学校和未获准打工子弟学校中,分别有56.5%和47.5%的随迁子女家长认为子女学习成绩为优秀、良好水平。如图3-13所示,在优秀、良好水平上,公办学校随迁子女家长的比例大于其他两类学校;而在及格和不及格水平上,未获准打工子弟学校比例大于其他两类学校。均值计算表明,公办学校、民办学校、未获准打工子弟学校的随迁子女家长对子女学习成绩评价的均值分别是2.26、2.46、2.63。如图3-14所示。

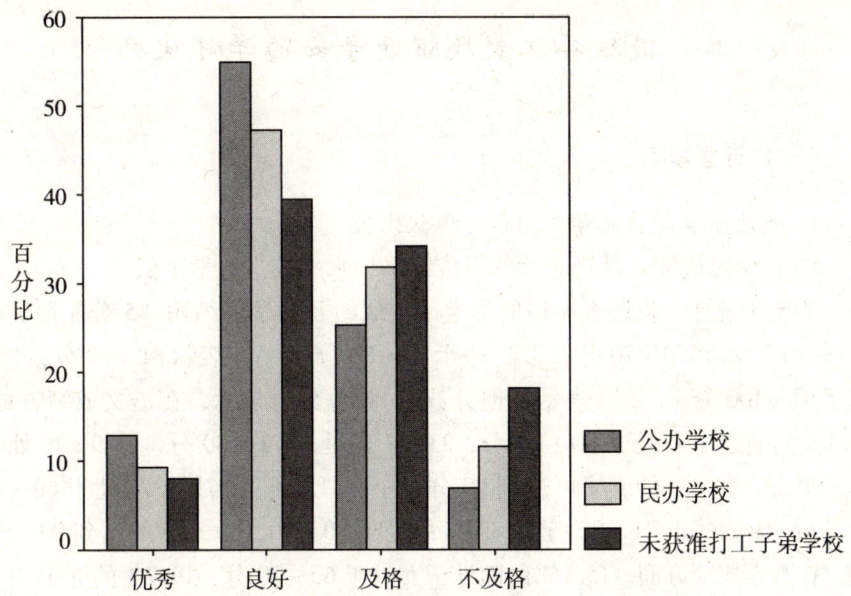

图 3-13　不同类型学校随迁子女家长对子女学习成绩的评价

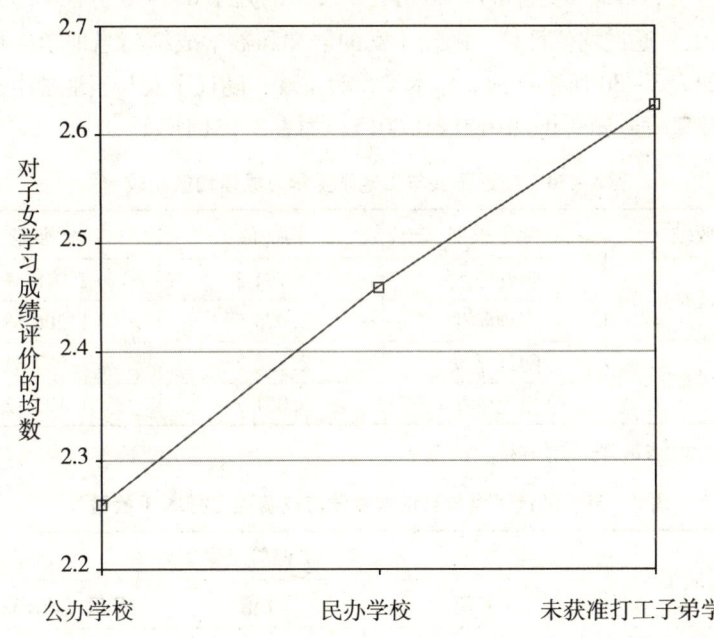

图 3-14　不同类型学校随迁子女家长对子女学习成绩评价的均数

二、进城务工农民随迁子女的学习状况

(一)课堂学习

1. 随迁子女与当地学生的学习现状比较

(1) 学习成绩:随迁子女学习成绩平均水平较当地学生低

为便于统计,将调查所得的学生语文成绩及数学成绩用"5分制"转换(注:"1"表示60~70分;"2"表示71~80分;"3"表示81~90分;"4"表示91~100分;"5"表示其他分数)。频数分析显示,在语文成绩方面,12.1%的随迁子女处于60~70分,23.9%的处于71~80分,40.9%的处于81~90分,23.1%的成绩可达到90分以上;11.9%的当地学生处于60~70分,20.7%的处于71~80分,28.4%的处于80~90分,39%的达到90分以上。在数学成绩方面,15.1%的随迁子女处于60~70分,19.7%的处于71~80分,32.6%的处于81~90分,32.6%的处于90分以上;12.5%的当地学生处于60~70分,19.8%处于71~80分,27.2%的处于81~90分,40.5%的处于90分以上。通过均值计算,随迁子女的语文和数学成绩与当地学生相比要差一些,如表3-30所示;独立样本T检验发现,随迁子女与当地学生学习成绩存在极其显著差异(P=0.000<0.001),如表3-31所示。

表3-30 随迁子女与当地学生学习成绩均值比较

学习成绩	学生类型	均 值	标准差
语文成绩	随迁子女	2.791 3	1.018 39
	当地学生	3.073 5	1.206 58
数学成绩	随迁子女	2.852 2	1.087 31
	当地学生	3.051 7	1.177 82

注:均值越大表示学科成绩越高。

表3-31 随迁子女与当地学生学习成绩独立样本T检验

学习成绩	T检验结果		
	F值	t值	P值(Sig.双侧)
语文成绩	42.144	6.514	.000
数学成绩	5.352	4.212	.000

注:P<0.001,表示两类学生学科成绩差异极其显著。

不同类型学校的随迁子女与当地学生学习成绩差异情况不同。数据分析显示，公办学校的随迁子女学习成绩平均水平低于当地学生；民办学校的随迁子女语文成绩较高，数学成绩较低，但两类学生不存在显著差异（语文成绩与数学成绩的 P 值分别是 0.202、0.616，均大于 0.05）。如表 3-32、表 3-33 所示。

表 3-32　不同类型学校随迁子女与当地学生的学习成绩均值比较

学习成绩	学生类型	均值		标准差	
		公办学校	民办学校	公办学校	民办学校
语文成绩	随迁子女	2.996 6	2.720 2	.969 15	1.043 34
	当地学生	3.110 2	2.521 7	1.215 52	.887 92
数学成绩	随迁子女	3.022 9	2.760 4	1.049 82	1.107 26
	当地学生	3.064 6	2.844 4	1.183 66	1.086 19

注：均值越大表示学科成绩越高。

表 3-33　公办学校与民办学校两类学生学习成绩的独立样本 T 检验

学习成绩	T 检验结果					
	F 值		t 值		P 值（Sig. 双侧）	
	公办学校	民办学校	公办学校	民办学校	公办学校	民办学校
语文成绩	71.094	1.140	-2.090	1.275	.037	.202
数学成绩	17.552	0.048	-.717	-.501	.474	.616

注：P>0.05，表示两类学生学科成绩差异不显著。

（2）学习态度：随迁子女与当地学生学习态度都比较端正

通过频数分析，随迁子女与当地学生中均有 80% 以上的学生能够"经常"按时完成作业，15% 的学生"有时"按时完成作业；在上学态度上，随迁子女与当地学生中均有 91% 以上的学生"从来不或很少"迟到。通过均值计算及独立样本 T 检验，随迁子女与当地学生"每天按时完成作业"的均值分别为 1.21、1.20，"上学迟到"的均值分别为 3.57、3.60（如表 3-34 所示）；这两项 T 检验结果显示，P 值均大于 0.05，两类学生的学习态度都比较认真，无显著差异，如表 3-35 所示。同时，由表 3-36 可知，公办学校、民办学校的随迁子女与当地学生的学习态度也无显著差异。

表3-34 公办学校与民办学校的随迁子女与当地学生的学习态度均值比较

学习态度	学生类型	整体均值	公办学校	民办学校
①每天按时完成作业	随迁子女	1.21	3.58	1.21
	当地学生	1.20	3.59	1.22
②上学迟到	随迁子女	3.57	1.20	3.59
	当地学生	3.60	1.20	3.62

注：①的均值越小表示学习态度越好，②的均值越大表示学习态度越好。

表3-35 随迁子女与当地学生学习态度的独立样本T检验

学习态度	T检验结果		
	F值	t值	P值（Sig.双侧）
每天按时完成作业	.616	-.944	.345
上学迟到	.690	.421	.674

注：P>0.05，表示两类学生学习态度差异不显著。

表3-36 公办学校与民办学校的两类学生学习态度独立样本T检验

学习态度	T检验结果					
	F值		t值		P值（Sig.双侧）	
	公办学校	民办学校	公办学校	民办学校	公办学校	民办学校
每天按时完成作业	.040	.061	-.569	-.183	.569	.855
上学迟到	.058	1.303	.163	-.337	.870	.736

注：P>0.05，表示两类学生学习态度差异不显著。

2. 不同类型学校随迁子女的学习现状比较

（1）学习成绩：三类学校随迁子女存在显著差异

通过均值计算及单因素方差分析，公办学校、民办学校和未获准打工子弟学校随迁子女的语文成绩均值分别是2.9966、2.7202、2.5718；数学成绩的均值为3.0229、2.7604、2.8044，如表3-37所示。结合均数图3-15、图3-16分析，三类学校随迁子女的语文成绩平均水平的高低顺序依次为：公办学校、民办学校、未获准打工子弟学校；数学成绩平均水平的高低顺序依次为：公办学校、未获准打工子弟学校、民办学校。经过单因素方差分析，在语文成绩方面，三类学校相互之间存在显著差异，在数学成绩方面，公办学校与另两类学校之间存在显著差异，如表3-38所示。

表 3-37　不同类型学校随迁子女的学习成绩均值比较

学习成绩	公办学校	民办学校	未获准打工子弟学校
语文成绩	2.996 6	2.720 2	2.571 8
数学成绩	3.022 9	2.760 4	2.804 4

注：均值越大表示学习成绩越高。

表 3-38　不同类型学校随迁子女的学习成绩方差检验

学习成绩	（I）分组情况	（J）分组情况	两组间均值差值（I~J）	差值的标准误	P值（Sig.）
语文成绩	公办学校	民办学校 未获准打工子弟学校	.276 4* .424 8*	.042 89 .062 80	.000 .000
	民办学校	公办学校 未获准打工子弟学校	-.276 4* .148 4*	.042 89 .059 18	.000 .012
	未获准打工子弟学校	公办学校 未获准打工子弟学校	-.424 8* -.148 4*	.062 80 .059 18	.000 .012
数学成绩	公办学校	民办学校 未获准打工子弟学校	.262 6* .218 5*	.047 69 .068 04	.000 .001
	民办学校	公办学校 未获准打工子弟学校	-.262 6* -.044 1	.047 69 .063 91	.000 .491
	未获准打工子弟学校	公办学校 未获准打工子弟学校	-.218 5* .044 1	.068 04 .063 91	.000 .491

* 均值差值在 0.05 水平上呈现显著性。

（2）学习态度：不同类型学校随迁子女完成作业情况与上学迟到情况均良好

数据分析表明，公办学校、民办学校与未获准打工子弟学校的随迁子女基本上经常能够每天按时完成作业，如表 3-39 所示。但是公办学校和民办学校随迁子女在"上学迟到"的问题上与未获准打工子弟学校存在差异。如表 3-40 所示，公办学校与民办学校比较，$P=0.700>0.05$，二者之间无显著差异；但公办学校、民办学校分别与未获准打工子弟学校的随迁子女相比，P值均小于 0.05 水平，有显著差异。

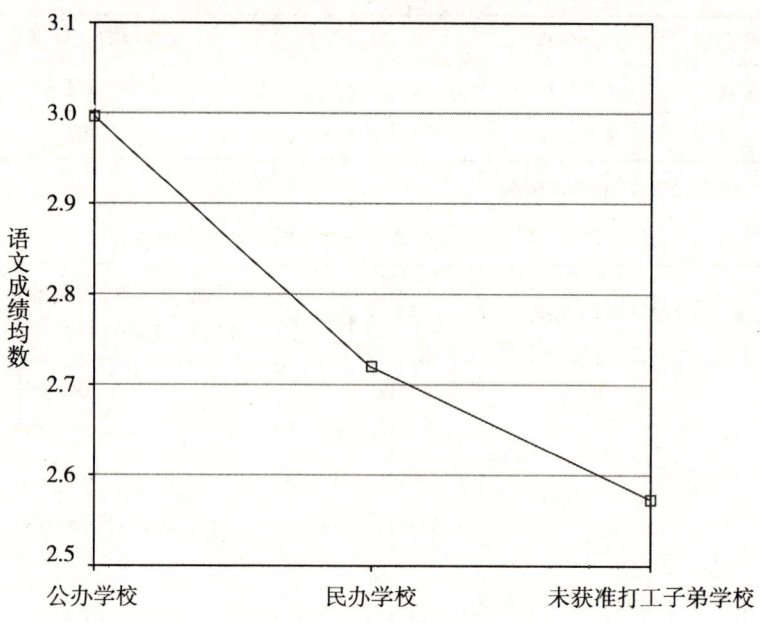

图 3-15　随迁子女语文成绩均数

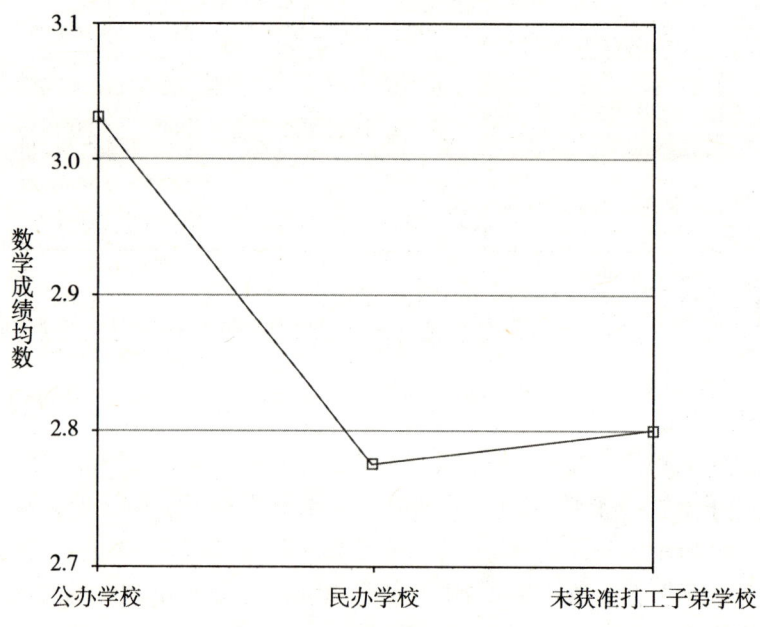

图 3-16　随迁子女数学成绩均数

表 3-39 不同类型学校随迁子女的学习态度均值比较

学习态度	公办学校	民办学校	未获准打工子弟学校
①每天按时完成作业	1.20	1.21	1.22
②上课迟到	3.58	3.59	3.50

注：①的均值越小表示学习态度越好，②的均值越大表示学习态度越好。"1"表示经常；"2"表示有时；"3"表示很少；"4"表示从来不。

表 3-40 不同类型学校随迁子女的学习态度方差检验

学习态度	(I) 分组情况	(J) 分组情况	两组间均值差值（I~J）	差值的标准误	P 值（Sig.）
每天按时完成作业	公办学校	民办学校	-.01	.018	.746
		未获准打工子弟学校	-.02	.028	.520
	民办学校	公办学校	.01	.018	.746
		未获准打工子弟学校	-.01	.026	.652
	未获准打工子弟学校	公办学校	.02	.028	.520
		未获准打工子弟学校	.01	.026	.652
上课迟到	公办学校	民办学校	-.01	.025	.700
		未获准打工子弟学校	.08*	.038	.043
	民办学校	公办学校	.01	.025	.700
		未获准打工子弟学校	.09*	.036	.016
	未获准打工子弟学校	公办学校	-.08*	.038	.043
		未获准打工子弟学校	-.09*	.036	.016

* 均值差值在 0.05 水平上呈现显著性。

（二）课外学习

1. 随迁子女与当地学生的课外学习情况比较

（1）60% 以上的随迁子女与当地学生很少或从来不去图书室读书

数据分析显示，在去图书室读书方面，13% 的随迁子女经常去，24.7% 的有时去，26.6% 的很少去，35.7% 的从来不去；在当地学生中，15% 的经常去，24.3% 的有时去，26.9% 的很少去，33.8% 的从来不去。可见，平均 60% 的随迁子女与当地学生很少或从来不去图书室读书。当然，实地调研也显示，未获准打工子弟学校由于办学条件较差，基础设施不全，学生们根本没有图书室可以去。

在参加辅导班方面，15.6%的随迁子女经常参加，22.4%的有时参加，27.2%的很少参加，34.8%的从来不参加；在当地学生中，21.7%的经常参加，24.7%的有时参加，29.2%的很少参加，24.4%的从来不参加。通过均值计算与独立样本T检验发现，在参加辅导班方面，随迁子女参加频率较低，与当地学生存在显著差异（P=0.000<0.001），如表3-41、表3-42所示。

表3-41 随迁子女与当地学生参加课外学习频率的均值比较

课外学习	问卷类型	整体均值	公办学校	民办学校
去图书室读书	随迁子女	2.85	2.69	2.84
	当地学生	2.80	2.54	3.13
参加辅导班	随迁子女	2.81	2.68	2.81
	当地学生	2.56	2.77	2.80

注：均值越大表示学生参加课外学习的频率越低。

表3-42 随迁子女与当地学生参加课外学习频率的独立样本T检验

课外学习	T检验结果		
	F值	t值	P值（Sig.双侧）
去图书室读书	1.432	1.431	.153
参加辅导班	2.093	6.360	.000

注：P<0.001，表示两类学生课外学习频率呈现极其显著的差异；P>0.05，表示两类学生课外学习频率无显著差异。

（2）公办学校随迁子女参加课外学习的频率较当地学生低，民办学校随迁子女去图书室读书的频率较高，两类学生参加辅导班的情况无显著差异

在不同类型学校中，随迁子女与当地学生参加课外学习方面存在显著差异。在公办学校中，随迁子女在去图书室读书与参加辅导班方面与当地学生存在显著差异（P=0.003<0.01），结合均值计算可知，随迁子女去图书室读书的时间比当地学生多，而参加课外辅导班的时间比较少。同样，在民办学校中，随迁子女去图书室读书的时间比当地学生多，二者这一点上存在显著差异（P=0.039<0.05）；但参加课外辅导班的机会都较少，不存在显著差异（P=0.933>0.05），如表3-43所示。

表3-43　公办学校与民办学校的两类学生参加课外学习频率的独立样本T检验

课外学习	T检验结果					
	F值		t值		P值（Sig.双侧）	
	公办学校	民办学校	公办学校	民办学校	公办学校	民办学校
去图书室读书	2.217	.044	2.993	-2.057	.003	.039
参加辅导班	.015	.005	-1.994	-2.229	.045	.933

注：P<0.05，表示两类学生参加课外学习频率呈现显著差异；P>0.05，表示两类学生参加课外学习频率无显著差异。

2. 不同类型学校的随迁子女课外学习比较

不同类型学校随迁子女的课外学习情况有显著差异。从频数分析看，在去图书室读书方面，16.9%的公办学校随迁子女经常去，27.1%的有时去，27.5%的很少去，28.5%的从来不去；12%的民办学校随迁子女经常去，25.8%的有时去，28.7%的很少去，33.5%的从来不去；7.2%的未获准打工子弟学校学生经常去，13.6%的有时去，14.9%的很少去，64.3%的从来不去。在参加课外辅导班方面，20.1%的公办学校随迁子女经常参加，22.4%的有时参加，25.7%的很少参加，31.8%的从来不参加；15.1%的民办学校随迁子女经常参加，22.6%的有时参加，28.1%的很少参加，34%的从来不参加；5.7%的未获准打工子弟学校学生经常参加，21.7%的有时参加，26.8%的很少参加，45.8%的从来不参加。如表3-44所示。

结合均值计算、方差分析及均数图，未获准打工子弟学校学生的课外学习情况与其他两类学校存在显著差异，学生课外学习情况较差。如表3-45、表3-46、图3-17、图3-18所示。

表3-44　不同类型学校随迁子女参加课外学习的频数比较（%）

课外学习	学校类型	经常	有时	很少	从来不
去图书室读书	公办学校	16.9	27.1	27.5	28.5
	民办学校	12.0	25.8	28.7	33.5
	未获准打工子弟学校	7.2	13.6	14.9	64.3
参加辅导班	公办学校	20.1	22.4	25.7	31.8
	民办学校	15.1	22.6	28.1	34.0
	未获准打工子弟学校	5.7	21.7	26.8	45.8

表 3-45 不同类型学校随迁子女参加课外学习的均值比较

课外学习	公办学校	民办学校	未获准打工子弟学校
去图书室读书	2.68	2.34	3.36
参加辅导班	2.69	2.81	3.13

注：均值越大表示学生参加课外学习的频率越低。

表 3-46 不同类型学校随迁子女课外学习情况的方差检验

课外学习	(I) 分组情况	(J) 分组情况	两组间均值差值 (I～J)	差值的标准误	P值 (Sig.)
去图书室读书	公办学校	民办学校	-.16*	.040	.000
		未获准打工子弟学校	-.69*	.060	.000
	民办学校	公办学校	.16*	.040	.000
		未获准打工子弟学校	-.52*	.057	.000
	未获准打工子弟学校	公办学校	.69*	.060	.000
		未获准打工子弟学校	.52*	.057	.000
参加辅导班	公办学校	民办学校	-.12*	.041	.004
		未获准打工子弟学校	-.44*	.062	.000
	民办学校	公办学校	.12*	.041	.004
		未获准打工子弟学校	-.32*	.059	.000
	未获准打工子弟学校	公办学校	.44*	.062	.000
		未获准打工子弟学校	.32*	.059	.000

* 均值差值在 0.05 水平上呈现显著性。

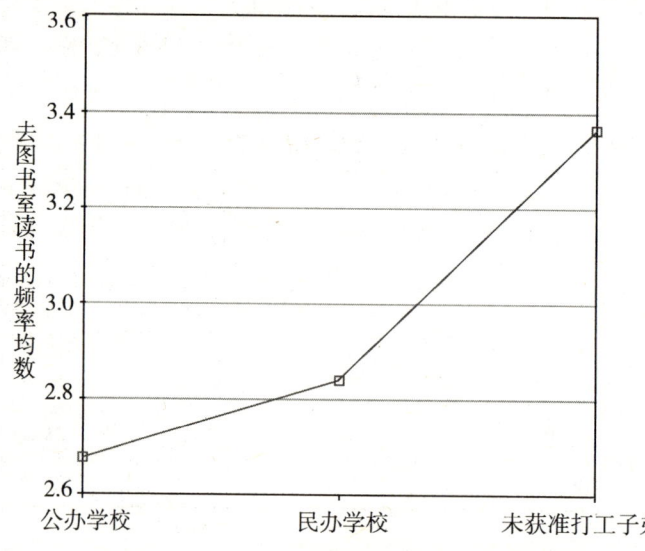

图 3-17 随迁子女去图书室读书的频率均数

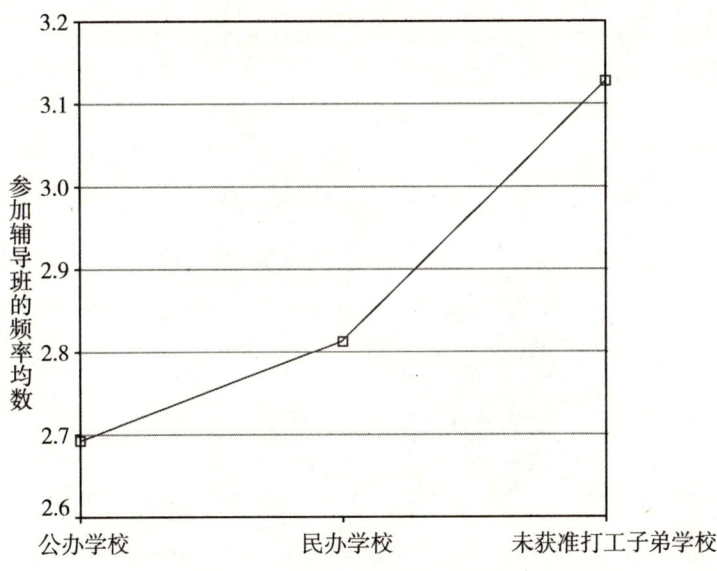

图 3-18 随迁子女参加辅导班的频率均数

三、进城务工农民随迁子女的学校适应性

(一) 随迁子女与当地学生的学校适应性比较

1. 随迁子女与当地学生共同的烦恼：作业太多

数据分析表明，34.2%的随迁子女认为在学校生活没有什么烦恼。但是，65.8%的随迁子女则认为在学校生活中主要有以下一些烦恼：作业太多（19.4%）、朋友很少（13.3%）、心理不适应（12.1%）、与老师关系不好（8.6%）或学校不够好（7.6%）、感觉不安全（4.8%）；在当地学生中，31.3%的学生认为没什么烦恼，但有68.7%的学生认为学校生活的主要烦恼在于：作业太多（27.4%）、朋友很少（12%）、心理不适应（11.3%）、与老师关系不好（8.2%）、学校不够好（4.9%）、感觉不安全（4.9%）。

可见，作业太多是学生们最大的烦恼。调查显示，随迁子女与当地学生每天做作业的时间基本上在0.5~1小时之间（45.3%），只有16.4%的学生可以在0.5小时内完成，有20.4%的学生需要用1~1.5小时，还有17.9%的学生则需要1.5小时才能做完，如图3-19所示。在不同类型学校中，学生完成作业所用的时间有显著差异，公办学校学生做作业的时间一般需要用1小时以上；民办学校一般需要用0.5~1小时；未获准打工子弟学校则一般用不到0.5小时的时间。如图3-20所示。

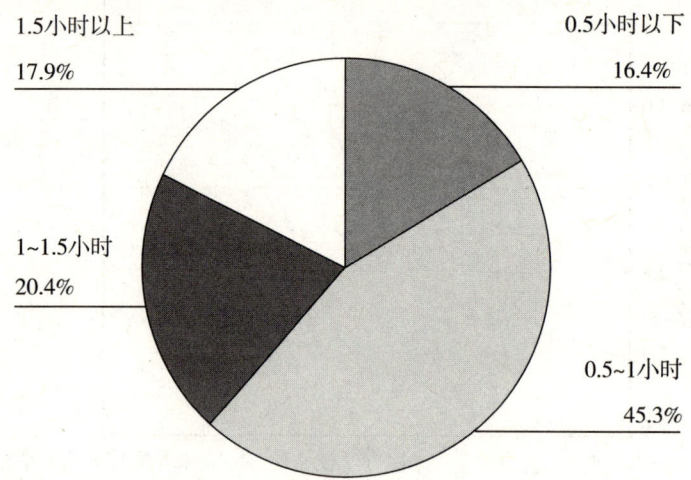

图3-19 两类学生做作业需要的时间情况分析

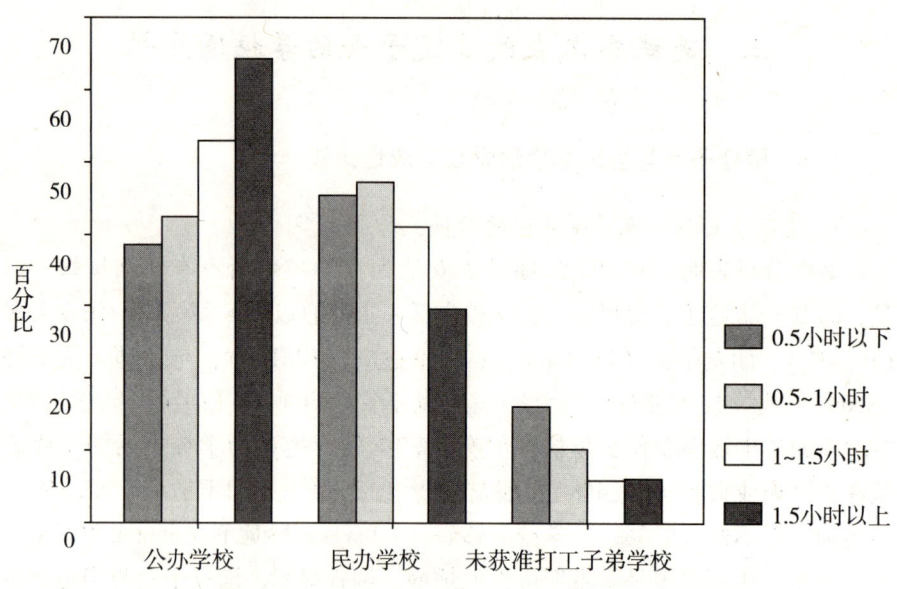

图3-20 不同类型学校学生做作业的时间比较

同时,对不同类型学校中两类学生的对比分析发现,公办学校随迁子女与当地学生每天做作业的时间无显著差异（P=0.326 >0.05）,而民办学校则存在显著差异（P=0.001 <0.05）。通过均值计算,公办学校随迁子女所用的时间与当地学生差不多,而民办学校随迁子女做作业花费的时间较当地

学生少很多，如表 3-47 所示。

表 3-47 不同类型学校随迁子女和当地学生做作业的时间均值比较

项　　目	问卷类型	整体均值	公办学校	民办学校
每天做作业的时间	随迁子女	2.34	2.55	2.26
	当地学生	2.60	2.60	2.65

注：均值越大表示做作业花费的时间越长。

2. 随迁子女和当地学生遇到学习困难时愿意靠自己努力解决难题的人数较少

在遇到学习上的困难时，23%的随迁子女向教师求助，28.8%的向同学求助，20%的向家人求助，18.3%的向朋友求助，2.5%的向其他人求助，7.4%的靠自己解决；20.9%的当地学生向老师求助，29.8%的向同学求助，19%的向家人求助，21.1%的向朋友求助，2.3%的向其他人求助，还有6.8%的靠自己。数据分析表明，随迁子女和当地学生愿意靠自己来解决学习困难的人数相对较少。

3. 50%以上的随迁子女与当地学生比较适应学校生活，随迁子女在与城市同学交朋友时存在障碍

数据分析显示，53%的随迁子女与56.4%的当地学生基本上可以适应学校生活。但是，有46.9%的随迁子女和43.6%的当地学生存在一定的不适应现象。对于随迁子女而言，6.1%的被很多同学看不起，17.7%的经常被人误会或错怪，17.2%的经常与同学发生矛盾，5.9%的存在其他情况；对于当地学生而言，6.7%的被很多同学看不起，18.9%的经常被人误会或错怪，13.8%的经常与同学发生矛盾，4.2%的存在其他情况。同时，随迁子女在与城市同学交朋友时，总感觉存在一些困难：如城市同学太娇气（22.2%）、城市同学不友好（10.4%）、父母不让与城市同学交朋友（10.4%）、不喜欢城市同学（6.4%）、城市同学的父母不让交朋友（4.8%），等等。

4. 80%以上的随迁子女与当地学生无转校意愿

数据分析显示，80.8%的随迁子女不想转校，85.5%的当地学生不想转校。通过均值计算，随迁子女和当地学生在此问题选择上的均值分别是1.81和1.86（均值越大表示转校意愿越弱），因此，当地学生转校的意愿更弱一些。从不同学段分析，小学阶段与初中阶段的随迁子女在转校意愿上存在显著差异（$P=0.000<0.001$），初中阶段愿意转校的学生比小学阶段

的人数相对较少。

(二) 不同类型学校随迁子女的学校适应性比较

1. 不同类型学校的随迁子女与同学的交往情况不存在显著差异,但普遍都感觉自己和城市同学不一样

通过均值计算(如表3-48所示),随迁子女同学交往情况的均值分别是公办学校4.08、民办学校4.13、未获准打工子弟学校4.02,三类学校的随迁子女与同学交往情况无显著差异($P=0.286>0.05$),但普遍感觉自己和城市同学不一样,如表3-49所示。这说明,进城务工农民随迁子女在心理上还存在一定的自卑感。

表3-48 不同类型学校随迁子女与同学交往情况的均值比较

课外活动	公办学校	民办学校	未获准打工子弟学校
与同学交往情况	4.08	4.13	4.02

注:"1"表示自己不主动和同学说话;"2"表示同学不理我;"3"表示不喜欢其他同学;"4"表示感觉自己和他们不一样;"5"表示没有遇到以上这些情况。

表3-49 不同类型学校随迁子女与同学交往情况的方差检验

变异类型	离均差平方和	自由度	均方	F值	P值
组间变异	5.077	2	2.538	1.252	.286
组内变异	6 414.592	3 164	2.027	—	—
总 变 异	6 419.669	3 166			

注:$P>0.05$,表示两类学生与同学的交往情况无显著差异。

2. 不同类型学校中随迁子女都存在着不适应现象,主要是作业多、朋友少、心理不适应等

数据分析显示,在不同类型学校的随迁子女中,30%左右的学生没有学校生活的烦恼。但是,70%左右的学生还存在着对学校生活的不适应。在公办学校中,随迁子女认为的烦恼有:作业太多(25.5%)、朋友很少(12.0%)、心理不适应(12.0%)、与老师关系不好(7.9%)等;在民办学校中,随迁子女认为的烦恼有:作业太多(16.5%)、朋友很少(13.6%)、心理不适应(12.0%)、与老师关系不好(8.3%)等;在未获准打工子弟学校中,随迁子女认为的烦恼有:作业太多(16.3%)、朋友很少(15.6%)、心理不适应(12.9%)、与老师关系不好(11.3%)等,如表3-50所示。

在与同学相处时,如表3-51所示,公办学校、民办学校和未获准打工子弟学校的随迁子女较为突出的问题是经常与同学发生矛盾、经常会被人误会。尤其是未获准打工子弟学校的随迁子女，这两大问题相对突出。

表 3-50 不同类型学校随迁子女的学校生活烦恼比较（%）

学校生活的烦恼	公办学校	民办学校	未获准打工子弟学校
学校不够好	3.9	9.4	8.9
作业太多	25.5	16.5	16.3
与老师关系不好	7.9	8.3	11.3
朋友很少	12.0	13.6	15.6
感觉不安全	3.7	5.1	5.8
心理不适应	12.0	12.0	12.9
没有烦恼	35.0	35.1	29.2

表 3-51 不同类型学校随迁子女学校生活不适应比较（%）

学校生活不适应之处	公办学校	民办学校	未获准打工子弟学校
很多同学都看不起我	5.9	5.9	7.6
经常被人误会	19.6	15.3	22.9
经常与同学发生矛盾	16.6	17.3	18.4
其他	4.3	6.7	6.2
以上情况都没有	53.6	54.8	44.9

3. 随迁子女在遇到学习困难时，独立解决问题的人数较少

数据分析显示，不同类型学校的随迁子女在遇到学习困难时，主要的求助对象是同学，其次是老师和家人，而靠自己解决困难的人数较少，如表 3-52 所示。

表 3-52 不同类型学校的随迁子女学习困难时求助对象比较（%）

求助对象	公办学校	民办学校	未获准打工子弟学校
老师	22.9	22.9	23.4
同学	29.0	29.7	24.2
家人	20.7	18.8	24.2
朋友	17.8	19.2	15.8
其他	2.3	2.4	2.8
靠自己	7.3	7.0	9.6

4. 在不同类型学校中，77%以上的随迁子女均无转校意愿

数据分析显示，86.9%的公办学校随迁子女不愿意转校；77.8%的民办学校随迁子女无转校意愿；77.6%的未获准打工子弟学校学生不愿意转校。同时，结合均数计算发现，在公办学校随迁子女中，愿意转校的人数比其他两类学校少（均数越大表示转校意愿越弱），如图3-21所示。

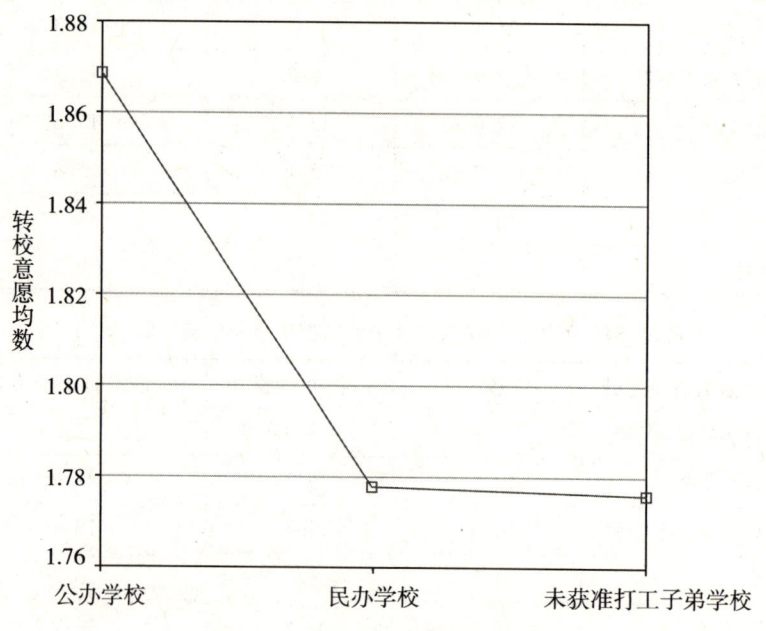

图3-21　随迁子女转校意愿均数

第四节　进城务工农民随迁子女家庭教育状况

家庭教育问题是社会的永恒话题，同时也是一个普遍的社会难题。特别是进城务工农民随迁子女家庭教育问题，更是一个棘手的难题，它不仅是摆在社会、学校面前的一项十分急迫的任务，更是构建社会主义和谐社会的基本要求。因此，本次调查通过问卷调查与访谈，与校长、教师、家长及学生开展不同形式的沟通，对随迁子女家庭教育环境、家庭教育方式、家长与子女的沟通、家长与学校的沟通等问题进行了深入了解。

一、进城务工农民随迁子女的家庭教育环境

孩子的健康成长与家长的受教育程度、工作性质、居住环境有很大的关系,其中,家庭环境是孩子正常学习、健康生活的首要条件。本次调研,通过随迁子女与当地学生的比较、不同类型学校随迁子女和当地学生的比较以及不同类型学校随迁子女的比较发现,大多数随迁子女在家庭中拥有一个比较安静的学习环境,情况是令人乐观的。

(一) 随迁子女与当地学生的家庭教育环境比较

随迁子女与当地学生的家庭学习环境状况良好。80%以上的随迁子女和当地学生认为在家里有安静的环境学习。数据分析表明,81.6%的随迁子女在家中学习拥有一个安静的环境,18.4%的认为家庭环境不适合学习;90.8%当地学生在家有安静的环境学习,9.2%的认为家中学习环境不太理想。总体而言,在家庭环境是否安静的问题上两类子女无显著差异。同时,不同类型学校的随迁子女与当地学生家庭学习环境状况良好。在公办学校与民办学校调查中,随迁子女与当地学生家庭学习环境均适合学习,无显著差异。

另外,在具体的家庭困难方面,10.8%的随迁子女家庭经济困难,4.8%的家庭环境差;4.7%的当地学生家庭经济困难,3.8%的家庭环境差。

(二) 不同类型学校随迁子女的家庭教育环境比较

不同类型学校中均有75%以上的随迁子女认为家庭中有安静的环境学习。数据分析表明,在公办学校、民办学校和未获准打工子弟学校中,分别有81.6%、82.8%、76.0%的随迁子女对家庭学习环境比较满意。结合均数计算,虽然三类学校无显著差异,但未获准打工子弟学校中的学生对于环境的满意度较其他两类学校低一些,有24%的学生感觉回家后没有一个安静的环境学习,如图3-22所示。

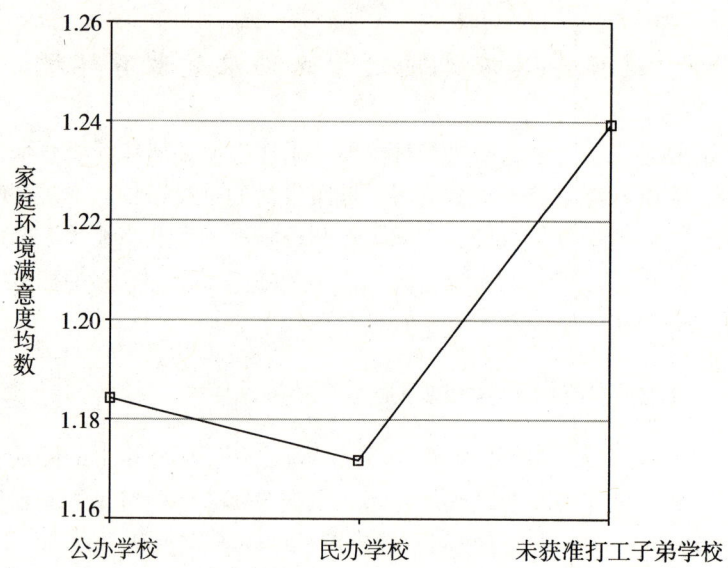

图 3-22　随迁子女对家庭环境的评价均数

二、进城务工农民随迁子女的家庭教育方式

(一) 随迁子女与当地学生的家庭教育方式比较

1. 学习成绩是家长最关心的问题

调查表明，无论是随迁子女还是当地学生，都认为自己的父母通常最关心自己的学习成绩。数据分析显示，随迁子女家长关心的问题有：学习成绩（40.6%）、身体状况（31.3%）、生活情况（16.8%）、心里的烦恼（10.3%）、其他（1.0%）；同样，当地学生家长关心的问题有：学习成绩（39.0%）、身体状况（31.8%）、生活情况（16.0%）、心里的烦恼（12.9%）、其他（0.3%）。因此，在孩子学习时，家长们一般都不会让孩子去做与学习无关的事情。数据表明，75.5%的随迁子女家长很少或从不打扰孩子的学习，75.9%的当地学生家长很少或从不打扰孩子的学习。这一点上，两类家长不存在显著差异（$P = 0.234 > 0.05$）。

2. 家长辅导时间少、辅导难度大、辅导能力较差

（1）辅导时间少：分别有 50% 左右的随迁子女家长与当地学生家长很少或从不辅导孩子

学生问卷调查表明，17.9%的随迁子女表示父母会经常辅导自己学习，

32.3%的有时辅导，49.8%的很少或从不辅导；20.0%的当地学生表示父母经常辅导自己学习，32.2%的有时辅导，47.8%的很少或从不辅导。

家长问卷调查表明，17.7%的随迁子女家长经常辅导孩子功课，41.7%的有时辅导，而40.6%的很少或从不辅导孩子的功课；17.1%的当地学生家长经常辅导孩子功课，39.9%的有时辅导，43.0%的很少或从不辅导孩子的功课。如表3-53所示。

表3-53 家长辅导功课的频率比较（%）

项 目	经常辅导	有时辅导	很少辅导	从不辅导
随迁子女	17.9	32.3	31.2	18.6
随迁子女家长	17.7	41.7	28.5	12.1
当地学生	20.0	32.2	29.5	18.3
当地学生家长	17.1	39.9	31.0	12.0

（2）辅导困难：文化水平低、工作时间忙、不知道该怎么辅导

数据分析显示，18.1%的随迁子女家长认为辅导功课很难，40.9%的认为比较难，31.6%的认为不太难，9.4%的认为不难；当地学生家长中21.4%的认为辅导功课很难，45.4%的感觉比较难，25.1%的认为不太难，8.1%的认为不难。结合独立样本T检验分析（见表3-54），随迁子女家长与当地学生家长有极其显著的差异（$P<0.001$），如图3-23所示，选择"很难或比较难"的当地学生家长较多，反之，选择"不太难或不难"的随迁子女家长比较多。

表3-54 家长辅导功课难度的独立样本T检验

项 目	T检验结果		
	F值	t值	P值（Sig.双侧）
辅导功课的难度	6.675	3.617	.000

注：$P<0.001$，表示两类家长在辅导功课的难度评价上呈现极其显著的差异。

在辅导困难的原因方面，随迁子女家长和当地学生家长认为主要原因是文化水平低和不知道该怎么辅导。数据分析显示，38.6%的随迁子女家长认为辅导难的原因是自己文化水平低，35.3%的是工作忙，19.7%的不知道该怎么辅导，2.3%的是孩子多辅导不过来，4.1%是孩子不愿意；37.4%的当地学生家长认为辅导难的原因是文化水平低，26.3%的是工作忙，27.8%的不知道该怎么辅导，1.8%的是孩子多辅导不过来，6.7%的是孩子不愿意。

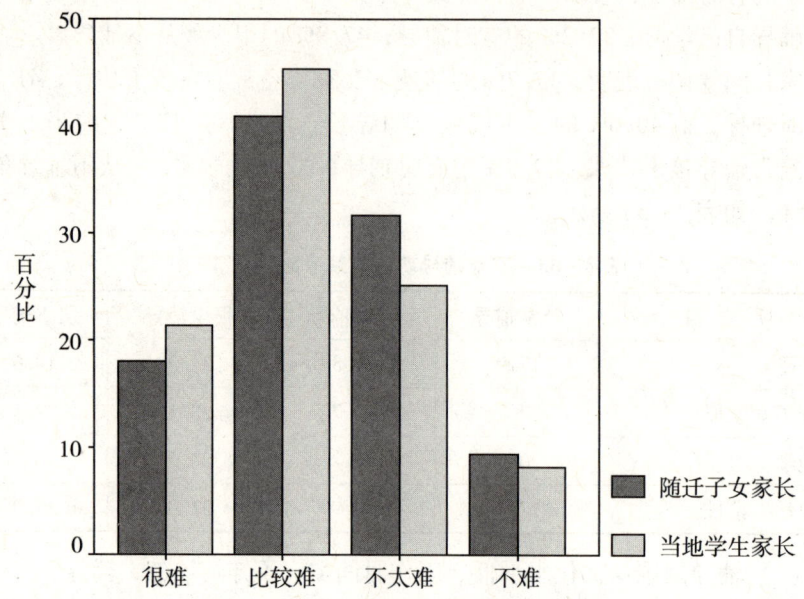

图3-23 家长辅导功课难度评价比较

如表3-55所示。同时，学生问卷调查表明，29.3%的随迁子女认为父母没能力辅导，28.7%的认为父母工作太忙；31.1%的当地学生认为父母没能力辅导，27.6%的认为父母工作太忙。

表3-55 家长辅导困难的原因比较（%）

辅导难的原因	随迁子女家长	当地学生家长
文化水平低	38.6	37.4
工作忙	35.3	26.3
不知道怎么辅导	19.7	27.8
孩子多辅导不过来	2.3	1.8
孩子不愿意	4.1	6.7

父母没能力辅导说明受教育程度的高低与辅导难度的大小有着一定的相关关系。通过二者的相关分析发现，受教育程度与辅导难度的相关系数为0.291，$P=0.000$，有非常显著的统计学意义。如表3-56所示。

表3-56 受教育程度与辅导功课难度的相关分析

项　目	相关系数	辅导功课	受教育程度
辅导功课	皮尔逊相关	1	-.291
	P值（双侧）	.	.000
受教育程度	皮尔逊相关	-.291	1
	P值（双侧）	.000	.

注：受教育程度的高低与辅导功课难度的大小在0.01水平上显著相关。

3. 教育方式：鼓励为主，但严厉批评、打骂方式仍然存在

调查结果显示，在孩子学习退步时，家长多数是采取鼓励方式，但严厉批评方式仍然存在。63.2%的随迁子女家长会鼓励孩子，23.4%的会严厉批评，4.4%的采取不理睬态度，9.0%的使用打骂手段；69.1%的当地学生家长会采取鼓励方式，21.7%的会严厉批评，3.2%的不理睬，6.0%的打骂孩子。

同时，在问及家庭生活有什么烦恼时，11.7%的随迁子女和10.5%的当地学生认为"父母教育方式粗暴（如经常打骂）"。访谈资料显示，许多家长进城后，每天都为生计奔波，由于工作和生存的压力较大，一些进城务工农民管教孩子的方法就是"犯错就打骂"。

4. 兴趣培养：随迁子女去图书馆、书店或科技馆等兴趣场所的机会较少，父母也很少买课外书或学习用品

通过频数分析，在去培养孩子学习兴趣的场所方面，13.2%的随迁子女常和父母去能培养学习兴趣的场所，如图书馆、书店或科技馆等地，27.1%的有时会去，33.0%的很少去，26.7%的从来没去过；18.4%的当地学生经常和父母一起去能培养学习兴趣的场所，32.8%的有时会去，31.9%的很少去，16.9%的从来没去过。在给孩子买课外书或学习用品方面，24.1%的随迁子女家长会经常买，49.1%的有时买，23.1%的很少买，3.6%的从来不买；33.2%的当地学生家长经常买，49.6%的有时买，15.5%的很少买，1.7%的从没买过。

通过均值计算及独立样本T检验结果，随迁子女家长带孩子去培养学习兴趣场所的时间较少，也很少给孩子买课外书或学习用品，二者存在极其显著的差异（P=0.000<0.001），如表3-57、表3-58所示。

表 3-57 去兴趣场所、买课外书或学习用品情况的均值比较

项 目	随迁子女	当地学生	随迁子女家长	当地学生家长
①去兴趣场所	2.73	2.47	—	—
②买课外书或学习用品	—	—	2.06	1.86

注：①的均值越大表示去兴趣场所的时间越少；②的均值越大表示买课外书的频率越低。

表 3-58 去兴趣场所、买课外书或学习用品情况的独立样本 T 检验

项 目	T 检验结果		
	F 值	t 值	P 值（Sig. 双侧）
去兴趣场所	.010	7.100	.000
买课外书或学习用品	.024	6.755	.000

注：P<0.001，表示两类学生去兴趣场所、买课外书或学习用品方面呈现极其显著的差异。

（二）不同类型学校随迁子女的家庭教育方式比较

1. 辅导功课：未获准打工子弟学校的家长辅导孩子功课的时间较少

数据分析显示，20.7% 的公办学校随迁子女家长经常辅导孩子功课，41.6% 的有时辅导，26.6% 的很少辅导，11.1% 的从不辅导；15.1% 的民办学校随迁子女家长经常辅导孩子功课，41.2% 的有时辅导，30.0% 的很少辅导，13.7% 的从来不辅导；17.4% 的未获准打工子弟学校家长经常辅导孩子功课，43.5% 的有时辅导，29.5% 的很少辅导，9.6% 的从来不辅导。结合图 3-24 分析，选择"经常辅导"的随迁子女家长中，公办学校的人数较多；选择"很少或从不辅导"的随迁子女家长中，民办学校的人数较多。根据独立样本 T 检验，三类学校随迁子女家长辅导功课的频率存在极其显著的差异（P=0.001，如表 3-59 所示）。

表 3-59 不同类型学校随迁子女家长辅导频率及难度的独立样本 T 检验

项 目	变异类型	离均差平方和	自由度	均方	F 值	P 值
辅导功课	组间变异	11.733	2	5.867	7.164	.001
	组内变异	2 124.196	2 594	.819	—	—
	总 变 异	2 135.929	2 596	—	—	—
辅导功课的难度	组间变异	16.681	2	8.341	10.935	.000
	组内变异	1 973.933	2 588	.763	—	—
	总 变 异	1 990.614	2 590	—	—	—

注：P<0.001，表示不同类型学校的随迁子女家长辅导频率及难度方面呈现极其显著的差异。

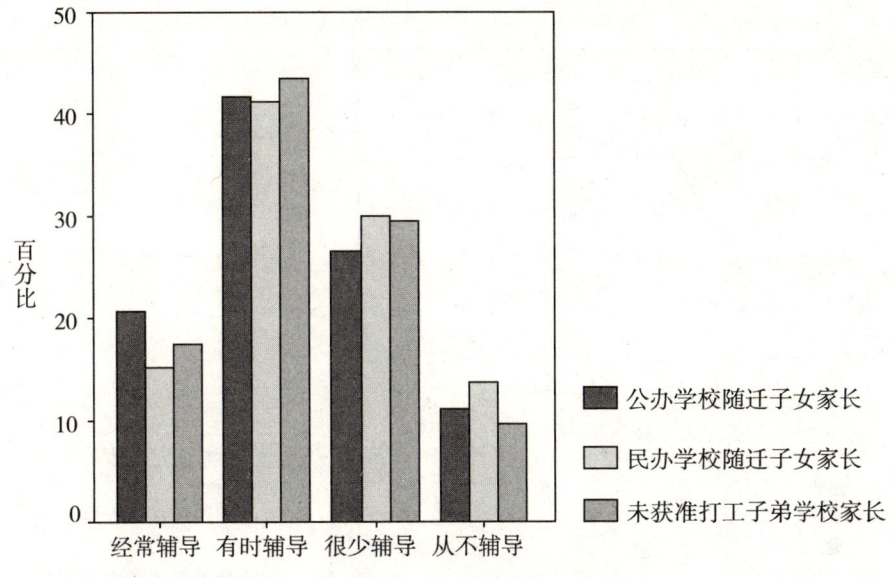

图3-24 随迁子女家长辅导功课的频率比较

2. 辅导困难：公办学校的随迁子女家长感觉辅导功课难度较大

分析表明，不同类型学校随迁子女家长对辅导难度的评价有极其显著的差异（P=0.000<0.001，如表3-59所示）。64%的公办学校随迁子女家长认为辅导功课很难或比较难，36%的认为不太难或不难；57.1%的民办学校随迁子女家长认为辅导功课很难或比较难，42.9%的认为不太难或不难；49.7%的未获准打工子弟学校家长认为辅导功课很难或比较难，50.3%的认为不太难或不难。结合图3-25分析，选择"很难和比较难"的公办学校随迁子女家长最多，其次是民办学校家长；而选择"不太难和不难"的未获准打工子弟学校家长最多。因此，在辅导功课的难度评价中，公办学校的随迁子女家长感觉辅导难度较大。

同时，数据分析表明，随迁子女家长辅导难的原因主要在于文化水平低、工作忙和不知道该怎么辅导。如表3-60所示。

表3-60 不同类型学校随迁子女家长辅导难的原因（%）

辅导难的原因	公办学校	民办学校	未获准打工子弟学校
文化水平低	41.4	37.0	34.7
工作忙	30.7	37.9	41.0
不知道怎么辅导	22.3	18.0	17.4
孩子多辅导不过来	1.7	3.0	2.1
孩子不愿意	3.9	4.1	4.8

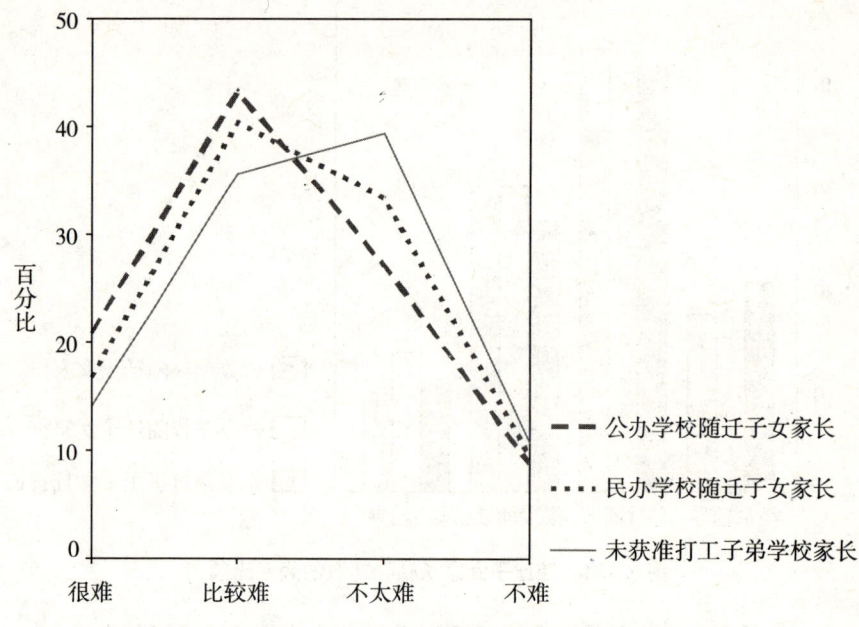

图3-25 随迁子女家长对辅导功课难度的评价比较

3. 兴趣培养：公办学校随迁子女家长给孩子买课外书或学习用品较多

数据分析显示，27.0%的公办学校随迁子女家长经常给孩子买课外书或学习用品，52.2%的有时买，18.7%的很少买，2.1%的从不买；22.2%的民办学校随迁子女家长经常给孩子买课外书或学习用品，47.1%的有时买，26.6%的很少买，4.1%的从不买；21.9%的未获准打工子弟学校家长经常给孩子买课外书或学习用品，46.7%的有时买，25.2%的很少买，6.1%的从不买。结合图3-26分析，选择"经常买"或"有时买"的随迁子女家长中，公办学校人数最多，反之，选择"很少买"的随迁子女家长中，民办学校的人数最多，选择"从不买"的随迁子女家长中，未获准打工子弟学校的人数最多。可见，公办学校随迁子女家长给孩子买课外书或学习用品较多，而未获准打工子弟学校的家长给孩子买课外书或学习用品较少。根据方差分析，公办学校与其他两类学校随迁子女家长在买课外书或学习用品的时间上存在显著差异。如表3-61所示。

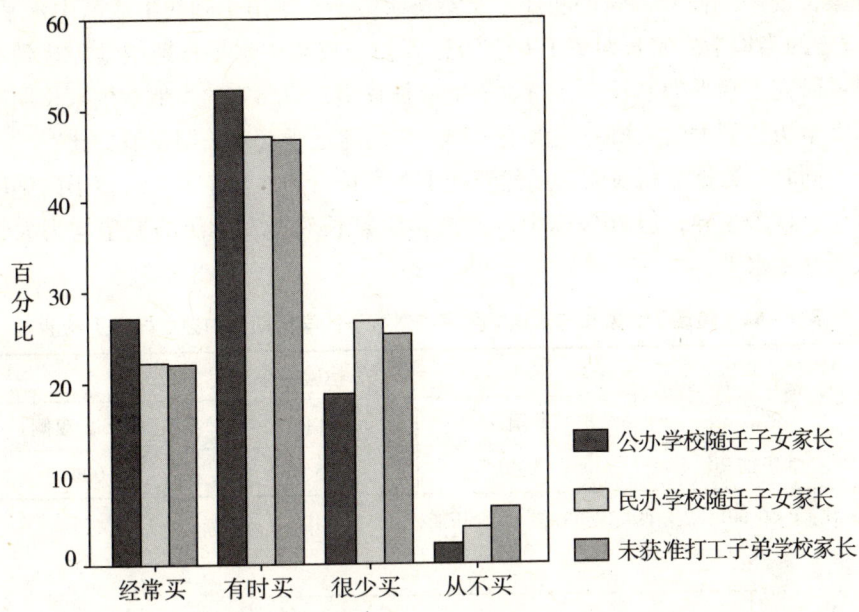

图 3-26 不同类型学校随迁子女家长买课外书或学习用品的情况比较

表 3-61 不同类型学校随迁子女家长买课外书或学习用品频率的方差分析

项 目	(I) 分组情况	(J) 分组情况	两组间均值差值 (I~J)	差值的标准误	P值 (Sig.)
买课外书或学习用品	公办学校	民办学校	-.17*	.033	.000
		未获准打工子弟学校	-.20*	.047	.000
	民办学校	公办学校	.17*	.033	.000
		未获准打工子弟学校	-.03	.047	.535
	未获准打工子弟学校	公办学校	.20*	.047	.000
		未获准打工子弟学校	.03	.047	.535

* 均值差值在 0.05 水平上呈现显著性。

三、进城务工农民随迁子女的家庭教育期望

(一) 随迁子女家长与当地学生家长对孩子的学历期望比较

结合均值计算和独立样本 T 检验,随迁子女家长与当地学生家长对子女的学历期望值存在极其显著的差异 (P = 0.000 < 0.001,见表 3-62)。如图 3-27 所示,期望学历达到初中或高中 (中专) 水平的家长中,随迁子

女家长较多，有18.2%的随迁子女家长期望子女学历达到初中或高中水平，8.7%的当地学生家长期望子女学历达到初中或高中水平；期望学历达到本科或研究生水平的家长中，当地学生家长较多，87.8%的当地学生家长期望子女学历达到大学或研究生水平，76.6%的随迁子女家长期望值如此。

同时，数据分析表明，虽然随迁子女家长与当地学生家长对孩子的学历期望有显著差异，但76%以上的两类学生家长对子女学历的期望均为大学或研究生水平。

表3-62 随迁子女家长与当地学生家长对孩子的学历期望的独立样本T检验

项目	T检验结果		
	F值	t值	P值（Sig.双侧）
学历期望	.939	-5.392	.000

注：P<0.001，表示两类家长对孩子的学历期望值存在极其显著的差异。

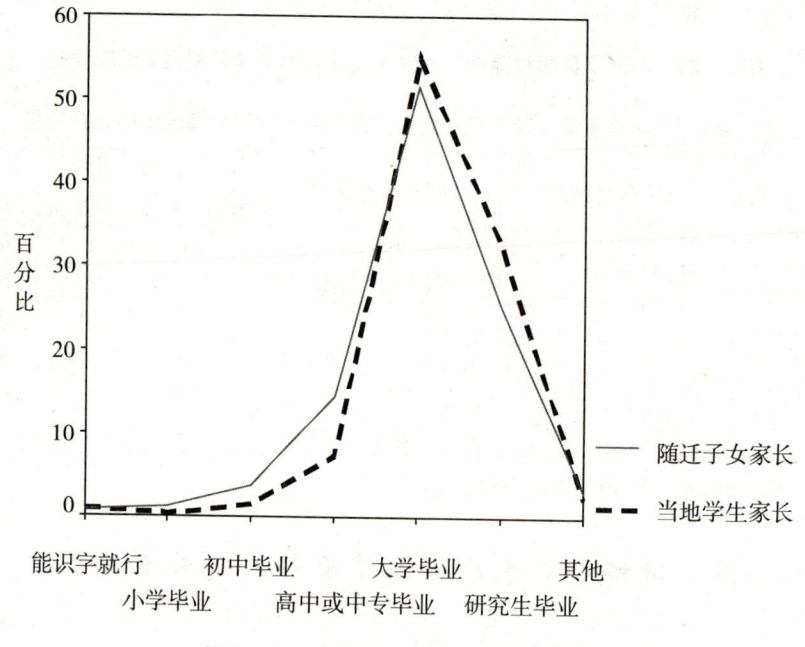

图3-27 家长对孩子的学历期望比较

（二）不同类型学校的随迁子女家长对孩子的学历期望比较

通过单因素方差分析，公办学校与民办学校和未获准打工子弟学校的随迁子女家长存在显著差异，如表3-63所示。同时通过均值计算，公办学校随迁子女家长对孩子的学历期望均值为5.24，而民办学校及未获准打工子弟学校随迁子女家长对孩子的学历期望均值都是4.88。这说明，公办学校随迁子女家长对子女的学历期望较高。又如图3-28所示，在大学毕业和研究生毕业的学历期望阶段，公办学校随迁子女家长所占比重较大；而在高中及以下学历期望阶段，民办学校和未获准打工子弟学校的随迁子女家长所占比重较大。

表3-63 不同类型学校随迁子女家长对孩子的学历期望方差分析

项目	(I) 分组情况	(J) 分组情况	两组间均值差值 (I~J)	差值的标准误	P值 (Sig.)
学历期望	公办学校	民办学校	.35*	.040	.000
		未获准打工子弟学校	.35*	.057	.000
	民办学校	公办学校	-.35*	.040	.000
		未获准打工子弟学校	.00	.057	.977
	未获准打工子弟学校	公办学校	-.35*	.057	.000
		未获准打工子弟学校	.00	.057	.977

* 均值差值在0.05水平上呈现显著性。

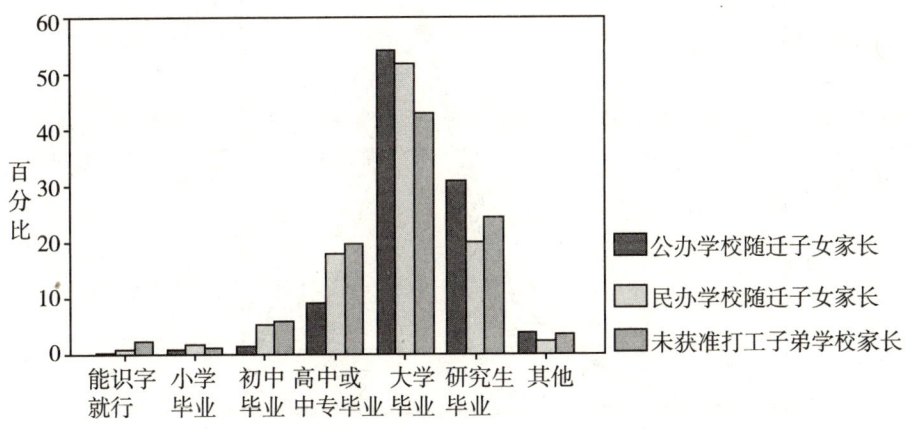

图3-28 不同类型学校随迁子女家长对孩子的学历期望比较

（三）学历期望值的高低与家长受教育程度的高低有相关关系

相关分析结果表明，学历期望值的高低与家长受教育程度的高低存在一定的相关关系（相关系数为0.181，见表3-64）。根据均值计算，受教育程度不同的随迁子女家长与当地学生家长学历期望均值分别是 5.31 和 5.00（大于或等于 4 表示大学及以上文化程度；小于 4 表示高中及以下文化程度）。又如图 3-29 所示，受教育程度为大专、高中或中专及以下的家长，其学历期望较为接近，都期望子女日后能读到大学毕业，而对于受教育程度为本科及以上的家长，普遍希望孩子能读到研究生毕业。可见，无论受教育程度如何，对孩子的学历期望普遍都是大学及以上学历，而且受教育程度越高，其期望值越高。

表 3-64 家长受教育程度与学历期望值的相关分析

项　　目	相关系数	受教育程度	学历期望
受教育程度	皮尔逊相关	1	.181**
	P 值（双侧）	.	.000
学历期望	皮尔逊相关	.181**	1
	P 值（双侧）	.000	.

** 表示家长受教育程度与学历期望值相关度呈正相关。

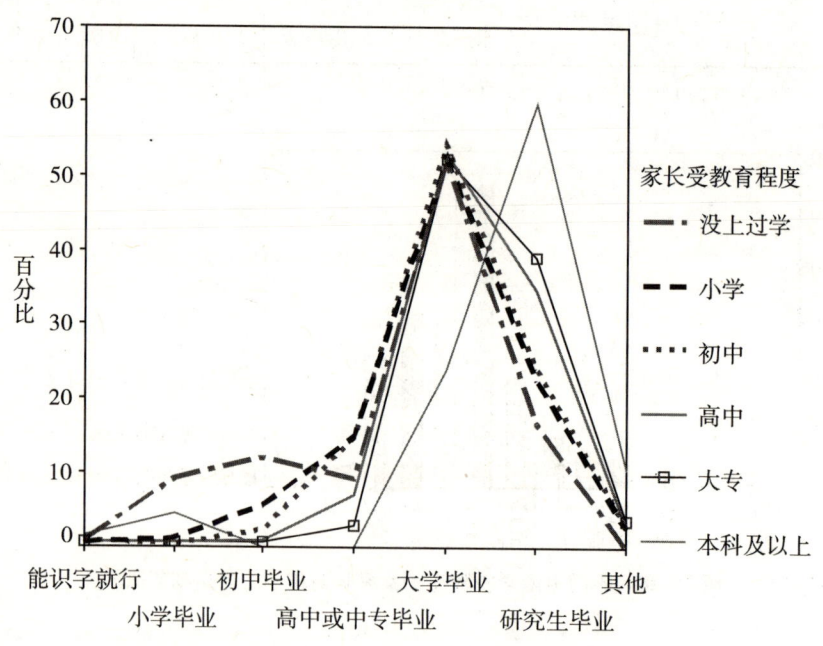

图 3-29　家长受教育程度与学历期望关系

四、进城务工农民随迁子女的家庭沟通情况

(一) 亲子沟通

1. 随迁子女家长和当地学生家长与孩子的沟通现状比较

(1) 两类学生与父母在一起的时间长短无显著差异,但在与父母交流的频率上存在显著差异,随迁子女与父母交流的时间较少

父母与孩子的沟通非常重要。学生问卷调查表明,随迁子女和当地学生与父母在一起的时间长短无显著差异,其中24.7%的随迁子女与父母在一起的时间很多,23.4%的较多,32.2%的一般,19.7%的较少或很少;23.8%的当地学生和父母在一起的时间很多,23.1%的较少,35.6%的一般,17.5%的较少或很少。从父母与孩子交流的频率分析,22.5%的随迁子女经常和父母谈心,36.1%的有时谈心,29.7%的很少谈心,11.7%的从来不和父母谈心;28.3%的当地学生经常和父母谈心,38.3%的有时谈心,24.5%的很少谈心,8.9%的从来不和父母谈心。根据独立样本T检验,随迁子女和当地学生在与父母交流的频率上存在显著差异($P = 0.000 < 0.001$),如表3-65所示。结合图3-30分析,在"经常"或"有时"与父母谈心的学生中,当地学生占多数,在"很少"或"从来不"与父母谈心的学生中,随迁子女占多数。

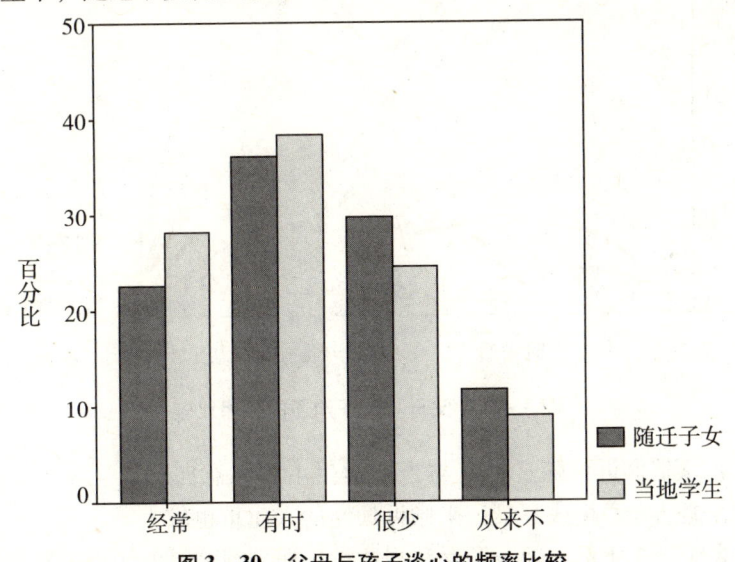

图3-30 父母与孩子谈心的频率比较

表3-65 随迁子女和当地学生与父母谈心的频率的独立样本T检验

亲子沟通	T检验结果		
	F值	t值	P值（Sig.双侧）
每天和父母在一起的时间	.888	-.198	.843
与父母谈心	9.206	4.780	.000

注：P>0.05，表示两类学生与父母谈心的频率无显著差异；P<0.001，表示两类学生与父母谈心的频率呈现极其显著的差异。

家长问卷调查也表明，46.3%的随迁子女家长经常与孩子沟通，36.9%的有时沟通，14%的很少沟通，2.7%的几乎不沟通；45.2%的当地学生家长经常与孩子沟通，42.4%的有时沟通，10.6%的很少沟通，1.8%的几乎不沟通。结合图3-31分析，两类家长与子女的沟通频率基本一致，不存在显著差异。

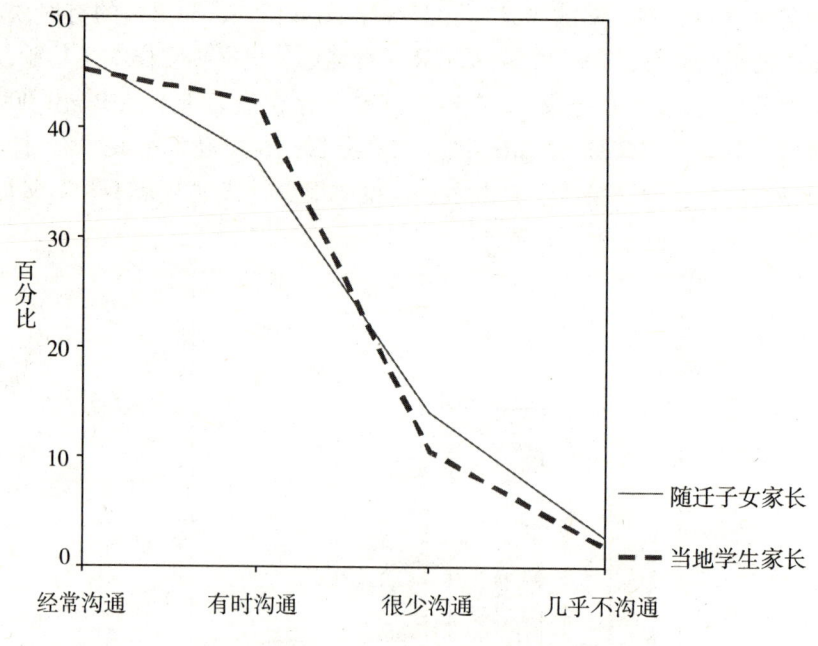

图3-31 父母与孩子沟通的频率比较

（2）烦恼倾诉：随迁子女与当地学生主要愿意向朋友、家人、同学倾诉烦恼，但憋在心里或写日记来倾诉烦恼的人比重也较大

如表3-66所示，随迁子女和当地学生遇到烦恼时的倾诉对象主要有朋

友、家人、同学。但同时发现，22.1%的随迁子女与17.3%的当地学生遇到烦恼时，选择憋在心里或写日记来倾诉。

表3-66 随迁子女与当地学生选择烦恼倾诉对象的频率比较（%）

烦恼倾诉对象	随迁子女	当地学生
家人	21.6	21.7
同学	19.4	20.1
朋友	25.8	29.8
老师	7.6	7.5
亲戚	3.5	3.6
憋在心里或写日记	**22.1**	**17.3**

2. 不同类型学校随迁子女家长与孩子的沟通现状比较

公办学校的随迁子女家长与孩子沟通次数最多，未获准打工子弟学校家长与孩子的沟通次数最少。数据分析显示，48.4%的公办学校随迁子女家长经常与孩子沟通，37.6%的有时沟通，11.7%的很少沟通，2.3%的几乎不沟通；44.2%的民办学校随迁子女家长经常与孩子沟通，36.3%的有时沟通，16.9%的很少沟通，2.6%的几乎不沟通；46.8%的未获准打工子弟学校家长经常与孩子沟通，36.8%的有时沟通，11.9%的很少沟通，4.5%的几乎不沟通。结合图3-32分析，"经常或有时"与孩子沟通的随迁子女家长中，公办学校的人数最多；"很少沟通"的随迁子女家长中，民办学校的

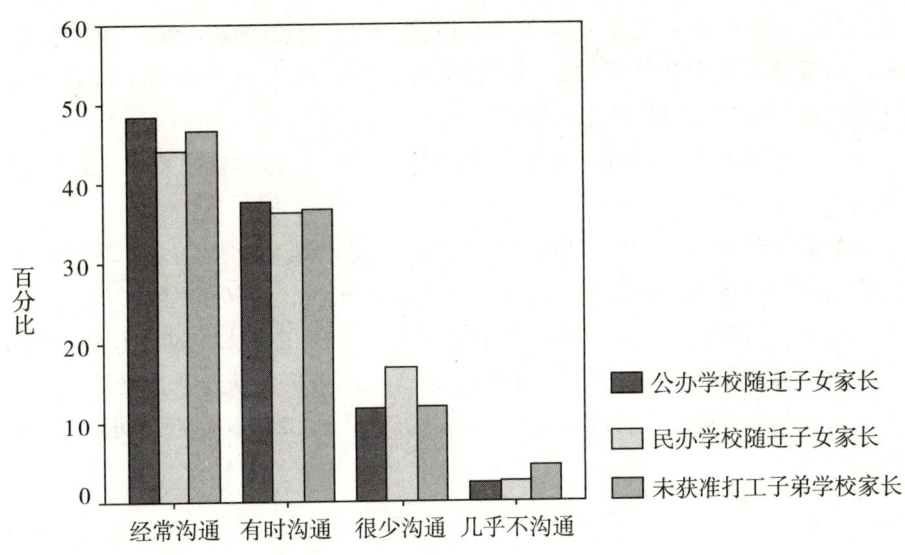

图3-32 不同类型学校随迁子女家长与孩子沟通情况比较

人数最多,而在"几乎不沟通"的随迁子女家长中,未获准打工子弟学校家长最多。由于父母与子女沟通较少,因此在遇到烦恼时,随迁子女主要通过向家人、朋友、同学倾诉或者憋在心里、写日记。如表3-67所示。

表3-67 不同类型学校随迁子女选择烦恼倾诉对象的比较(%)

倾诉对象	公办学校	民办学校	未获准打工子弟学校
家人	20.9	21.0	26.6
同学	19.3	19.9	17.2
朋友	25.9	26.8	20.3
老师	6.9	7.9	8.3
亲戚	3.2	3.5	4.5
憋在心里或写日记	23.8	20.9	23.1

(二)家校沟通

1. 两类学生家长与学校的沟通现状比较

(1) 联系频率:随迁子女家长与学校的联系比当地学生家长少

数据分析显示,10.8%的随迁子女家长与学校经常联系,43.3%的有时联系,40.8%的很少联系,5.1%的从不联系;10.4%的当地学生家长与学校经常联系,54.5%的有时联系,32.2%的很少联系,2.9%的从不联系。结合图3-33分析,选择"经常或有时联系"的家长中,当地学生家长较多,而选择"很少或从不联系"的家长中,随迁子女家长较多。可见,随迁子女家长与学校的联系相对较少。

(2) 主动程度:随迁子女家长和当地学生家长与学校联系的主动性都不强

数据分析显示,7.9%的随迁子女家长很主动地与学校联系,32.3%的比较主动,49.8%的不太主动,10.0%的从不主动;6.0%的当地学生家长很主动地与学校联系,37.8%的比较主动,48.5%的不太主动,7.8%的从不主动。根据独立样本T检验,并结合图3-34分析,随迁子女家长和当地学生家长与学校联系的主动程度无显著差异($P=0.207>0.05$,如表3-68所示)。

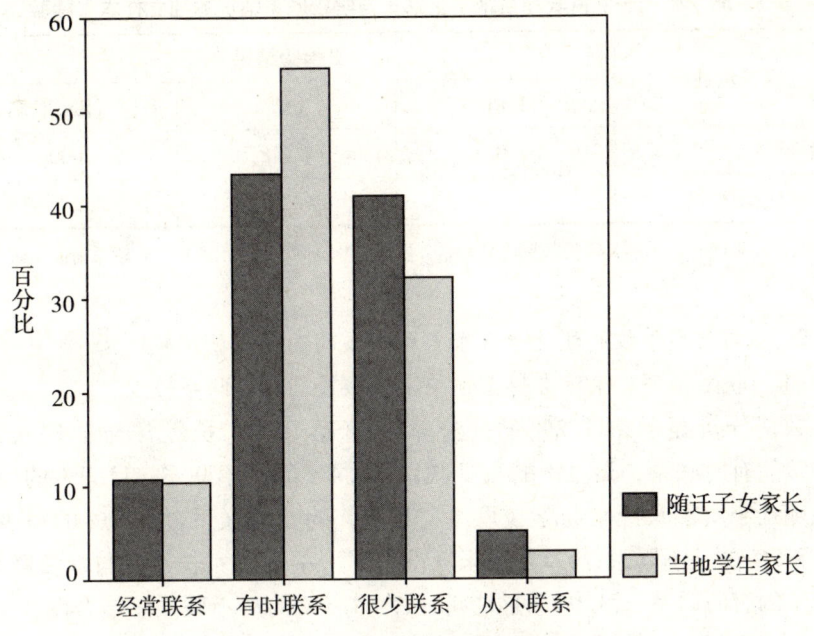

图 3-33　家长与学校联系频率比较

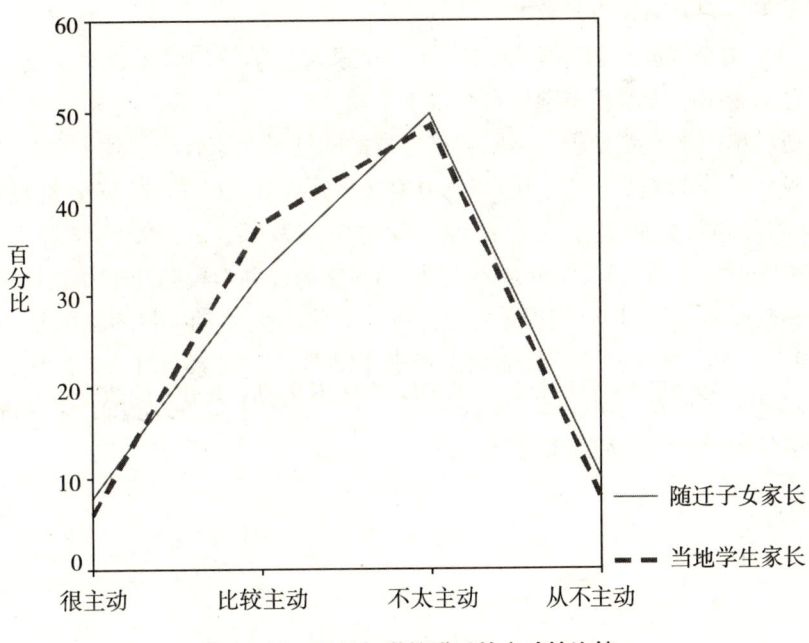

图 3-34　家长与学校联系的主动性比较

表 3 – 68　随迁子女家长和当地学生家长与学校联系情况的独立样本 T 检验

家校沟通	T 检验结果		
	F 值	t 值	P 值（Sig. 双侧）
联系频率	34.031	4.418	.000
联系的主动程度	3.230	1.263	.207

注：P>0.05，表示两类家长联系情况无显著差异；P<0.001，表示两类家长联系情况呈现极其显著的差异。

2. 不同类型学校的随迁子女家长与学校的沟通现状比较

（1）联系频率：未获准打工子弟学校家长与学校联系较少

数据分析显示，11.2% 的公办学校随迁子女家长经常与学校联系，53.0% 的有时联系，33.4% 的很少联系，2.4% 的从不联系；11.9% 的民办学校随迁子女家长经常与学校联系，37.9% 的有时联系，44.7% 的很少联系，5.5% 的从不联系；6.1% 的未获准打工子弟学校家长经常与学校联系，31.7% 的有时联系，51.0% 的很少联系，11.3% 的从不联系。结合图 3 – 35 分析，在选择"经常或有时联系"的随迁子女家长中，公办学校和民办学校的家长占多数，在选择"很少或从不联系"的随迁子女家长中，未获准打工子弟学校的家长占多数。

（2）主动程度：公办学校的随迁子女家长与学校的联系较为主动，未获准打工子弟学校家长与学校联系很不主动

通过单因素方差分析，不同类型学校的随迁子女家长与学校主动联系程度有极其显著的差异（P=0.000<0.001，见表 3 – 69）。数据分析显示，8.3% 的公办学校随迁子女家长很主动与学校联系，36.2% 的比较主动，49.8% 的不太主动，5.7% 的从不主动；6.9% 的民办学校随迁子女家长很主动与学校联系，32.1% 的比较主动，49.1% 的不太主动，11.9% 的从不主动；9.9% 的未获准打工子弟学校家长很主动与学校联系，21.4% 的比较主动，52.1% 的不太主动，16.6% 的从不主动。结合图 3 – 36 分析，未获准打工子弟学校家长与学校联系很不主动。

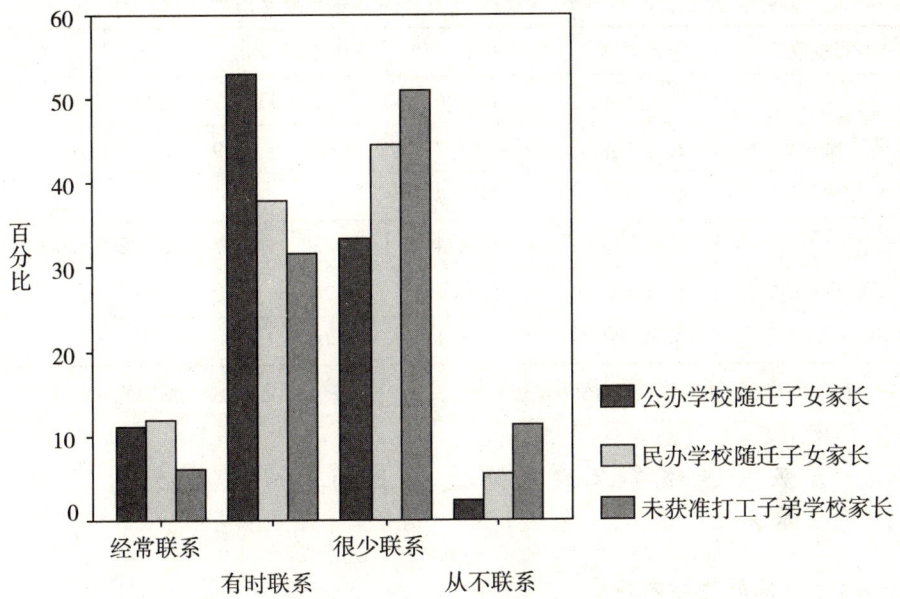

图 3-35　不同类型学校随迁子女家长与学校联系的频率比较

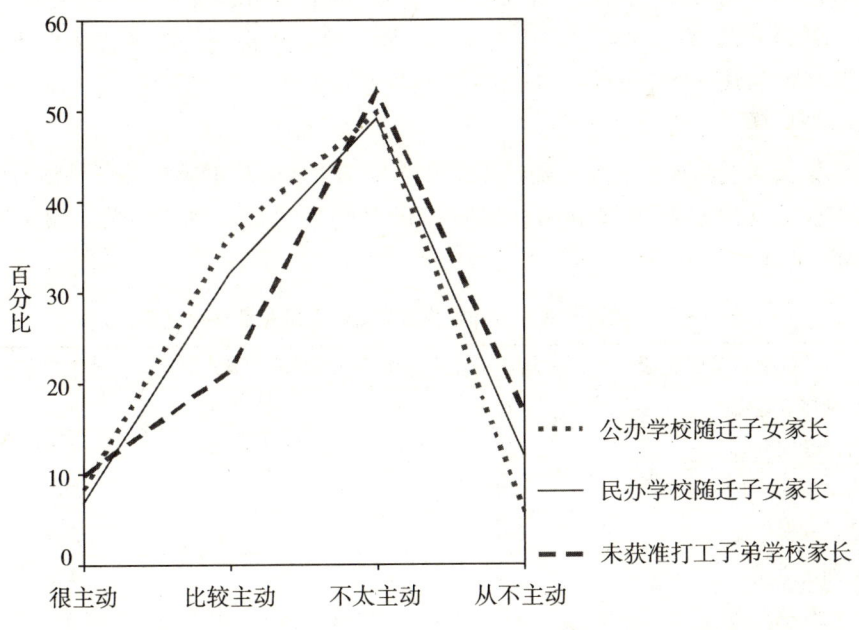

图 3-36　不同类型学校随迁子女家长与学校联系的主动性比较

表 3-69　不同类型学校的随迁子女家长与学校联系情况方差分析

家校联系	变异类型	离均差平方和	自由度	均方	F 值	P 值
联系频率	组间变异	47.426	2	23.713	43.998	.000
	组内变异	1 402.797	2 602	.539	—	—
	总变异	1 449.797	2 604	—	—	—
联系的主动程度	组间变异	17.274	2	8.637	14.722	.000
	组内变异	1 511.287	2 576	.587	—	—
	总变异	1 528.561	2 578	—	—	—

注：$P<0.001$，表示不同类型学校随迁子女家长与学校的联系情况呈现极其显著的差异。

五、进城务工农民随迁子女的家庭生活感受

（一）家庭生活内容

学生问卷调查表明，随迁子女在放学后通常做的事情是学习和做作业（34.5%）、帮父母干活（18.0%）、看课外书（16.4%）、看电视电影（11.9%）等，有少数随迁子女会与同学朋友聊天（8.3%）、参加体育活动（6.4%）或者上网玩游戏（3.2%）。当地学生放学后的活动与随迁子女基本一致。

家长问卷调查也表明，随迁子女和当地学生放学后的首要任务是学习和做作业，其次是看电视电影、与同学玩耍或帮父母干活等。如表 3-70 所示。

表 3-70　随迁子女与当地学生放学后的家庭生活情况（%）

放学后家庭生活	随迁子女	随迁子女家长	当地学生	当地学生家长
参加体育运动	6.4	5.1	7.5	5.5
与同学朋友聊天	8.3	15.5	9.3	15.1
帮父母干活	18.0	13.6	14.1	8.7
学习和做作业	34.5	33.4	37.4	35.3
上网玩游戏	3.2	2.8	2.8	3.1
看电视电影	11.9	17.9	12.1	17.9
看课外书	16.4	10.7	15.9	13.2
其他	1.3	1.0	0.9	1.2

（二）家庭生活满意度

1. 随迁子女对家庭生活的满意度比当地学生低

数据分析显示，31.2%的随迁子女非常满意自己的家庭生活，27.5%的比较满意，35.7%的认为家庭生活一般，4.4%的认为家庭生活不好，1.2%的不知道该怎么回答；相对而言，42.7%的当地学生非常满意自己的家庭生活，26.6%的人比较满意，28.3%的认为家庭生活一般，1.4%的认为不好，1.0%的不知道该怎么回答。根据均值计算，随迁子女与当地学生的家庭生活满意度均值分别是 2.17 和 1.91（见表 3-71），说明随迁子女对家庭生活的满意度较低；同时，通过独立样本 T 检验，随迁子女与当地学生对生活的满意度存在极其显著的差异（$P=0.000<0.001$），如表 3-72 所示。

表 3-71　随迁子女与当地学生家庭生活满意度均值比较

项　目	学生类型	均　值	标准差
家庭生活满意度	随迁子女	2.17	.961
	当地学生	1.91	.923

注：均值越大表示家庭生活满意度越低。

表 3-72　随迁子女与当地学生家庭生活满意度独立样本 T 检验

家校沟通	T 检验结果		
	F 值	t 值	P 值（Sig. 双侧）
联系情况	5.114	7.329	.000

注：$P<0.001$，表示两类学生的家庭生活满意度呈现极其显著的差异。

2. 不同类型学校的随迁子女对家庭生活的评价态度基本一致，不存在显著差异

通过单因素方差分析，不同类型学校随迁子女对家庭生活的满意度不存在显著差异，如表 3-73 所示。通过频数分析，32.2%的公办学校随迁子女对家庭生活很满意，27.1%的比较满意，34.6%的认为家庭生活一般，4.9%的不满意，1.2%的不知道怎么回答；30.7%的民办学校随迁子女对家庭生活很满意，28.9%的比较满意，35.6%的认为家庭生活一般，3.9%的不满意家庭生活，0.9%的不知道怎么回答；31.2%的未获准打工子弟学校学生对家庭生活很满意，22.2%的比较满意，39.2%的认为家庭生活一般，5.2%的不满意，2.2%的不知道怎么回答。可见，三类学校随迁子女对家庭生活的评价态度基本一致。

表 3-73 随迁子女与当地学生的家庭生活满意度的独立样本 T 检验

项目	(I) 分组情况	(J) 分组情况	两组间均值差值 (I~J)	差值的标准误	P 值 (Sig.)
家庭生活满意度	公办学校	民办学校	.00	.037	.920
		未获准打工子弟学校	-.09	.056	.095
	民办学校	公办学校	.00	.037	.920
		未获准打工子弟学校	-.10	.053	.067
	未获准打工子弟学校	公办学校	.09	.056	.095
		未获准打工子弟学校	.10	.053	.067

注：P>0.001，表示随迁子女与当地学生的家庭生活满意度无显著差异。

3. 分别有50%以上的随迁子女和当地学生有生活的烦恼，但随迁子女还有不一样的困惑

调查显示，49.1%的随迁子女和58.6%的当地学生认为家庭生活没有什么烦恼。但是，仍有50.9%的随迁子女和41.4%的当地学生认为家庭生活中存在着这样那样的烦恼。数据分析显示，随迁子女和当地学生认为家庭生活烦恼主要缺少父母关心、父母教育方式粗暴、父母经常吵架、自己或家人身体不好等（见表3-74）。然而，在随迁子女中，他们还面对着其他的一些问题：25.0%的随迁子女缺少当地朋友，14.3%的不了解这个城市，14.2%的对未来感到迷茫，等等。

表 3-74 随迁子女与当地学生的家庭生活烦恼 （%）

家庭生活烦恼	随迁子女	当地学生
父母教育方式粗暴	11.7	10.5
缺少父母关心	13.0	9.9
家里没钱	5.8	4.2
自己或家人身体不好	8.1	6.8
被人欺负	4.0	3.3
父母经常吵架	8.3	6.7
没有烦恼	49.1	58.6

第四章

中国进城务工农民随迁子女教育问题及成因分析

  进城务工农民规模越来越大、家庭式流动的比例越来越高，随迁子女在城市的生存状态及所处的特殊位置，不仅让随迁子女面临入学受阻、受教育机会不公平的问题，而且受体制机制、政策实施以及学校管理、家长素质等因素的影响，使得随迁子女还面临着受教育质量不高、家庭教育和社会教育缺失等多种问题。随迁子女教育状况是不容忽视的，我们必须正视问题，探究原因，才能够找到解决问题的有效策略。

第一节 进城务工农民随迁子女教育问题剖析

通过对进城务工农民随迁子女教育现状的实地调研，我们发现其中存在着就学难、升学难、学校管理难、课程教学难、家庭教育难五大难题。而且，随着随迁子女规模的逐步扩大，给流入地政府在规划建设、经费支出等方面带来了很大的压力。

一、进城务工农民随迁子女的就学问题

（一）平等受教育权未得到根本性保证

平等受教育权是指公民不分民族、种族、性别、职业、财产状况、宗教信仰等，依法享有平等地接受教育的权利。它首先体现在教育机会平等方面，要求国家以最公平的方式使人人凭其禀赋及能力而受到一种适合其才能与需要的教育，使受教育者站在平等的立足点上，不受社会地位、经济条件、男女性别、宗教信仰、种族地域等的限制，均有机会接受一种适当的教育，使每个人的天赋才智都能获得最大限度的发展（吴德刚，1998）。它包括：入学机会权、受教育身份权、教育条件建设请求权、接受全面教育的权利等具体内容。其本身具有法定性、基本性和平等性等的原则和特点（张洁，2007）。入学机会权的平等不仅是法律形式上的平等，而且是每个主体都能实际享有的实质平等。作为宪法规定的基本权利的受教育权，主要是针对国家的，社会、学校和家长的义务只是国家义务的补充，国家对保障儿童、少年的入学机会权负有最终的实现义务（龚向和，2004）。

为了保障进城务工农民随迁子女平等接受受教育的权利，党和国家以及地方各级人民政府相继出台了许多政策措施，也做了很多工作、想了许多办法，不可谓不是千方百计。但是通过访谈和调研发现，在进城务工农民随迁子女的就学问题上，仍然存在着以下一些问题。

1. 辍学、超龄上学现象仍然存在

从辍学现象分析，尽管在进城务工农民随迁子女中适龄子女保证能够上学的比重较大，但仍有相当部分的适龄子女没能上学。调研数据分析显示，进城务工农民家庭子女数与子女能够就学的比重呈负相关关系，在独生子女

家庭中，有90.18%的家庭的子女有学可上；在双子女家庭中，87.13%的家庭有2个孩子都可以上学，但仍有9.46%的家庭仅有1个孩子上得了学；在三子女家庭中，82.35%的家庭有3个子女全部都有学可上，但还有13.03%和3.78%的家庭分别有1个或2个孩子失去上学的机会。这意味着辍学率在一定程度上仍然存在。并且，随迁子女主要集中在小学阶段，能够在城市里读初中的比重明显偏低，随迁子女并没有与城市里的孩子一样享受平等接受教育的权利。在东莞，在学校就读的随迁子女转出转入较为频繁，有相当一部分学生不办理任何转学手续就擅自离校，辍学现象比较普遍，给学校"防流控辍"工作和学籍管理造成了较大的困难。

从超龄现象分析，研究表明：在四年级的随迁子女中，有59.63%的是9~10周岁，37.28%的是11~12周岁，还有1.54%的年龄达到13~14周岁；在五年级的随迁子女中，54.35%的是10~11周岁，41.40%的是12~13周岁，3.17%的是14~18周岁；在七年级的随迁子女中，46.97%的是12~13周岁，49.04%的是14~15周岁，有3.18%的是16~18周岁；在八年级的随迁子女中，41.96%的是13~14周岁，56.64%的是15~16周岁，还有3.32%的是17~18周岁。可见，随迁子女超龄读书的情况仍然严重存在。

2. 入学仍需要交纳高额费用

数据分析显示，部分地区民办学校学杂费较高。随迁子女家长每年平均所交纳的学杂费在500元~1 000元。具体来看，12.7%的随迁子女每年需交纳501元~1 000元的学杂费，20.5%的随迁子女平均每年要交纳1 001元~3 000元的学杂费，22.1%的随迁子女甚至每年交纳的学杂费不低于5 000元。通过比较发现，民办学校随迁子女交纳的学杂费较公办学校的要多。这种情况在广州、深圳、东莞等地较为突出。究其原因，一是广州等地的民办中小学校生源主要来自低收费的外来打工子弟；另一方面，一些高质、高价的民办学校受到追捧。而大部分的民办学校都是通过举办者自筹资金启动办学，学校成立后则主要靠收取学杂费来维持其发展。

另外，部分民办学校收取高昂的借读费、赞助费。由于随迁子女人数的剧增造成的城市教育资源过度紧张和部分学校主观上不愿意接纳农民工子女入学等原因，随迁子女入学面对许多"门槛"。调查数据分析显示：公办学校、未获准打工子弟学校的随迁子女平均每年需交纳的借读费、赞助费等基本都在800元~1 000元，而民办学校的随迁子女的借读费或赞助费则高达3 000元。这些费用对于普通的随迁子女家长而言，普遍难以接受。特别是民办学校家长对于上学费用明显感觉吃力得多，这严重地限制了进城务工农民随迁子女平等接受教育权利的实现，同时也违背了2003年9月国务院办公厅转发教育部等部委《关于进一步做好进城务工就业农民子女义务教育工作的意见》中"做到收费与当地学生一视同仁"的要求。

（二）公共教育资源容量不足且门槛高

1. 公共教育资源容量不足

从北京、上海、广州、杭州、重庆、成都等12座城市调研资料发现，外来流动人口快速、无序的涌入和局部区域教育资源不足之间的矛盾，已是当前解决流动人口子女接受义务教育问题面临的基本矛盾和各省市面临的共同问题。进城务工农民随迁子女免借读费的政策出台，外地农民工子女大量转入各中小学校，使城市生源爆满的状况更加严重，整个教育的负担加重，不仅使教育经费出现缺口，也造成学校教室、师资等资源的总体不足。比如在成都市，大量进城务工农民随迁子女的涌入，对中心城区义务教育公办学校的布局规划、学位安排和教师编制造成很大压力，局部区域学校的大班额现象、教师不足、教育教学管理难度大等问题突出，学生接受义务教育的质量和水平不高，影响了义务教育的均衡发展。以金牛区为例，2007年秋季开学统计，金牛区义务教育阶段实际解决外来人口子女入学共4.95万人，其中，公办学校接收3.5万人，享受"一费制"的农民子女和居住证持有人子女近2万人。按小学1:17.56的师生比计算，需增加教师1 200名，按平均每年3万元计算教师工资，就需要增加投入3 600万元。同时，区政府需增加学生公共业务费168万元（7元/生·月）。如在深圳市，广东省内外其他城镇流入的"读书专业户"，使深圳市已经紧缺的教育资源更加紧张。由于深圳市较好地解决了外来人口子女就读问题，教育质量高，收费低，一些在周边地区工作的人员也将子女托亲靠友安排在深圳读书，还有相当一部分外地人在深圳购一套房，由老人带孩子在深圳生活学习，成为"读书专业户"一族。这使得解决外来人口子女就学任务越来越艰巨，压力也越来越大。

2. 入读公办学校门槛较高

调研表明，随父母进城务工的义务教育阶段适龄儿童在城市就学途径共有五种：①公办学校，②民办私立学校，③政府批准建立的农民工子弟学校，④未经政府批准的非正规农民工子弟学校，⑤一些地方上的名校所办的民办学校。但是，城市公办学校教育教学条件、教育教学质量的优越性，以及入读公办学校也就意味着享受优质教育的观念使得送孩子入读城市公办学校成为随迁子女家长的首选。但是，入读公办学校对于部分随迁子女家长而言，并不是件容易的事情。

入读公办学校难的原因在于三点：首先，部分公办学校接收随迁子女入学时的条件。这种条件包括两类，一类是隐性的条件，即部分公办学校本身就面临着生源减少、学校难以继续的困难。接收随迁子女恰恰是这类学校重新获得发展和生机的机遇；另一类是显性的条件。目前，大多数接收随迁子女的公办学校基本上都是由当地教育行政部门指定的。但是，由于进城务工农民随迁子女居住比较集中，导致个别指定的公办学校势必面临班额增大、教育经费紧张、教师工作量加重等问题，为了避免这类问题，这些学校就自然会提高入学门槛来限制大量随迁子女进入学校。其次，入学程序过于复杂，一般都要经过申请、登记、办证、联系、入学等多项步骤，各省市有所差异。再次，入学证件过多且有些证件办理困难。据数据分析得知，进入公办学校一般需要较多的证件是户口本、暂住证、身份证，其次是工作证明、以前学籍证明、计划生育证明、房产证或房屋租赁合同等，而且在不同城市、不同地区对诸如工作证明、以前学籍证明等其他各种证件又有着不同程度的需要；这些证件中如房产证、房屋租赁合同、以前学籍证明、户口本、计划生育证明等都较难办理，一般需要3周以上甚至3个月以上的时间。因此，在乌鲁木齐等地，由于办证难而导致出现"水证"现象，很多人以假户口、假暂住证等手段恶意占用教育资源，甚至有些家长为择校多头办理暂住证。

（三）在城里继续升学的愿望难以实现

调研表明，47.3%的随迁子女家长希望孩子继续在本地上高中；21.3%的打算让孩子回乡上高中；17.6%的表示目前还不知道该怎么解决孩子的升学问题，因为一方面在本地上高中很难，另一方面回乡上高中又不适应；10.8%的想让孩子初中毕业后上职业学校，学门技术活；2.5%的打算让孩子初中毕业后不读书，在本地工作；只有0.5%的让孩子初中毕业后回乡务农。在希望继续在本地上高中的随迁子女家长中，61.5%的公办学校随迁子女家长希望孩子初中毕业后继续在本地读高中，39.4%的民办学校随迁子女家长打算让孩子在本地继续读高中，31.7%的未获准打工子弟学校家长打算让孩子继续在本地读高中。

由于户籍和学籍的限制，进城务工农民随迁子女在九年义务教育阶段完成后按规定必须回原籍升学。然而，两大原因促使了随迁子女义务教育后继续留城接受教育的愿望变得更加强烈和普遍，①城里优质的教育资源，特别是一些教育质量好、收费又相对于民办学校比较低廉的公办学校对于随迁子女家长来说具有较强的吸引力；②各地课改程度和教材存在较大差异，城市学校教学内容与原籍学校教学内容难以衔接，返乡升学会延误学业，影响孩子正常学习和发展。由此，大量的随迁子女初中毕业后都不愿离开城市回乡继续升学，导致城里的教育资源越来越紧张，学位越来越少，从而加剧了这种愿望难以实现。

二、进城务工农民随迁子女的学校管理问题

搞好教育管理工作是进城务工农民随迁子女教育教学质量的根本保证。随着进城务工农民随迁子女规模的逐渐扩大，给教育行政部门及学校管理带来了诸多问题。如民办学校、未获准打工子弟学校办学许可证办理，学校管理中的学籍管理、办学条件、师资管理等问题都在一定程度上给进城务工农民随迁子女入学、就读、教学质量带来了较大的影响。

（一）办学管理不够规范

从随迁子女就读学校类别看，随迁子女主要集中在公办学校、民办学校及未获准打工子弟学校。但是未获准打工子弟学校不仅举办非法、获得许可困难，而且在办学条件等方面明显不符合规范。

1. 未获准打工子弟学校办理办学许可证困难

据访谈了解，未获准打工子弟学校在办学许可证的办理上存在较大困难。一方面是政府明文规定，决定取缔此类学校；另一方面，为补充教育资源不足暂不取消，但仍然不予办理。未获准打工子弟学校的存在很大程度上分流了一部分生源，但由于存在房屋、食品卫生、消防等安全隐患并且经整改后仍不合格以及规模小、办学条件短期内无法达标等问题，又不得不对其进行限制或取缔，这种情况在北京、上海、郑州等城市较为突出。

2. 民办学校审批标准过高

民办学校起初是在城市公办学校拒收或随迁子女家长无法交纳赞助费的前提下，由进城务工农民自己创办的专门接收随迁子女的学校。大多数民办学校根本无法达到民办学校审批标准的要求。通过访谈发现，多数未获准打工子弟学校的校长对现有民办学校审批条件中注册资金100万元和占地面积

30亩的规定意见强烈，一些初具规模的未获准打工子弟学校的校长建议降低要求，出台专门针对并符合接收随迁子女的学校实际的审批标准。一些在安全、卫生、饮食等基本办学条件不达标的未获准打工子弟学校，往往因陋就简、"游击"经营，给当地教育行政部门的统一监管带来了困难。在调研的12座城市中，目前仅有上海、杭州两个城市制定了接收随迁子女的民办学校的设置标准和审批办法。在义乌市的民办学校中，部分属于"非法"办学；有些学校师资队伍整体素质不高，相当一部分教师甚至没有取得教师资格证；有些学校办学条件差，地理位置偏；有些学校存在严重的安全隐患，办学资金短缺，等等。

（二）学校管理困难较多

1. 学籍管理非常混乱

通过调研发现，目前，学籍管理成为学校办学最为突出的问题之一。由于进城务工农民随迁子女流动频繁、随意，很难建立一套持续、常规的学籍档案，致使难以清晰掌握随迁子女的流动去向，造成学籍管理混乱。如在上海市，随迁子女的流动性，为教育规划和管理特别是学籍管理带来较大的困难。学生流动时，由于种种原因没有办理或办理不全所有的手续，导致信息残缺，既影响了正常教育教学工作，也使随迁子女的变化趋势难以掌握。

其他相关研究也指出，接收随迁子女的学校一般都为其建立了临时学籍或流动学籍，但因各地、各类学校之间没有对应的学籍转入转出系统，某一学校的学籍管理只能随着该校随迁子女的流出而中断。在访谈中，无论是公办学校校长还是民办学校校长，都认为目前的学籍管理模式效果不佳。城市随迁子女学籍和档案管理滞后是教育中面临的一个重要问题，受此影响，随迁子女在义务教育阶段应享受的评先、升学、毕业证书等待遇因缺乏必要的记录而被剥夺（鲁化堂，2007）。

2. 大班额现象比较突出

大量随迁子女的涌入，给城市各类学校特别是公办学校造成了班级管理的困难，入学人数的剧增影响了小班化教育的实施和优质教育资源的扩张。如在格尔木市，由于随迁子女的大量涌入，现有学校无法容纳，形成校舍严重不足的局面，大班现象十分突出。在乌鲁木齐市，95%的进城务工农民随迁子女在公办中小学校就读，加之优质教育资源短缺，教育发展不均衡等问题造成的择校现象，使得个别热点学校出现大班额现象，并占用了很多必要的活动室，如舞蹈室、音乐室、绘画室、电脑室等，使得开展各种活动十分困难。

3. 民办学校日常管理水平较低

调查发现，民办学校的日常管理存在较多问题，学校各项不安定指标均高于公办学校，其中"同学经常打架"所占比重最高。这说明民办学校的校园环境问题更需要关注，日常管理水平亟待提高。

4. 民办学校和未获准打工子弟学校师资管理困难

在教师队伍的素质方面，由于民办学校教师来源复杂、学历偏低、流动频繁，管理十分困难。调查显示，公办学校教师从教之前从事过其他职业的人数较少，而民办学校和未获准打工子弟学校的人数较多。这两类学校的教师在从教之前，从事较多的行业是商业、服务业。同时，公办学校拥有达标学历的教师比民办学校和未获准打工子弟学校的人数多。

在教师的流动性方面，公办学校教师平均教龄为13.24年，其工作过的学校数平均为1.95所；民办学校教师平均教龄为8.8年，工作过的学校数平均为2.22所；未获准打工子弟学校教师平均教龄为4.77年，平均工作过的学校数为2.13所。这说明，未获准打工子弟学校的教师流动更加频繁，为学校师资管理带来较大的困扰。

在教师的继续教育方面，民办学校和未获准打工子弟学校存在以下一些问题：①培训制度不健全，缺乏明确的制度和统一的管理，很少组织、有计划的将本校教师送出去参加进修学习，教师也由于教学任务繁重，没有意识到继续教育的重要性，从而不会主动提出进修的要求；②培训内容缺乏针对性，且理念较落后，培训主要集中于计算机等方面，对于学校没有电脑的教师来讲，培训后没有用武之地；③培训经费短缺，许多未获准打工子弟学校的教师培训经费几乎为零，学校根本不可能主动派教师去进修培训，教师更是无力承担培训的费用；④校本培训形同虚设，在未获准打工子弟学校，教师的校本培训很少进行，有的学校连最基础的上公开课、听课、评课等教研活动也没有，更谈不上学校系统、有序地组织校本培训了。

三、进城务工农民随迁子女的教学问题

调研发现，民办学校和未获准打工子弟学校的教学质量较差，特别是未获准打工子弟学校在各方面均处于较低水平。

（一）对教学的满意度低

从教学评价分析，随迁子女对教师的课堂教学评价并不高，他们在课堂

上得到辅导及上课发言的机会较少。数据分析显示，在辅导方面，41.7%的随迁子女经常得到辅导，37.7%的则有时候得到辅导，20.6%的很少或从来没得到辅导。44.7%的当地学生经常会得到辅导，36.8%的有时候得到辅导，18.5%的则很少或从来没有得到辅导；在指正作业方面，61.2%的随迁子女认为教师会经常帮助自己指出作业中的错误并帮助改正，26.3%的认为有时会得到教师的帮助，12.5%的认为教师很少或从来没有帮助自己指正作业错误。65.3%的当地学生认为教师会指出作业错误并帮助改正，25.4%的认为有时会得到帮助，只有9.3%的学生认为教师很少或从来没有帮助指出作业错误并改正；在提供发言机会方面，39.9%的随迁子女经常得到发言的机会，41.7%的有时会有发言的机会，18.4%的很少或从来没有发言机会。41.4%的当地学生经常有发言机会，43.5%的有时候会有发言机会，15.1%的则很少或从没得到发言机会。

可以看出，在教学过程中，教师给随迁子女的发言机会平均少于当地学生。同时，不同类型学校的随迁子女认为教师在教学中存在的问题有：态度严厉、讲课速度太快或者教学内容难懂等，其中，民办学校和未获准打工子弟学校的随迁子女对教学的满意度相对较低。

（二）学习综合水平相对较低

从学习成绩分析，随迁子女在语文成绩和数学成绩方面的均值都小于当地学生。公办学校的随迁子女的学习成绩水平低于当地学生。民办学校或获准打工子弟学校随迁子女的语文成绩较高，数学成绩较低。从学生自我评价分析，随迁子女的主观评价满意度较当地学生低。而且，有30%以上的随迁子女意识到学习方法不对、上课没有认真听讲、胆怯而不敢向老师和同学求助以及学习基础不好等问题。从课外学习活动分析，随迁子女去图书室读书和参加辅导班的时间较少。60%以上的随迁子女很少或从来不去图书室读书；随迁子女也很少参加辅导班，特别是民办学校的随迁子女和未获准打工子弟学校的学生参加辅导班的机会都较少。

调研表明，随迁子女放学后的活动一般是学习和做作业（34.5%），帮父母干活（18.0%）、看课外书（16.4%）或看电视电影（11.9%），还有的是与同学朋友聊天（8.3%）、参加体育运动（6.4%）、上网玩游戏（3.2%）或从事其他活动（1.3%）。这说明，随迁子女的课外生活相对单调，不利于学生全面发展。

(三) 对学校生活的满意度较低

调研表明,在平时的学校生活中,34.2%的随迁子女认为在学校生活没有什么烦恼。但是,还有65.8%的随迁子女认为在学校生活中主要有以下一些烦恼:作业太多(19.4%)、朋友很少(13.3%)、心理不适应(12.1%)、与老师关系不好(8.6%)或学校不够好(7.6%)、感觉不安全(4.8%)等。同时,根据访谈及观察结果,民办学校和未获准打工子弟学校的随迁子女对学校环境、条件还不太满意。

四、进城务工农民随迁子女的家庭教育问题

进城务工农民为挣钱忙碌奔波,没有时间和精力照顾自己的子女,往往会导致与孩子的互动减少,缺乏沟通,忽视了子女的成长,从而可能导致子女妒嫉、情绪不安等扭曲的心理状态和个性特征;也容易使子女形成回避行为,偏离正常的社会化轨道。当前,进城务工农民随迁子女的教育问题,较前些年有较大的转变,随迁子女家长对孩子的学历期望普遍都是大学及以上学历,受教育程度越高,其期望值越大。但是,转变观念之后在客观和主观上仍然存在一些需要解决的问题。

(一) 家庭环境不利学习

农民进城后,首先要谋生存,其经济条件、生活水平较低。基本上租住房屋,或者自己搭建简易棚屋,或者使用可以自由折叠随时流动的帐篷,在这样的条件下生存,周围卫生或居住环境相对较差。随迁子女回家后的学习环境不好,很多人家里甚至没有合格的书桌,所居住的院落中鱼龙混杂。据访谈了解,一般的进城务工农民居住的地方位置较偏,有的家庭租房子做生意,孩子只能在房间摆张桌子写作业或看书学习,学习过程中看到人来来往往,受外界干扰非常大,长此以往有可能给孩子身心带来一定的不良影响。

(二) 家长教育能力有限

调查表明,随迁子女认为父母最关心的是学习成绩,在家里,父母一般都不会让孩子去做与学习无关的事情。然而,由于家长文化水平低,对孩子功课的辅导能力较差,辅导难度大。数据分析显示,38.6%的随迁子女家长认为辅导难的原因是自己文化水平低,29.3%的随迁子女认为父母没能力辅

导。研究发现，辅导能力强弱、辅导难度大小与受教育程度的高低有一定的相关关系，因此，进城务工农民自身的文化水平限制了对孩子的教育能力。

（三）家庭教育方式不当

随迁子女家长对孩子的严厉批评、打骂方式仍然存在。数据分析显示，63.2%的随迁子女家长会鼓励孩子，23.4%的会严厉批评，4.4%的采取不理睬态度，9.0%的使用打骂手段。在家庭生活中，11.7%随迁子女和10.5%的当地学生认为"父母教育方式粗暴（如经常打骂）"。同时，据访谈了解，许多家长进城后，每天都为生计奔波，由于工作和生存的压力较大，进城务工农民脾气易暴躁，导致教导方式不科学。另外，随迁子女家长不太注意孩子的兴趣培养，59.7%的随迁子女很少或从没有和父母去培养学习兴趣的场所，如图书馆、书店或科技馆等地；26.7%的很少或从来不给孩子买课外书或学习用品。

（四）家长与子女沟通少，与学校沟通消极被动

与父母的交流是孩子成长中必不可少的课程。对于随迁子女而言，父母由于种种原因的限制，与他们的交流很少。因此，随迁子女认为他们缺少父母关心，在遇到烦恼时，向朋友和同学倾诉的较多，同时，还有一部分随迁子女把心事憋在心里或写日记。

家长与学校沟通是子女教育中非常重要的环节。但调研发现，随迁子女家长与学校的沟通过于消极被动。许多随迁子女家长过分依赖学校，认为把子女送进了学校就等于送进了"保险箱"，把教育孩子的责任全部推给了学校，认为教育孩子是学校和教师的事情，与己无关；家长与教师之间也缺乏有效的沟通，不能配合教师对孩子进行教育。数据分析结果表明，未获准打工子弟学校的家长与学校联系较少且很不主动。因此，在相互制约、相互联系的教育系统中，家庭教育与学校教育缺乏配合和协调，学校对随迁子女的教育工作很难取得成效。

五、进城务工农民随迁子女的心理适应问题

有研究显示，民办学校的随迁子女在幸福感、情绪调控能力、自尊水平、对社会支持的利用度方面明显低于公办学校的随迁子女。民办学校的随迁子女在情绪、行为、人际交往方面出现的问题也多于公办学校随迁子女。

未获准打工子弟学校的随迁子女的心理问题，又比民办学校多（中央教育科学研究所课题组，2008）。本次调研从随迁子女与父母、同学、朋友等群体沟通、适应等维度去分析，结果表明，随迁子女在心理或者情感上存在一些问题。

（一）缺乏归属感与认同感

调研发现，随迁子女在生活中还存在着与当地学生不一样的生活困惑：25.0%的认为缺少当地朋友，14.3%的感觉不了解这个城市，14.2%的对未来感到迷茫。他们不敢接近城市的同学，因为身份、教育、家庭以及潜藏在身后的社会因素等原因阻滞了他们与人的沟通与交流。在这种状态下，如果没有疏导很容易走向封闭与自卑。同时，有相当多的进城务工农民随迁子女存在复杂的"边缘人"心态，既不认为自己是乡村人，也不认同自己是城市人。这反映了既有与乡村传统文化"脱根"的期盼，又有难以扎根于城市文化的失落和困惑。东莞著名的"打工诗人"柳东妩（2003）对此有段深刻的内心独白："作为走出乡村却走不进城市的飘零的一群，我们经历了传统亲情、伦理观念、群体归属感等文化丧失的焦虑，经常性的流动与不稳定的生活，内地农村生活经验与外地企业打工经验的纠葛，使我们成为文化冲击的直接承受者，成为社会转型的直接载体，也为我们这个时代汇出了一个深沉的主题。"

（二）缺乏情感宣泄的出口

调研表明，无论是在学校或是在家里，随迁子女与教师或父母的沟通都较少。其中，51.9%的随迁子女与父母在一起的时间较少，父母忙于打工赚钱，没有时间沟通交流，而教师在课堂中很少给予他们更多的关注。因此，随迁子女特别是未获准打工子弟学校学生在城市生活中难以找到自己情感宣泄的出口，只有选择沉默，时间久了就会引发一定的心理问题。

（三）缺乏家庭环境优越感

数据分析发现，42.1%的随迁子女不太满意家庭生活。有些孩子由于父母的工作不体面而感到自卑；由于自己的穿着、饮食、居住条件不好而感到自卑；由于自己没有买书、买学习用品、买玩具的钱而感到自卑。他们内心渴望过上城市儿童的生活，享受与他们相同的教育，但现实情况却是难以达到的。这种由于家庭环境、家庭出身而引起的心理自卑感，将影响随迁子女的学习、人际交往等。数据分析显示，随迁子女在与城市同学交朋友时，认为城市同学太娇气（22.2%）、城市同学不友好（10.4%）、不喜欢城市同学（6.4%），等等。

同时，据访谈了解，有部分随迁子女为了改变家庭经济状况，利用课余时间主动帮助家长做生意，有些学生则承担起了做家务、做饭的任务，面对生意做得不好，父母情绪低落，部分学生也背负着沉重的心理负担。

第二节 进城务工农民随迁子女教育问题的成因分析

进城务工农民随迁子女教育问题产生的原因有很多，既受体制机制、政策实施等因素（如户籍制度、义务教育体制、政策文本本身、政府经费投入、统筹管理等）的制约，又受到学校、家庭因素（如学校办学、学校发展不均衡、家长教育观念、家长文化水平等）的影响。

一、制度层面：问题产生的深层原因

（一）户籍制度的存在是随迁子女教育问题产生的根源

1958年《中华人民共和国户口登记条例》建立了严格的户籍管理制度，事实上杜绝了农村人口自由迁往城市的可能性。长期以来，我国推行户籍制度，形成了城市和农村的二元社会结构。由于户口的差异，两类人口在读书、就业等方面的条件表现出极大的不公平。随迁子女受教育的合法权利由于户口的限制而受到相对剥夺。户口成了他们在城市中公平生存和发展的"瓶颈"。随着社会主义市场经济的发展，要求形成全国统一、开放、竞争、有序的大市场，农村剩余劳动力在全国范围内可以流动，向非农产业转移。而且，义务教育资源也可以在全国范围内流动。但由于市场经济体制下劳动力的市场调节机制与义务教育资源的政府分配机制之间的矛盾又导致了随迁子女不能平等享受流入地的义务教育，随迁子女在城市的入学问题日益突出。因此，户籍仍然是随迁子女在城市入学的第一道制度屏障，也是最直接的根源。

"两为主"政策措施在落实过程中的现实困难，很大程度上归因于我国传统的户籍管理制度的约束。第一，与户籍相捆绑的教育经费拨付方式使流

入地政府缺少满足随迁子女教育需求的经费;第二,当地教育水平以户籍人口为衡量标准,使得流入地政府缺少解决随迁子女教育问题的动力。随迁子女在流入地按国家统计局的定义属于"常住人口",而不属于"户籍人口"。目前,教育界对"入学率"与"巩固率"等指标的统计基本上以"户籍人口"作为统计的口径,流动儿童少年由于未被列入"户籍人口",所以统计无法反映当地"常住人口"义务教育的实际状况。这使得一些地区特别是随迁子女比较集中的地区在评价义务教育状况时在一定程度上忽略了随迁子女的教育问题。因此,户籍管理的束缚,致使流入地政府总体上缺少解决该问题的物质基础和主观愿望。

(二) 义务教育分级办学、分级管理的办学体制导致随迁子女的边缘化

我国义务教育实行的是分级办学、分级管理的办学体制。基础教育经费,除国家拨款外,地方财力应有适当比例投入,乡财政收入应主要用于教育。同时地方可通过征收教育附加费等办法,用于改善教学设施。这样,地方政府成为筹措基础教育经费的直接责任人,各地教育部门主要是对本地户籍人口中的适龄儿童提供服务。教育规模的规划,校点的布设和经费的分配也是以户籍人口中适龄儿童的数量为主要标准。但随着农民进城人数的不断增加,随迁子女适龄儿童人数也不断增长,对流入地教育需求量日益加大。而在目前的办学体制下,这一矛盾很难调和。因为过多的随迁子女进入公立学校,不仅占用了城市的教育资源,增加了教学任务,同时也影响教育质量和教学秩序。造成了随迁子女既脱离了户籍所在地的教育系统,又因种种原因不被居住地的教育系统所吸收的状况。

二、政策层面:问题产生的根本原因

(一) 随迁子女教育相关政策缺乏配套体系的构建

首先,现有的部分政策法规相互冲突,有关随迁子女义务教育的各种政策规定之间存在着矛盾(杨润勇,2006)。根据《中华人民共和国义务教育法》规定,适龄儿童应在户口所在地入学,强调的是"分级办学、分级管理",即适龄儿童义务教育阶段的经费由其户籍所在地的地方政府负担,而国务院规定了"两为主"政策。显然,这些政策规定在某种程度上存在相互不一致的地方,从而直接造成有些地方的认识不清、职责不明,导致随迁

子女应有的教育权利得不到保障。

其次,本次调研发现,政策制定中无论对流入地政府的责任还是对随迁子女入学待遇、收费等规定都有很大差异。不规定时效性,就会造成政策执行中的混乱,导致政策执行不能有效解决随迁子女教育中最突出、最迫切的问题,以至引发政策执行无效或负效应。

再次,政策体系缺乏整体性构建。几年来,政策体系的完善工作并不尽如人意,达成政策目标所必需的经费保障、人口管理等配套政策并未及时出台;除2003年《关于进一步做好进城务工就业农民子女义务教育工作的意见》属专门的政策文本外,其他相关政策不仅数量有限,而且只是在制定相关政策时对随迁子女教育问题有所涉及,而非专门政策性文件。同时,由于制定部门的差异,这些政策一定程度上还缺乏有效协调,政策目标和内容只是停留在"互相重复"层面,其系统性、层次性都没有达到政策整体性的要求。可以说,与进城务工农民随迁子女教育相关的各项政策在一定程度上还处于简单的"加和关系"状态,尚未有机结合,甚至出现了为制定政策而制定政策的情况,政策制定后没有相应的配套措施,无人关心执行情况,缺少对政策执行情况的监督评价体系的研究与构建。

(二)义务教育经费投入不足导致教育资源配置不均衡

城乡之间义务教育经费投入存在的明显差距导致义务教育资源配置不均衡。据有关部门统计,在义务教育阶段,国家在农村的投入仅占城市投入的六成左右,且差距还在不断扩大。据国务院发展研究中心调查,目前我国义务教育的投入中,乡镇负担78%左右,县财政负担约9%,省地负担约11%,中央财政只负担2%。必须看到县乡两级负担的87%基本上都直接来自农民,农村义务教育的费用基本上都是由农民直接承担的。本来基础就薄弱的县、乡财政在发展义务教育中承担了主要责任,而财力较强的省和中央级财政,却承担了较小的责任。

改革开放近三十年来,国家财政收入大幅度增长,然而国家义务教育经费投入却与经济发展脱轨。国务院早在1993年颁发的《中国教育改革发展纲要》就确定在2000年国家财政性教育经费要达到GDP的4%,但直到今天,义务教育经费的投入也仅占GDP的3%左右。因此,政府要有所为,有所不为,在义务教育、提高全民素质方面,政府应当花大力气,投入更多的人力物力和财力。

特别是政府对接收随迁子女的打工子弟学校没有任何经费和其他物质上

的资助,学校的所有经费,包括校园建设、硬件设施、教师工资、日常管理等经费都需自筹。政府对办学突出的打工子弟学校,有一定的精神奖励,但没有任何物质方面的奖励。由于缺乏政府的扶持与资助,打工子弟学校的办学条件相当低下,甚至还不能完全满足基础教育最起码的要求,随迁子女不能像城市学生一样享受到高质量的教学。然而,在政府和教育主管部门的扶持和资助下,公办学校的办学条件远远好于随迁子女学校,城市学生所获得的教育资源远远优于随迁子女,这与政府对打工子弟学校的支持力度大相径庭。同时,对公办学校招收的随迁子女,大多数地区的政府也没有任何经费资助,而是允许一部分公办学校收取借读费,而收取借读费本身就是对随迁子女的不公平。一方面,借读费大大加重了在公办学校就读的随迁子女家庭的负担;另一方面,也将许多希望接受高质量教学但贫困的随迁子女挡在了公办学校的大门之外,只能到教学质量低下的打工子弟学校读书。

(三)对民办学校和未获准打工子弟学校疏于管理和监督

目前政策只重视了随迁子女上学机会的平等,但忽视了随迁子女在受教育过程中存在的问题,忽视了他们所受教育的过程和结果的公平问题,缺乏对民办学校和未获准打工子弟学校的日常管理和监督,不少学校处于无人过问、无序管理的状态,流入地政府对学校行政管理、安全管理、教材管理等方面的指导和监督缺失。近两年来,政府和教育行政部门采取了一些措施,如公办学校与民办学校或未获准打工子弟学校的"结对""手拉手"活动,但是,通过校长访谈发现,这些措施大多流于形式,实际上收效甚微,到最后成了一些政府官员政绩考核的砝码。和公办学校相比,民办学校和未获准打工子弟学校存在着办学条件差、教师素质偏低、教学质量低等问题,如果管理和监督不力,必然使得这些学校的教学质量长期在低水平上徘徊,随迁子女享受不到高质量的义务教育。

(四)流出地政府与流入地政府、相关部门之间缺乏统筹管理

首先,流出地政府与流入地政府之间缺乏合作管理。我国政府管理体制中存在着"条块分割"的问题,缺少对各个部门之间的协调。中央与地方责任不清,流入地与流出地责任不清,财政部门与教育部门责任不清。由于政府责任不清,所以常常造成互相推诿,义务教育制度无法得到贯彻与落实。《流动儿童少年就学暂行办法》第三条规定:"流动儿童少年常住户籍所在人民政府应严格控制义务教育阶段适龄儿童少年外流。凡常住户籍所在

地有条件的，应在常住户籍所在地接受义务教育；常住户籍所在地没有监护条件的，可在流入地接受义务教育。"这说明，流入地政府和流出地政府是共同承担流动人口子女教育的责任主体。然而，流入地政府认为随迁子女在本地接受教育侵占了城市教育资源，增加了流入地政府的财政负担，为了维护自身的利益，对随迁子女教育问题只是处于一种被动的、消极的处理状态。而流出地政府认为随迁子女进入流入地后，就不是自己的事情。因此，流入地政府与流出地政府为了各自的利益，缺少合作管理，在某种程度上加重了解决随迁子女教育问题的难度，使随迁子女教育处于"真空"地带。

其次，相关部门之间联动性不足，缺乏统筹管理。随迁子女教育是一项复杂的社会化系统工程，仅仅依靠单个职能部门无法解决。我国相关随迁子女教育的法律法规没有明晰中央与地方政府、地方政府之间、上级和下级政府之间以及各职能部门之间的权力责任关系，所以在政策执行过程中，很容易出现相互推诿现象。教育行政部门没有把随迁子女教育纳入当地普及九年义务教育工作范畴；公安部门不能提供随迁子女有关的情况；发展改革部门把随迁子女教育排斥在城市社会事业发展计划之外；机构编制部门在核定接收随迁子女的学校的教职工编制时，设置种种障碍，等等。因此，由于责任不明确，无法追究相关部门的责任，直接导致随迁子女教育问题成为"教育皮球"，被踢来踢去，却始终得不到很好的解决。

再次，非政府组织和个人参与管理缺位。随迁子女教育问题已经引起社会各界的广泛关注，非政府组织和个人在解决随迁子女教育问题过程中扮演的角色越来越重要。目前非政府组织和个人给予随迁子女的帮助仅仅限于经济上的援助，而没有参与到随迁子女教育管理的系统工程中来。由于缺乏非政府组织和个人参与对随迁子女教育问题的管理和监督，政府制定的随迁子女教育政策不能充分反映随迁子女的利益，政策执行的过程中缺乏强有力的监督，难以确保政策执行做到公正、公平、有效。

（五）随迁子女义务教育的监督与保障机制缺失

虽然我国出台了许多解决随迁子女教育问题的政策文件及相关的法律法规，但各地执行力度不够，根本原因是缺乏有力的监督机制。当前政策从宏观上指明了解决随迁子女教育问题的方向，但具体的责权、义务却没有落实到具体的部门。流入地政府由谁监督、各职能部门由谁监督，都没有明确的规定，所以导致政府及其相关职能部门执行政策力度不够，效果不佳。尽管学校有教育主管部门等相关职能部门对学校实施监督，但以往的重心多集中于对城乡公办学校的监督检查,对城市随迁子女受教育的歧视现象并没有进行直接有效的干预,对于随迁子女在入学、升学、教学条件、教育资源等环节上被歧视的现象缺乏系统的监控和处理机制。对打工子弟学校而言,政府更是缺乏常规性监督检查,各种类型的打工子弟学校,大多缺乏规范科学化管理。

同时,随迁子女义务教育保障机制缺失。国家和地方政府出台了许多关于保护随迁子女权益的政策文件,如1996年颁布的《城镇流动人口中适龄儿童少年就学办法(试行)》、1998年颁布的《流动儿童少年就学暂行办法》、2003年颁布的《关于进一步做好进城务工就业农民子女义务教育工作的意见》,但是政策文件并非法律条款,不具有法律普遍的约束力和强制性。一些地方政府认为,由流入地政府负责随迁子女义务教育缺乏法律依据,即便相互推诿责任,也不需要承担法律责任。随迁子女作为城市社会性弱势群体,权益更容易受到侵害。

三、学校层面:问题产生的直接原因

(一)学校收费高制约随迁子女接受教育的公平性

随迁子女家庭的恩格尔指数高达80%~100%,这与恩格尔系数仅为37.9%的城市普通居民家庭相比存在天壤之别,这就决定了进城务工农民对孩子的教育投入大打折扣,而不像城市居民将教育消费作为家庭的重要开支。另外,城市户口家庭独生子女较多,而随迁子女家庭有的是两个及以上子女,这无形之中使随迁子女家庭教育负担雪上加霜,即使随迁子女与城市儿童的教育收费完全相同,也意味着他们要承担双份或多份的教育负担,随迁子女家庭即使有让孩子上学的愿望,但在较高的借读费、赞助费和一些隐性费用面前还是会望而却步,其中部分家庭要么让孩子选择打工子弟学校,要么就让孩子辍学。

(二)各类学校发展不均衡影响随迁子女教育的整体质量

义务教育是国民教育,所以政府有责任提供、保证适龄儿童入学的各种条件及机会。在目前国家没有承担起全部义务教育责任的情况下,实际上主要是由公办学校、民办学校和未获准打工子弟学校共同承担着国家的义务教育重任。

但是,目前公办学校的硬件资源和师资等优势是民办学校和未获准打工子弟学校所不具备的，公办学校在课程计划、教材使用、师资培训、图书、设备、仪器等方面具有优势，而民办学校和未获准打工子弟学校在上述几方面相对较差，并且，三类学校之间缺乏优质资源的交流与借鉴、互助与协作，学校各自独立发展，直接影响随迁子女义务教育的整体质量。

四、家庭层面：问题产生的重要原因

（一）进城务工农民求生存与履行教育职责之间产生矛盾

目前，进城务工农民为了求生存，越来越多携妻带子进城打工，随迁子女的教育因受户籍制度和城乡二元结构、父母的工作性质等因素的影响而被削弱。因此，进城务工农民追求生存和履行教育职责发生了冲突。调研发现，大多数随迁子女家长没有时间、没有精力去辅导孩子的功课，"求活路"（即赚钱）才是他们进城的主要目的，虽然让孩子接受城市教育也是他们进城的主要目的之一，但是在现实生活的压力下，他们不得不将孩子的教育完全托付给学校，从而基本上不履行家庭教育的责任。

（二）家长文化水平低，生活压力大，家庭教育能力有限

调研显示，许多进城务工农民在辅导孩子功课时的主要困难是文化水平低，加上忙于生计，生活压力大等原因，导致疏忽对孩子的教育，教育方法和监督都缺乏科学而有效的手段，产生事倍功半的效果，体罚、责骂等是他们常用的教育方法，由此，孩子个性的发展和家庭教育方式的欠妥发生了冲突。

（三）部分家长的教育观念淡漠

进城务工农民对孩子的教育期望值与当地学生家长相比较低，与自身的文化程度密切相关。调查发现，由于进城务工农民主要从事制造业、建筑业及商业服务业等工作，对个人文化素质要求偏低，从而对孩子的教育期望值也偏低。由此，有少数的进城务工农民认为读书无用，有些则采取随意的态度，孩子能读的话就继续读下去，如果不愿意读的话，到时候跟自己一样也可以通过打工谋生，这样还可以减轻家庭负担。同时，由于教育能力的不足、教育时间的不足和教育意识的淡漠，使很多随迁子女的家庭教育处于严重缺失的状态。

下篇

研究与对策

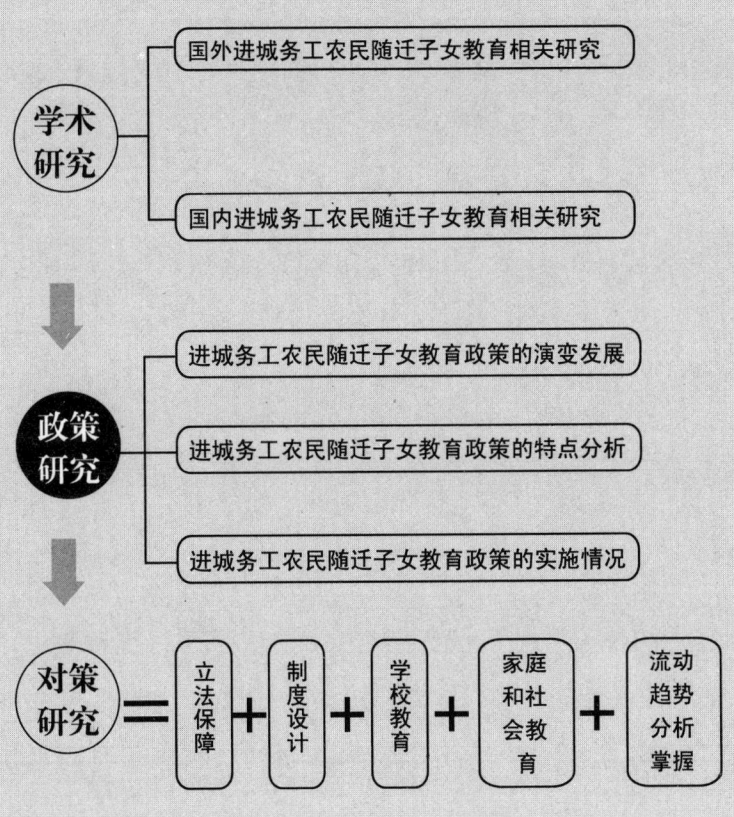

第五章

国内外进城务工农民随迁子女教育相关研究

从目前来看，国内外关于随迁子女教育的学术研究已经非常丰富，如何在已有研究的基础上借鉴并得到启示，是我们应该努力的方向。从国外的研究来看，流动儿童（移民儿童）教育问题在世界教育中是一个普遍性的问题。世界各国的现代化、城市化进程伴随着大量的人口转移，大量农民流向城市。随着国际移民的迅猛增长，国际移民理论研究已成为当今重要的研究热点之一，国外部分国家或地区在流动儿童教育政策方面已经做了许多有益的尝试与探索。从国内的研究来看，自2000年以后，尤其是2006年以来，对于进城务工（就业）农民子女、随迁子女等群体的教育研究越来越丰富。这些研究与探索都值得我们去借鉴、吸收并得到启发。

第一节　国外进城务工农民随迁子女教育相关研究

一、国外进城务工农民随迁子女教育相关研究综述

(一) 美国流动儿童教育若干政策及实施情况

1. 美国流动儿童教育政策演变

在美国，流动儿童的教育问题很早就引起了广泛关注。有关农村流动儿童的教育问题，最早可以上溯到20世纪20年代，但其教育问题一直没有得到美国联邦教育机构和主流社会的关注。直到60年代，随着美国人权运动的开展和约翰逊总统提出的"伟大社会"施政纲领开始，美国农村流动家庭的儿童教育问题才提到日程上来（张青，2007）[44]。1964年，美国联邦政府教育部开展了对流动儿童教育的特别调查。1966年，"迁移者教育计划"（Migrant Education Program，简称MEP）在全美正式启动。"该计划旨在为流动学生（主要指5~17岁迁移的农场工子女）提供补偿教育和服务支持，以降低迁移对学生的不利影响。1988年通过的《学校促进法案》（School Improvement Act）又将流动学生的年龄范围调整到3~21岁。"（石人炳，2005）[30]

20世纪90年代以来，美国的流动儿童规模逐渐扩大，并有着多种背景。他们有的是跨区务工人员的孩子，有的来自于暴力家庭，有的是父母工作不稳定和家庭高度贫困，有的则来自军人家庭或者移民家庭。1994年，美国国家统计数据分析显示，在当时就有50万名孩子在小学1年级至3年级期间换过3所学校；30%低收入家庭的孩子换过学校。根据不同类型的流动儿童，美国采取了相应措施。如针对无家可归的流动儿童，美国国会通过了《麦肯锡—闻铎无家可归人员救助法》（The McKinncy-Vento Homeless Assistance Act）。该法涉及有关无家可归孩子上学的内容多达18个方面，包括学校选择、入学、争议的解决、记录、转学、成绩标准等规定，以保证无家可归的孩子能够稳定入学。同时，该法要求学校登记那些无家可归的孩子，并且随时补充后来了解到的新信息或者遗失的信息，以充分收集相关信息，确保这些孩子不被耽搁。如针对外来移民家庭的孩子，美国政府根据移民学生和家庭的期望培训为之服务的学校人员；聘用懂移民母语的工作人员在招

生、入学过程中协助这些移民的孩子入学；并且创立与移民法相一致的入学政策和程序（李久军 等，2007）。

为了便于对流动儿童跟踪服务，美国于1995年建立了"迁移学生记录传递系统"（Migrant Student Record Transfer System，简称 MSRTS），这是一个由计算机处理的系统，其中收集有迁移学生的相关信息，包括学生家庭、迁移前就读学校、学生已掌握的技能、考试成绩、基本健康状况甚至免疫记录等信息，并不断调整个案和更新记录。1998—1999 学年，美国符合《学校促进法案》规定的迁移学生共有 783 867 人。无论这些学生迁移的频率高低和距离远近，由于 MSRTS 系统能将学生的信息用通讯方式在学区间及时传递，这大大促进了迁移学生学习的连续性（石人炳，2005）[30-31]。2002年1月，美国通过了《不让一个孩子掉队法案》（No Child Left Behind Act），其使命是保证美国的每一个学生接受成功的学校教育，消除流动学生与非流动学生的差别。

2. 美国"迁移者教育计划"政策的基本情况（张青，2007）[45-46]

迁移者教育计划（MEP），作为美国解决流动儿童教育问题最著名而且取得了较大成效的计划，是一项综合的、内容广泛的服务计划，它不仅关注流动儿童的智力教育，同时也关注着学生的身心健康。该计划的目的是扶助那些父母因为工作原因，家庭住所不断变动的流动学生，为其提供高质量的、内容广泛的资助和服务。其主要内容包括：确保流动儿童跨州或跨地区迁移时在诸如学校课程设置、学籍、成绩标准等方面避免受到不公正待遇；以与校方合作的方式确保流动儿童受到相应的正规学校教育；制订各种计划确保流动儿童受到良好教育；克服语言及文化障碍、获得相关医疗及保健服务；给予流动儿童平等的受教育权利与机会。

在资助对象上，"迁移者教育计划"主要是针对流动儿童中的中小学生。该计划资助的流动家庭的儿童主要是，其父母为了寻找就业机会而离开家乡的学区到农业、渔业、林业或者奶牛场以及食品加工地就业的流动家庭的儿童。鉴别是否属于流动儿童的标准有如下四条：（1）在过去的两年内是否独自或者随父母及其他监护人而迁移；（2）这种迁移活动是否是从一个学区到另一个学区；（3）迁移活动是否是为了获得临时性或季节性的农业或渔业就业机会；（4）这些工作是否是该家庭解决生计问题的必需手段。如果符合以上四项标准，那么这样的儿童就被认定为流动儿童，政府有责任为其提供相应的服务。

在资金来源和使用上，"迁移者教育计划"资金来自于联邦政府的拨款。该计划隶属于美国中小学教育法案的一部分,到 2001 年,美国联邦政府为实施该法案共拨款 296 亿美元,其中相应的部分拨发给迁移者教育计划项目。各州政府在接受该拨款后可以将其以转包合同的方式把该项目转包给当地教育部门或者其他实体,直接为流动儿童提供服务。"迁移者教育计划"给各州的拨款数额是不相同的,其拨款的依据是各州所拥有的流动儿童的数量,而且根据每年各州所拥有的流动儿童的数量而相应作出动态的调整。因为许多流动家庭是跨州迁移,如果该州有 10% 的流动儿童,那么它将获得 10% 的拨款,如果来年该州流动儿童的数额下降,那么其所获得的拨款数额也相应减少。这种拨款方式尽管在操作上比较烦琐,但是在实践中却给各州积极寻找流动学生、进行流动学生的身份识别带来了激励。由于拨款数额与流动儿童的数量相关联,因此激励了各州不断地去寻找流动儿童,从而保证了《不让一个孩子掉队法案》的实现。

"迁移者教育计划"的工作人员以招聘的方式被雇用,政府运用该计划基金的一部分来雇用工作人员,这些工作人员的身份可以是兼职,也可以是季节性地参加此项工作,尽管报酬不高,但是受雇者却得到了很高的尊重。受雇者最基本的条件是理解流动家庭及流动学生,并对其需求抱有同情心。他们是该计划的核心所在,从四处走访农场或农村社区寻找识别辍学的流动儿童,到为流动儿童提供全方位的多功能服务,他们的作用无处不在。这些工作人员把各种信息带给了流动家庭,也把反馈信息带给了学校和社区。他们提供有关该计划的信息和其他服务,疏通了学校和家庭之间的联系渠道,关注特殊家庭的需求。受雇者对单个流动学生的家庭环境的了解,可以使政府相关部门掌握人口流动的趋势。总之,"迁移者教育计划"的受雇者在学校、家庭、社会和政府之间起到了很好的桥梁作用。

"迁移者教育计划"的主要内容包括:首先给流动学生营造一种环境,使流动家庭的孩子意识到自身受教育的重要性,然后开始对流动学生展开各种服务。其具体的服务内容主要有以下几个方面:一是直接为学生提供全方位服务;二是积极与家长保持联络,使家长参与流动儿童的教育过程;三是开展对流动学生的暑期教育。

3. 美国地方政府解决流动儿童教育问题的主要举措(石人炳,2005)[31-32]

桑德拉·佩克(Sandra Paik,2002)曾通过大量的考察,对美国许多地方解决流动学生教育问题的一些有效举措进行了概括,其中主要有如下一些内容。

①学校职员的职业发展(Professional Development for School Staff):学校

职员应该根据高流动率的孩子的需求和情况接受培训。其目的是使职员对流动学生的需求和（背景）情况更敏感和更能理解。②（欢迎）新来者项目（Newcomer Programs）：迎接新同学和他们的家庭的活动便于学生平稳地过渡；提供对学生学习情况了解和恰当编班的机会；形成学生、家庭和教师之间的积极的相互作用，帮助学生父母理解学校政策和目标；建立有利于学习的家庭支持系统；鼓励家庭参与学校决策；为家庭和学生提供有关学校和社区的有用信息，一些活动如"密友系统"（Buddy Systems）让老生与新生结成对子，帮助新生了解新学校的进度安排和规则等。③支持性的考勤和纪律政策（Supportive Attendance and Disciplinary Policies）：高流动往往和考勤与行为问题紧密相连。惩罚性的考勤和纪律规定会增加失败的机会。支持性的考勤和纪律政策就是在学生一定数量的缺课之后，启动学校和（或）社会支持，或者鼓励在双方方便的时间与学生和家庭见面，了解缺课原因并达成一个促进出勤的计划。同时，一个支持性的纪律政策可能发起一个评价，确定是否需要学习上的和（或）社会的支持，并在需要的时候提供支持。④走出校门接触家长和家庭（Outreach to Parents and Families）：走出校门计划（Outreach Programs）包括家访计划，能够帮助家长和家庭理解学校计划和政策以及对家庭有利的社区服务。同时，与社会服务机构建立伙伴关系，有利于学校和社会服务机构双方共享一些有用的信息。

（二）欧盟国家流动儿童若干政策及实施情况

1. 欧盟流动工人子女教育有关政策

欧盟希望通过解决流动工人子女的教育问题来促进工人在共同体范围内自由流动。在欧盟的成员国中，所谓流动工人不仅指那些来自非共同体国家的工人，还指在某一成员国就业的来自其他成员国的公民。欧盟理事会《关于共同体内工人流动自由的条例》（第68/1612号条例）规定，在共同体范围内，流动工人子女在接受教育课程方面享受与所在国公民同等的待遇，并要求成员国鼓励所有有益于流动工人子女在最好的条件下接受教育的行动。同样，欧盟理事会《关于流动工人子女教育的指令》（第77/486号指令）规定，成员国应采取适当的措施，以保证在其领土内为必须接受义务教育的流动工人子女提供"有利于最初适应新环境的免费辅导"。这些措施包括教授所在国的官方语言，以及对那些将为流动工人子女提供辅导的教师进行培训和再培训。此外，流动工人所在国必须与其原属国进行合作，以采取适当的措施对其子女进行母语和文化教育。流动工人子女有权平等地接受所在国提供的教育课程,不仅包括享受同等的入学条件,还包括享受所在国为帮助儿童就学而提供的便利措施(中央教育科学研究所教育发展研究部课题组,2007)。

2. 英国伦敦流动儿童教育若干政策及实施情况(陆璟,2006)

伦敦是一个文化差异、阶层差异非常大的城市,其基础教育非常重视满足多元化需要,重视向有特殊需要的地区和儿童倾斜投入。伦敦人口的流动率和学生流动率(指的是在非常规入学时候入学以及在非常规离校时候离校的学生比重,相当于转学率)很高,这些流动学生主要是国际国内移民、吉普赛人、追求流浪生活的嬉皮士、因贫困而居无定所者的子女。他们只要提供在伦敦居住或工作的监护人信息,就可以接受义务教育,甚至是刚刚到伦敦的难民子女,也可以同样享受市民待遇。

在流动儿童教育政策的实施过程中,需要解决两个问题,首先是教育质量问题,主要表现在流动学生在转学过程中缺的课需要补,不同学校的课程需要衔接等方面,因此,流动学生需要额外的辅导和更多的教学资源;其次是经费分配滞后的问题,学生在学期中间转入,但是经费没能及时跟上,经费到位后学生却可能又转走了。针对上述问题,英国教育与技能部开始在学生流动性高的学校增设专门为流动学生提供帮助的导师(Mentor)职位,对学生流动实施系统化管理。这一导师职位主要开展以下几方面的工作:家访,了解需求和困难;介绍学校情况并把流动学生介绍给同学们;与任课教师沟通,安排好学生分组的问题;为学生安排需要特别帮助的学科辅导老师并经常与辅导老师沟通;及时与地方教育局联系,解决入学手续以及经费安排;与有关社会服务机构联系,帮助学生及家庭及时适应新的环境,等等。

(三)以色列流动儿童(新移民子女)教育若干政策及实施情况(邱兴,2005)

建国后,以色列议会克莱塞特通过了《回归法》,赋予了每一个犹太人定居以色列的权利。自此,犹太人纷纷从世界各地移居以色列,在几十年的时间里形成了六次大规模的移民浪潮,共有280余万人移民以色列。移民的到来意味着国家必须为其子女提供教育。而对于一个人口很少、处于战争状态的小国而言,接受新移民并解决新移民的生计问题和其子女的教育问题,无疑是一个巨大的挑战。但是以色列政府通过自己创造性的工作,成功地应对了这些挑战,其新移民子女教育的经验,也为世界所瞩目。

1. 为新移民子女提供平等的受教育机会

以色列犹太人大致可以划分为两类：一是建国前后从欧洲各国移居以色列的西方犹太人，其社会经济条件和受教育水平较高；一是建国以后从亚洲、非洲等发展中国家移居以色列的东方犹太人，其社会经济条件较差，受教育程度较低。为了使来自世界各地的犹太人子女，尤其是来自亚非各国的东方犹太人移民子女都能够接受教育，以色列议会在建国后仅仅一年，就通过了《义务教育法》，向 5～13 岁的少年儿童提供 9 年的义务教育（包括一年免费学前义务教育），并赋予了家长和学生在当时的四个与党派相联系的"派别"学校系统之间作出选择的权利。1953 年，以色列又废除了从 20 世纪 20 年代起就形成了的"派别"学校系统，强化了中央政府管理教育的权力，对义务教育的实施起到了保障作用。1968 年，为了使更多的处于社会经济底层的东方犹太人子女能够上中学，以色列议会又通过了改革法案，将 8:4 学制改为 6:3:3 制，并将义务教育年限拓展到了 10 年级（高中一年级）。在 1968 年改革之后，东方犹太人子女上中学的数量和比重都大为增加，但是辍学率依然很高。为了解决这一问题，以色列议会又在 1978 年通过了免费教育法案，决定在高中 11～12 年级实行免费教育。在 20 世纪 70～80 年代，以色列还改革了高校入学资格考试制度，减少了考试科目，降低了入学要求，并通过对原有中学后教育学校的改造等途径，建立了几十所高等教育学院（包括师范学院），使越来越多的东方犹太人子女也同西方犹太人子女一样拥有了上大学的机会。

保障新移民子女平等接受教育的机会必须要有足够的教育经费支持。以色列政府逐年增加教育投入，近 20 多年来，其公共教育投入一直占全社会教育投入的 80% 以上，占国民生产总值的 7.5%～10%，位居世界前列。

2. 对新移民子女进行文化适应教育

以色列从 20 世纪 50 年代起，就开始对新移民子女进行"犹太意识教育"，通过学科教学（尤其是历史、文学和地理学科的教学）和学校课外活动，将一些基本的犹太民族传统的知识和价值观，如安息日、节日、犹太纪年、犹太风俗和犹太生活方式，引入到学校生活，并成为今天以色列中小学进行传统文化教育的主要途径之一。

3. 为新移民子女提供各种服务

为解决新移民家庭子女的照顾看护问题（他们的父母通常都必须工作养家，又没有经济能力让他们参加在下午开展的各种付费的课外教育），以色列在 20 世纪 90 年代还贯彻实施了《长日制学校法》，在下午为新移民子女（如来自埃塞俄比亚和前苏联各加盟共和国的新移民子女）增加教学时间；同时，提供各种心理咨询、教育咨询和其他服务，如社会工作者的咨询、辍学劝导和图书馆服务等。

（四）日本接收外来打工人员子女的做法（田辉，2007）

日本一直以来也面临一些境外打工人员子女教育问题。以巴西人子女教育为例，政府要求公立学校按照本地区学生入学标准接纳前来日本打工的巴西人子女就近入学，而这些孩子的义务教育阶段的所有费用由政府承担，由于打工者家庭收入远远低于社会救济标准，所以包括这些孩子学校供餐在内的费用也由日本政府负担，同时地方教育委员会向接收巴西打工者子女入学的公立学校增派西班牙语教师，专门负责帮助巴西孩子解决在学校生活中遇到的各种困难以及与任课教师沟通。同时，各个社区的公民馆都会为居住在本社区的外国人免费开办日语补习班，派出所和警察局会安排懂相应外语的警察与外来人员交流并提供必要的帮助。

二、国外进城务工农民随迁子女教育相关研究的启示

国外在保障流动儿童平等接受义务教育方面，采取了很多措施，取得了宝贵的经验。尽管国情不同，但在很多方面对我国随迁子女教育有现实的借鉴意义。

（一）完善相关法律法规，为随迁子女教育提供强有力的法制保障

国外旨在解决流动儿童教育问题的一系列法律在实践中发挥了重要作用，取得了明显成效。如美国通过的相关法案，根据不同阶段流动儿童教育问题的变化，及时进行调整和补充，不断消除流动儿童和非流动儿童的教育差别，有力地保障了流动儿童平等接受教育的权利。如欧盟理事会专门出台了关于流动工人子女教育的指令，提出了许多具体的措施。如以色列的《长日制学校法》，切实解决了新移民子女教育中的一些比较突出的具体问题。

迄今为止，我国尚无专门解决随迁子女教育问题的法律，仅有一部1998年出台的现行教育规章《流动儿童少年就学暂行办法》，而且还存在操作性、适用性和约束力不强的问题。随着经济社会发展形势的变化，随迁子女教育问题日益突出，迫切需要完善相关法律法规。一方面，可以对现有相

关法律法规进行修订完善，解决这些法律法规中有关随迁子女教育规定的延续性、适应性和可操作性问题；另一方面，根据随迁子女发展变化的新趋势，有必要制定出台新的法律法规，进一步明确各级政府、社会、学校和家庭的法律责任和义务，切实保障随迁子女平等接受义务教育的权利。

（二）强调政策的针对性和规范性，采取多种方式解决随迁子女教育问题

国外关于流动儿童教育方面的政策普遍重视针对性和规范性，强调采取多种方式为流动儿童提供充分的教育服务。美国20世纪90年代以来，根据国内不同类型的流动儿童，制定和实施相应的教育政策，充分体现了政策的针对性和灵活性，同时注重规范管理，加强多种方式的指导和服务工作，有效地保证流动儿童学习的连续性，从诸多方面保障了流动儿童接受教育的权利。以色列针对新移民子女的民族心理和文化缺失问题，多年来强调传统文化教育，培养其文化适应能力；同时加大学校和社会的服务力度，为新移民子女提供心理咨询、教育咨询、职业和培训信息等多种服务。

这些根据流动儿童的实际情况进行的政策实践，对我国解决随迁子女教育问题提供了新的思路。在政策的针对性上，可以考虑分类指导的原则，结合如独生子女或非独生子女，流动性高或低，家庭经济状况贫困与否等因素，研究分析现有随迁子女的不同类型，制定相应实施对策。在政策的规范性上，应强调规范管理，在解决入学机会的同时，规范随迁子女的学籍管理、学习过程管理，规范接收随迁子女的学校管理。另外，应加强对随迁子女的全方位服务，变被动为主动，及时摸清随迁子女的流动与就学情况，提供心理、教育等方面的补偿服务，提供与当地学生一致的社会公共服务，帮助随迁子女尽快适应新的学习环境、适应城市生活。

（三）加大国家财政支持力度，建立随迁子女教育经费保障机制

美国"迁移者教育计划"执行几十年来之所以取得显著成绩，与联邦政府的财政支持有很大的关系。比如美国设立了迁移者教育计划专项资金，由联邦政府根据各地流动儿童的动态数量直接拨款，不仅为流动儿童教育提供了充足的经费保障，而且充分调动了各州政府寻找和确认流动儿童、解决流动儿童教育问题的积极性。综观国际经验，确保流动儿童教育经费的投入是国外普遍的做法。

我国随迁子女教育政策在涉及经费方面，只是对地方政府提出了明确要求，国家在随迁子女教育方面没有提供财政支持。对接收随迁子女就学的地

方政府而言，相关教育成本增加，不仅需要对现有教育资源进行重新调整和配置，还需要增加新的教育资源。这在一定程度上增加了地方政府的财政负担，影响了其政策执行的积极性。在现行义务教育管理体制下，国家对随迁子女教育承担的责任不够明确，尤其是在教育经费的保障方面几乎没有任何体现。当前，应根据随迁子女教育的实际，将随迁子女教育经费纳入国家义务教育经费预算，通过设立专项资金的方式为随迁子女教育提供国家财政支持，逐步建立随迁子女教育经费保障机制。

（四）建立随迁子女教育信息系统，加强对随迁子女的跟踪服务

无论是国外的流动儿童，还是我国的随迁子女，普遍存在流动性强、处境不利等特点。掌握流动儿童的迁移流动信息和相关的家庭、教育、健康状况，有利于保证流动儿童的教育连续性，降低流动儿童的辍学率，提高流动儿童的学习质量，促进流动儿童的身心健康。为此，美国采取了不少措施，如建立了"迁移学生记录传递系统"，及时传递流动儿童信息；通过"迁移者教育计划"工作人员积极疏通学校与流动儿童家庭的联系渠道；加强与社会服务机构的联系和沟通，共享流动儿童信息，等等。这些措施旨在加强信息服务，实现政府、社会、学校与流动儿童家庭的信息共享与信息对称。

从我国随迁子女教育来看，由于人口流动比较频繁，人口管理部门与教育主管部门重视程度不够，有关信息渠道不通畅，信息服务比较落后等原因，造成了随迁子女数量、教育情况、家庭状况等信息资源缺乏有效传递的局面。我们需要借鉴国外好的做法，通过实行随迁子女学籍电子管理，实施随迁子女登记制度，公开发布随迁子女教育政策信息，开展随迁子女教育信息调查等多种途径和方式，建立随迁子女教育信息系统。同时，充分运用这一信息系统，为政府、社会有关方面提供相应的信息服务，做好对随迁子女家庭的教育信息服务，对随迁子女的教育过程提供良好的跟踪服务。

第二节　国内进城务工农民随迁子女教育相关研究

一、国内进城务工农民随迁子女教育相关研究综述

在国内学术界，各个领域的研究者从自身的研究角度出发对随迁子女教

育相关问题进行了研究，这些研究既包括期刊、报纸、杂志，也包括博硕论文等公开发表的文献。仅以中国知识网络资源总库"CNKI"中公开的文献资料分析，通过对"中国期刊全文数据库""中国博硕士优秀论文数据库""中国报刊全文数据库"等五大数据库的跨库查询，以"留守儿童（教育）""流动儿童（教育）""随迁子女（教育）""随迁子女（教育）"等为搜索词，分别按照"篇名、主题、关键词"方式精确搜索发现，自1979年至今，研究文献数量可观，如表5-1所示。同时，可以看到绝大部分文献资料集中在2000年以来，留守儿童（教育）相关文献在2000年以前只有为数不多的几篇，而流动儿童（教育）、流动人口子女（教育）等相关文献全部是2000年以后，尤其是近几年的相关文献较多。2006年以来，对于进城务工（就业）农民子女（教育）、随迁子女（教育）来讲，研究越来越丰富。

表5-1 1979—2008年我国国内相关研究文献资料数量（篇）

精确搜索输入的词语	以篇名输入		以主题输入		以关键词输入	
	1979—1999年	2000年至今	1979—1999年	2000年至今	1979—1999年	2000年至今
留守儿童	1	1 882	4	2 713	2	2 341
留守儿童教育	0	195	0	491	0	4
流动儿童	0	874	0	1 879	0	950
流动儿童教育	0	59	0	322	0	50
流动人口子女	0	340	0	741	0	467
流动人口子女教育	0	106	0	309	0	17
流动人员子女	0	10	0	43	0	6
流动人员子女教育	0	2	0	22	0	0
农民工子女	0	994	0	2 596	0	2 194
农民工子女教育	0	172	0	530	0	20
随迁子女	0	54	0	149	0	29
随迁子女教育	0	8	0	76	0	2
进城务工就业农民子女	0	58	0	92	0	40
进城务工就业农民子女教育	0	5	0	37	0	2
农民工第二代	0	8	0	40	0	2
农民工第二代教育	0	0	0	9	0	0
合计	1	4 767	4	10 049	2	6 124

文献资料表明，中国国内最早涉及流动人口子女的教育问题的文字，是1995年1月21日《中国教育报》刊登的记者刘建平的文章《流动的孩子哪上学——流动人口子女教育探讨》，但真正意义上的研究，大致是从1998年前后开始，2000年之后逐渐丰富起来。本节主要以流动儿童、流动人口子女、随迁子女、新生代移民的教育问题作为主要论述的方面。综合分析文献资料，近五年来，相关研究主要从以下几方面进行了探讨。

（一）随迁子女教育问题的全局性探讨

全局性探讨指的是一般的"背景—现状—问题—对策"式研究。汪明（2004）、李晓东（2006）、陶西平（2007）、吴霓（2007）等从随迁子女教育问题产生的背景、存在问题、解决对策等方面进行了系统探讨，提出了户籍制度改革、法律保障、加强公办学校接收能力、加大经费投入力度、积极开展进城务工农民流出地政府与流入地政府间的沟通协作、转变教育教学管理理念、建立全国联网的电子学籍管理系统、加强进城务工就业农民子女义务教育的督导和评估等对策。同时，针对随迁子女的就学问题，从宏观和微观两方面提出了建议，即一方面以流入地政府管理为主，加强流入地政府与流出地政府之间的沟通协商，增强服务意识，强化管理职责；另一方面应当以流入地全日制公办中小学为主，同时发挥社会力量的补缺作用，通过多层次、多渠道、多样化的方式综合解决。徐玉珍（2006）、李红兵（2006）、金更兴（2006）等则将随迁子女定义为新生代移民或农民工第二代，强调新生代移民本身需要主观努力，克服自身的心理障碍，逐步树立自尊自信、自立自强、自由自主、自觉自律的现代人格。同时，针对问题提出相应的对策，如逐步改变城乡二元制的社会结构；为新生代移民提供良好的学习条件；消除社会各界对农民工子女的歧视和隔离。改革现行二元户籍管理制度，打破以户籍制度为依据的义务教育政策，规范扶持打工子弟学校的发展；降低农民工教育成本，改革义务教育体制、调整教育政策，将打工子弟学校规范化、合法化，加强城市社区治理和服务功能等措施。

（二）对流动儿童学校的状况调查

部分研究者重点关注了接收流动儿童（包括随迁子女）的学校在教育教学过程中存在的问题。如韩嘉玲（2002）在《关于流动人口的子女教育问题——以北京市为例》一文中分析了流动儿童学校的基本状况，指出流动儿童学校的特点表现为流动性、边缘性和不规范性，并提出打破户籍制度，实行适龄儿童无条件接受义务教育制度等相应的对策和建议。陶红（2007）、杨东平（2007）以北京市为例，就地方流动儿童义务教育面临的诸多问题，如对流动儿童学校认识不足，教育服务缺位；教育规划困难，教学管理难度大；现有公办义务教育资源不能满足迅速增长的流动儿童就学需求，教育均衡发展受到制约；教育公平问题凸显，政府决策两难等问题和对策进行了分析。

（三）农民工子女教育公平问题探讨

部分学者站在教育公平的高度探讨了保障农民工子女的平等受教育权问题。如李荔（2004）针对农民工子女教育受歧视现象，提出应该给予他们法律政策的保障，还给农民工子女接受教育的权利；完善相关制度，使国家政策法规落到实处；缩小城乡文化差距；教师、学校、社会以爱心接纳农民工子女。贺慧（2008）认为我国义务教育有一定的法律保障，但是流动人口子女作为一个特殊的社会群体，由于目前一些制度政策与法律不一致以及法律意识缺乏等原因，他们的受教育权无法得到保障。因此，建议改革这种不适应新的发展形势的各项制度，通过将流动人口子女教育正式纳入法律体系，提高法律观念等措施来使之得以实现。何晓民（2005）提出从政府支持系统、群体支持系统、个体支持系统三条路径来解决农民工子女教育不平等的问题，其中包括法律保障、财政支持、建立学校、寻求亲人和社会的帮助。张宁（2005）通过对教育公平理论和人本主义教育理论的分析运用，提出了要从国家政策和教育实践的角度解决问题。其建议包括：教师应转变观念，给予流动人口子女特殊的人文关怀；改革教育教学的方法，搭建良好的教育平台；改进学校管理机制，提供灵活、机动的教育机会。余冬意（2006）认为解决教育不公平的关键，在于正确定位农民工子女义务教育的性质，改革现行城乡二元体制；正确定位农民工子女义务教育投入责任，依法治教，建立一种能动的城市农民工子女义务教育财政资源配置新制度。

（四）农民工子女家庭教育状况分析

家庭教育是农民工子女在进城后的一大问题，许多研究者专门将家庭教育问题作为重点进行研究，力图提出完善农民工子女家庭教育的对策建议。如余华英等人（2006）通过对通城县四庄乡外出务工人员子女家庭教育的调查研究，针对当前流动人口子女的家庭教育方面存在的问题，提出了加强流动人口子女家庭教育的对策。其中，对家长教育意识这一问题进行了深入探讨。沈茹（2006）以家庭教育为出发点，初步分析了城市农民工子女家庭教育存在的主要问题，如家庭教育环境、条件差；家长文化素质偏低，家庭教育观念落后；家长忽视家庭教育，家庭教育与学校教育不协调；社会对农民工子女家庭教育关注太少等，进而提出改善农民工的生存环境，提高农民工的整体素质等相应的对策。刘剑斌等人（2006）针对农民工与子女缺少亲情沟通，家庭教育严重缺失，家庭教育与学校教育、社会教育的脱节倾向，家庭教育投入实用性较强，教育方式缺乏民主等问题，从政府部门、公安部门、行政教育部门及家长等角度提出了相关解决对策。黄小燕（2006）针对小学农民工子女的家庭教育现状提出了以下对策：要强化社会公平观，推进户籍制度改革；加强家庭文化建设，创造良好的家庭教育环境；举办家长学校，为家庭教育提供帮助；纳入社会支助系统；建立家庭教育、学校教育、社会教育的协调机制。

（五）农民工子女教育的学科研究

1. 法学角度

赵莉（2005）、杨菁英（2007）以农民工子女的义务教育为例，从受教育权的保障角度提出了保障农民工子女受教育权是国家的责任，国家应从立法、行政、司法三个角度为农民工子女平等受教育权提供保障，从行政执法角度论述了政府对受教育权的行政保障职能，呼吁尽快完善学生申诉和行政复议制度；从法的适用角度构筑受教育权的司法救济制度，从长远的角度出发在前面三种保障的基础上提出了受教育权的基本国策保障。高勤（2007）从宪法学与人权保障的理论体系中找到了确定公民受教育权保障中的国家责任的依据，强调国家全面保障公民受教育权负有积极作为的义务，并从受教育权的角度分析了国家在农民工子女的受教育问题负有不可推卸的责任。同时提出应消除国家不当作为，实现形式平等，改变造成受教育权不平等的非公正的制度安排；改革阻碍受教育自由权实现的教育管理制度；落实受教育福利权，确立中央政府对农民工子女教育的财力支持；加强流入地和流出地政府的合作，建立流入地政府责任制等措施。李庆涛（2008）从农民工子女平等受教育权的角度，分析了由于受到相对滞后的户籍制度、义务教育制度等因素的制约，农民工子女依法享有平等受教育权却缺乏应有的保障。并建议从立法、行政、司法三个角度为农民工子女平等受教育权提供保障。周卉（2007）从国家义务的视角探讨农民工子女受义务教育权的法律保障，以在义务教育中国家应当负担成本的"正外部性"理论作为指导，分析了我国农民工子女受义务教育权未得到充分法律保障的现状源于国家义务的缺失，探讨了导致国家未尽到积极义务的原因，并以受义务教育权法律保障的域外经验为借鉴，力图从国家自身角度来寻求农民工子女受义务教育权法律保障的补救制度，以期找到解决农民工子女就学问题的对策。

2. 管理学角度

冯成志（2005）认为，在解决农民工子女教育的问题上，政府管理还没有完全到位，行政管理和行政执法软弱。政府相关部门缺乏沟通和协调，教育行政部门对农民工子女学校缺乏统筹管理。提出要理顺政府相关部门在农民工子女教育管理上的关系，即要以"政治平等、政策公平、法律保障、有利发展"为总要求，统一政府相关部门的思想认识，理顺管理关系。王平华（2007）指出，政府要承担起农民工子女义务教育的责任，维护教育的公平。从改革城乡户籍制度，建立公共教育财政体制，强化法律制度建设，推行有效的激励机制建设等角度提出保障农民工子女义务教育的对策，即提高中央财政在义务教育中的投资比例，建立财政补偿制度；灵活采用多种供给和运行机制，寻求多元化教育投资方式。同时，进一步提出了实行义务教育财务公开制度，实行效能监察，建立农民工子女义务教育评估机制的绩效管理方法。吴依佳（2007）通过对松江区外来工人子女教育的调查，分析本地政府在外来人员子女义务教育问题的现有管理办法和相关政策的不足，并运用新公共管理和公共产品等理论提出政府对策的建设性意见，即取消入学门槛的歧视，以政策扶持、资金保证的方式对外来民工子弟学校进行属地化管理和建立专门协调机构，形成联动机制。周满珍（2007）认为，解决农村留守儿童的教育问题要加强统筹规划，形成以政府为主的领导协调机制。政府要着力建立和形成留守儿童工作的协调机制，整合各方力量，形成合力，也要利用各种力量，形成调动各方积极性的社会帮扶机制。同时，还应发挥政府在制度创新和政策牵引方面的优势，着眼为外出务工人员离乡就业解除后顾之忧。农村基层政府应大力发展农村多种经营，增加农民在家乡的就业机会，城市有关部门也应制定合理的政策，给外来务工人员市民待遇。赖永波（2005）通过考察福州市农民工子女教育现状，探讨福州市教育部门解决农民工子女教育问题的有效措施。其中，完善农民工子女入学问题的法规、政策和市、区教育局成立进城务工就业农民子女义务教育协调办公室等举措是解决教育问题的重要手段。

3. 经济学角度

郭建鑫（2007）认为，虽然政府已出台了一系列政策，但由于缺乏强制性和约束力，他们的受教育状况仍未得到根本缓解，针对农民工子女在流入地享受平等义务教育的保障机制还未形成。通过回顾随迁子女受教育状况及相关政策变迁，在分析探讨当前所存在问题的基础上，从公共财政保障教育公平的视角提出建议和解决措施。陈玎玎（2007）另辟蹊径地从公共经济学的视角来分析农民工子女就学的问题。他认为农民工子女就学问题的解决，"财"是一个轴心因素。所以首先就增加农民工子女就学机会问题进行了理论分析，在此基础上重点讨论了三个问题：一是农民工子女就学机会的现状分析；二是增加农民工子女就学机会的路径及选择；三是增加农民工子女就学机会的基本构想。并提出了对策建议，即义务教育所具有的公共产品的性质、正外部性以及能缩小收入差距的功能，决定了增加农民工子女就学机会必须是以政府为主体，调整义务教育财政体制，构建国家义务教育体系。王文斌（2007）从经济学角度对农村——城市迁移者子女教育进行分析。提出了一个迁移——教育模型，并在此框架中讨论决定迁移者子女在农村学校、城市学校、失学之间分布的因素。他认为，如果仅仅降低流动儿童进入公立学校的门槛而没有其他配套措施，那些幸运地进入了公立学校的流动儿童固然可以获得更高的租金，但由于这会吸引部分留守儿童进入城市，最终将会有更多的失学流动儿童。

4. 社会学角度

李峰等人（2004）从社会学的视角，对城市农民工子女接受教育的现状和问题进行了分析，提出了解决农民工子女这一弱势群体教育问题的对策和措施：国家解决城市农民工子女教育问题的政策规定；开放义务教育领域与户籍制度的要求；拓宽农民工子女的入学渠道等。华平生（2005）从再城市化的角度出发，认为再城市化不只是物的城市化、形的城市化，更是人的城市化和精神上的城市化。重点论述了"再城市化"与"人"及教育的关系。并阐述一个观点，即农民工子女是未来城市主要的产业工人群体，其中会有相当一部分会"留"下来，成为永久的城市市民，所以要提前抓农民工子女的素质。在借鉴国内外成功地区经验的基础上提出了相关对策和建议。宁鸿（2006）以社会排斥为理论支点，使用文献和个案调查法，对2000年以后跟随父母进城的农民工子女教育问题进行了研究。通过对农民工子女义务教育状况的考察，描述了农民工子女在接受教育过程中所遭到的排斥现象，分析其发生排斥的制度性、资源性和观念性根源，阐述了农民工子女在接受教育过程当中受到排斥所产生的个体、群体和社会性后果，并提出对策性建议。石红春（2008）以桂林市为例，探讨了城市农民工子女在社会化过程中的问题。在对人的社会化理论进行扼要的梳理后，简要分析农民工子女进城的有利条件，重点分析农民工子女在家庭、学校、同辈群体、大众传播媒介四大领域存在的社会化问题，并在此基础上对如何解决农民工子女的社会化问题提出了一系列的对策。梁在等人（2006）从农村和城市间农民工的不断迁移为出发点，研究城市里的大量随迁子女，特别是那些没有户口的暂住人口的教育问题。通过对1995年广东省农村—城市流动人口随迁子女就学情况的调查，分析城乡间的流动给这些农民工子女所产生的教育上的影响。通过调查和多元分析，最后认为由于教育对中国社会流动性的影响日益重要，临时移民所面临的劣势极可能对流动儿童和城市社会产生长期破坏性的影响。周昌和（2006）引用专家学者的观点从社会流动的角度对流动儿童的教育问题进行了思考，认为许多农民工由于各方面条件的限制，通常会把希望寄托在下一代，期望下一代接受更好的教育来实现社会地位的流通。并引用专家观点，认为政府必须强化责任意识和角色意识，充分解决就业、教育和社会再分配的问题，提供更多的机会。李强等人（2007）从社会学的视角，指出了农民工子女教育问题表现为教育公平的偏差，具体而言包括教育机会分配起点的不公平、过程的不公平以及规则的不公平。由于教育对一个人地位获得的突出影响，这种不公平会带来弱势地位代际间传承的后果，因此必须高度重视这个问题。提出政府、社区、学校和家庭的协调合作是农民工子女能够接受良好教育的保证。马寒荣（2007）指出教育与社会分层和社会流动有密切的关系。未来的农民工子女是扩大整个社会中间阶层的重要力量。通过对农民工子女教育问题的思考、剖析及提出一些对策性建议以期能够改善他们的受教育状况，保障他们的受教育权利，从而有效地促进社会中下阶层向上流动，并形成一定的规模。冯帮（2007）从社会排斥的视角分析流动儿童的数量与发展趋势，运用社会排斥理论来分析流动儿童教育公平问题产生的原因。认为制度排斥、经济排斥以及文化排斥是造成流动儿童教育公平问题的主要原因。并提出了解决流动儿童教育公平问题的具体建议：第一，加快改革的步伐，逐步消除制度排斥；第二，保障农民工就业权益，消除经济排斥；第三，营造和谐氛围，消除文化排斥，即改善城市舆论环境，增进理解与认同。

5. 政策学角度

周佳（2004）以2000年以前和2001—2003年为时间段，探讨了这两个时间段的国内学者和专家对农民工子女义务教育政策的相关研究，并且详细介绍和分析了这些时期国家对农民工子女教育问题的逐渐关注和相关政策的逐渐出台。韩立娟等人（2007）认为，农民工子女教育问题必须通过相关教育政策体系完善与政策有效执行的过程才能解决。通过对相关教育政策文本的研究，从政策运行的角度归纳造成阻碍政策目标顺利实现的成因。指出农民工子女教育政策无论在制定和执行中都还存在一些必须解决的问题。辛小柏（2006）从政府政策的角度提出通过改变户籍制度、义务教育管理体制、中央财政政策、教育经费的投资方式等解决流动人口子女义务教育问题。周佳（2006）认为2003年由教育部等六部委联合制定的《关于进一步做好进城务工就业农民子女义务教育工作的意见》是首次直接把政策焦点对准农民工子女。她认为这个政策明确了"由流入地政府负责，以全日制公办中小学为主"解决进城务工就业农民子女义务教育问题。但她同时提出政策的出台不等于问题的解决。需要试从政策执行过程分析入手，借鉴K.G.班廷的逻辑结构图，循着政策执行问题察觉、政策执行问题界定、政策执行问题陈述的逻辑顺序和分析框架进行研究。王倩（2007）从政策执行的角度对农民工子女的教育问题进行了探讨和分析，认为我国流动人口子女教育政策从开始实施到现在，成果显著。大部分农民工子女的受教育权利得到了保障，但是，这一政策在执行过程中仍然面临不少的阻碍，政策实施的实际效果和公共目标间还存在一定的差距。王倩运用公共政策执行的相关理论，对流动人口子女教育政策的执行偏差原因进行了简要分析，认为直接执行主体对自身的利益追求和直接执行机构的组织滞后以及直接执行主体的机构、组织间，沟通与协调存在困难是造成政策执行偏差的重要原因。钱再见等人（2007）认为有效推进农民工子女的义务教育政策的实际执行效果有以下一些主要的现实路径：完善教育政策，提高政策的权威性和严密性；明确政府职责，建立权力分配体制；消除城乡差别，开发新的教育资源；实现制度创新，消除执行中的梗塞；采用各种资金筹措手段，保证农民工子女教育资金的落实。

6. 制度学角度

刘义程（2004）认为，相关制度的改革是解决该问题的关键。"国家投入、教育券、就近入学"是制度改革的三大要件。范先佐（2007）主要从制度层面就流动儿童教育面临的主要问题及其原因进行分析，在此基础上，提出进一步调整和改革现行体制和制度的对策思路：加快户籍制度改革，逐步消除城乡差别；放开城市公办中小学，方便流动儿童根据居住地就近入学；积极鼓励和支持社会力量举办打工子弟学校，帮助进城务工就业农民比较集中的地区解决随迁子女接受教育的问题；实行以流入地政府为主的财政供给制度，合理分摊流动儿童的教育成本。李永道等人（2005）从制度性因素来分析城市流动儿童得不到公平教育的原因，如户籍制度，分级管理、分级办学的教育制度，学籍管理和教育评价制度，并针对现状提出了相关对策。张红等人（2006）从农民工子女教育的政府制度和地方执行矛盾、教育经费不足、以及辍学现象严重、教育质量不高等角度，提出了要从体制上找原因，加快经济体制改革，彻底打破城乡二元结构，理顺义务教育的政府投资与个人投资关系，开辟多方面投资渠道，注重提高农民工子女的教育质量，并从根本上解决农民工子女失学、辍学问题。朱蕴丽等人（2006）从完善农村义务教育制度、改革户籍制度、均衡优化城乡教育资源、重视农民工的权益保障问题、调动社会力量兴办打工子弟学校、建立保障农民工子女义务教育的法律体系等方面提出对策。夏焰等人（2005）、孙亚琴（2007）指出解决流动人口子女义务教育问题的关键是改革目前基础教育经费的拨款方式，认为应借鉴发源于西方国家的"教育券"制度，让生源流入地政府、流出地政府以及中央政府三方共同承担流动人口子女的教育成本。"教育券"作为对现行义务教育财政拨款体制的补充，能弥补基础教育经费拨款方式对流动学童接受义务教育的政策真空，从制度上保障流动人口子女接受教育。张军凤等人（2007）认为造成流动子女义务教育问题的制度阻隔，是多方利益主体之间相互交织盘割的结果。以多方利益主体为视角，以利益诉求、利益共享、利益供给为脉络，审视各利益主体针对流动子女义务教育而滋生的制度范型，揭示其中存在的利益关系，进而为建立一个长效合理的农民工流动子女义务教育制度，提供比较清晰的分析视域。韦克难（2007）认为制度性原因是造成进城农民工子女义务教育困难的根本原因。解决进城农民工子女义务教育问题，首先应让各级政府认识到农民工子女是潜在的人力资源，同时，应以制度化形式把国家的有关政策固定下来，随迁子女义务教育问题必须通过相关教育制度、政治制度的改革，完善与政策有效执行的过程才能解决。韩嘉玲（2007）从阻碍流动儿童教育主流化的制度障碍角度分析了其造成流动儿童教育问题的影响，并提出采取居住地管理取代户籍管理的教育体制，省市一级流入地政府应确保流动儿童教育经费的投入，城市应积极承担流动儿童教育的责任，探索平等教育及符合流动儿童需求的教育等解决措施。

二、国内进城务工农民随迁子女教育相关研究的启示

(一) 有必要制定一部专门关于流动儿童包括随迁子女在内的教育法

流动儿童包括随迁子女是我国社会转型阶段产生的社会性弱势群体。从立法实践来看,对包括未成年人、妇女、残疾人等在内的弱势群体都制定了专门的法律实行倾斜性保护,以实现实质平等。但是,关于流动儿童包括随迁子女的教育的专门法律,除了1998年《流动儿童少年就学暂行办法》这部教育规章外,还没有一部专门的教育法。从这个意义上来说,我们认为,有必要制定一部专门面向流动儿童包括随迁子女在内的教育法,进一步明确农民工子女受教育过程中中央政府、地方政府以及流入地学校等各方义务主体的责任,落实农民工子女教育经费,简化农民工子女就学手续、制定就学标准等具体事项,保障流动儿童(随迁子女)平等受教育权的真正实现。

(二) 必须改革户籍制度和义务教育现行体制

相关制度的改革是解决随迁子女教育问题的关键。研究者们认为,户籍制度是随迁子女教育问题产生的根源;义务教育实行的是属地管理原则,即城市政府以在校户籍儿童人数或在编教师人数下拨教育经费,如果接收了随迁子女,就会导致政府资金投入不足,教育经费短缺,致使城市公办学校资源紧张,出现高额的借读费和赞助费现象,从而无法有力保障其入学机会的公平。因此,随迁子女义务教育问题必须通过改革户籍制度和现行教育制度,采取居住地管理取代户籍管理的教育体制。

(三) 必须完善政策配套体系,构建政策实施效果评价机制

农民工子女教育问题必须通过相关教育政策体系完善与政策有效执行的过程才能解决。这一政策在执行过程中仍然面临不少的阻碍,政策实施的实际效果和公共目标间还存在一定的差距。有研究者指出,政策制定时缺少相应的政策实施配套措施,使得在政策执行过程中出现政策偏离目标现象,丧失政策本身的正确引导作用。因此,在政策制定时,必须不断完善政策配套体系,构建政策实施效果评价机制,监督政策的有效执行。

(四) 必须建立随迁子女专项资金,确立政府的主体地位

有研究者指出,农民工子女就学问题的解决,"财"是一个轴心因素。

当前，随迁子女教育经费短缺是其教育问题难以解决的重要因素。因此，在义务教育阶段，应该确立中央政府对随迁子女教育的财力支持；以政府为主体，调整义务教育财政体制。建议借鉴发源于西方国家的"教育券"制度，让生源流入地政府、流出地政府以及中央政府三方共同承担随迁子女的教育成本。

（五）加强流入地、流出地政府相关部门、教育行政部门的统筹管理

有研究者指出，由于政策制定本身的问题，流入地、流出地政府及相关部门之间缺乏沟通和协调，教育行政部门对随迁子女学校也缺乏统筹管理，从而导致随迁子女信息的断裂、缺失、教育规划的失误。因此，要加强流入地和流出地政府的合作，建立流入地政府和流出地政府问责制，理顺政府相关部门在随迁子女教育管理上的关系，共同助力于随迁子女教育问题的解决。

（六）构建强大的社会支持系统，提高随迁子女的社会融合度

在随迁子女教育中，全社会的支持力度还不够。因此，提出政府、社区、学校和家庭的协调合作是随迁子女能够接受良好教育的保证。从政府角度，要消除制度排斥和经济排斥、文化排斥，即改善城市舆论环境，增进理解与认同；从社区角度，要创造随迁子女生存的健康友爱环境；从学校角度，要保障随迁子女办学环境、教育质量的不断改善；从家庭角度，要注重随迁子女的第一教育环境，改变家庭教育观念、家教方式，等等。总之，要构建包括政府、社区、学校、家庭等主体在内的强大的社会支持系统，提高随迁子女在城市社会的融合度。

第六章

中国进城务工农民随迁子女教育政策研究

为解决进城务工农民随迁子女的教育问题,自1989年开始至今,从中央到地方陆续出台了一系列相关政策法规,但这些教育政策法规的产生,不是一蹴而就、一成不变的,而是在我国经济社会快速发展的历史背景下,呈现出不断发展变化、从缺失到逐渐完善的演变轨迹,并在演变过程与政策内容上表现了鲜明的特点,逐步形成具有中国特色的进城务工农民随迁子女教育政策法规体系。

第一节　进城务工农民随迁子女教育政策的演变发展

随迁子女教育政策作为我国教育政策的有机组成部分，经历了一个日益清晰的演变过程，相关的教育政策法规内容也日渐丰富和完善。

一、进城务工农民随迁子女教育政策演变过程

随迁子女教育问题是与农村劳动力大流动紧密联系在一起的。随迁子女教育政策的演变，也与国家关于进城务工农民的政策发展和转变有着密切的联系。总的来看，随迁子女教育政策的演变过程可以归纳为以下五个阶段，如图6-1所示。

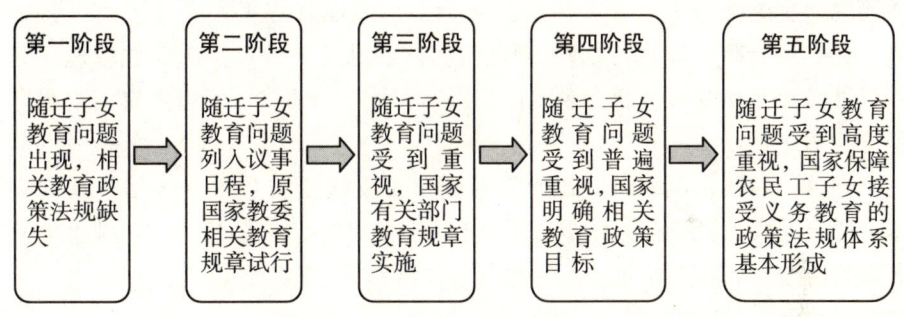

图6-1　进城务工农民随迁子女相关教育政策的演变过程

（一）第一阶段（1989—1994年）：随迁子女教育问题出现，相关教育政策法规缺失

20世纪80年代后期，随着我国对外开放和城市改革的深入，东部沿海地区经济快速发展，对劳动力提出了迫切需求。据有关调查显示，1989年，农村外出务工劳动力由改革开放初期的不到200万人迅速增加到3 000万人。自此，大量跨地区流动就业的农民工春节返乡致使"春运"紧张，每年"春运"都形成蔚为壮观的"民工潮"。

1989年至1991年，国家控制农民盲目向城镇流动。如1989年3月国务院办公厅发出了《关于严格控制民工外出的紧急通知》，同年，公安部、民政部也联合下发《关于进一步做好控制民工盲目外流的通知》；1991年2月

国务院办公厅又发出了《关于劝阻民工盲目去广东的通知》。

1992年邓小平南方谈话发表后，中国经济发展进入了新一轮增长期。同时，为了增加农民收入，国家开始放宽农民进城务工的条件，对农民工的管理政策也由"控制盲目流动"调整为"鼓励、引导和实行宏观调控下的有序流动"。随着政策的变化，农民外出务工就业也出现了新的高潮。据调查，1993年全国农民工达到6 200多万人，比1989年增加了3 200多万人；其中跨省流动的农民工约为2 200万人，比1989年翻了一番多。

20世纪80年代后期至90年代初期，进城务工农民多以"单身进城打工"为主，但仍有一定比例的农民工举家进城。随同父母进城的儿童少年数量尽管有限，但随迁子女教育问题已经出现。

在这一阶段，原《中华人民共和国义务教育法》已于1986年正式颁布实施，其中明确规定"义务教育事业，在国务院领导下，实行地方负责，分级管理。"1992年出台的《中华人民共和国义务教育法实施细则》进一步阐释为"实施义务教育，在国务院领导下，由地方各级人民政府负责，按省、县、乡分级管理。"这种管理体制的核心是义务教育实施属地管理，即适龄儿童少年接受义务教育主要由户籍所在地政府负责，教育经费则按照户籍学生数下拨。

在这一阶段，国家没有出台针对随迁子女接受义务教育的相关政策法规，随迁子女的就学问题按要求在其户籍所在地解决。随迁子女在城里接受教育并不现实，实际上处于一种被忽视和限制的境地。

（二）第二阶段（1995—1997年）：随迁子女教育问题列入议事日程，原国家教委相关教育规章试行

20世纪90年代中期，大量农民工进入城市工作、生活和定居，随迁子女数量明显增加，其教育问题日渐凸显。

1995年，原国家教委将研究解决流动人口子女教育问题列入当年的议事日程，基础教育司义务教育处与原北京市教育科学研究所也开始调查、研究流动人口子女入学问题。同年，原国家教委在北京丰台等全国6个区进行了试点，在此基础上于1996年4月印发了《城镇流动人口中适龄儿童少年就学办法（试行）》，并在北京、天津、上海、河北、浙江、深圳六省、市各选一个区或市进行试点。

该部教育规章共有7章27条，其颁布表明国家对随迁子女教育问题予以关注和认可，并纳入政策制定和实施轨道。该规章在当时进城务工农民相

对集中的省市试点,既是国家对随迁子女接受义务教育的一种政府干预行为,也充分考虑了政策文本的探索性和试验性。

这部教育规章作为针对随迁子女接受义务教育的专项政策,标志着随迁子女教育问题被正式认可。

(三) 第三阶段(1998—2000年):随迁子女教育问题受到重视,国家有关部门教育规章实施

20世纪90年代中后期,我国城市就业面临农民进城务工就业、城镇新增劳动力就业、下岗失业人员再就业"三峰叠加"的严峻形势,一些城市对用人单位招用农民工采取了限制性措施,全国农民工数量增长放缓,一些地方出现农民工短期回流。但这段时期,进城务工农民仍大量涌入大中城市,"举家迁徙"趋势显著,随迁子女人数急剧增加。但由于缺乏相关教育政策的有效保障,随迁子女就学问题日趋突出,在流动中失学情况严重,并已成为国家普及义务教育工作的一个难点和社会关注的热点。

1998年3月2日,以《城镇流动人口中适龄儿童少年就学办法(试行)》在六省、市的试点工作为基础,原国家教委、公安部联合制定和印发了《流动人口儿童少年就学暂行办法》(以下简称《办法》)。

该《办法》共有19条,主要包括以下几个方面的内容:①流动儿童少年常住户籍所在地人民政府应严格控制义务教育阶段适龄儿童少年外流。②流入地人民政府应为流动儿童少年创造条件,提供接受义务教育的机会。流入地教育行政部门应具体承担流动儿童少年接受义务教育的管理职责。③流动儿童少年就学,以在流入地全日制公办中小学借读为主,也可入民办学校、全日制公办中小学附属教学班(组)以及专门招收流动儿童少年的简易学校接受义务教育。④经流入地县级以上人民政府教育行政部门审批,企业事业组织、社会团体、其他社会组织及公民个人,可依法举办专门招收流动儿童少年的学校或简易学校。⑤招收流动儿童少年就学的全日制公办中小学,可依国家有关规定按学期收取借读费。

《办法》对流动儿童少年就学进行了详细规定,是我国第一个解决随迁子女教育问题的权威性教育政策。《办法》首次提出了流入地政府和教育行政部门承担流动儿童少年接受义务教育的责任,强调了"流动儿童少年就学,以在流入地全日制公办中小学借读为主"的要求。这在一定程度上打破了儿童少年必须"以户籍所在地政府为主"接受义务教育的壁垒。但在整体办法中只是抽象地规定"流动儿童少年常住户籍所在地人民政府和流

入地人民政府要互相配合,加强联系,共同做好流动儿童少年接受义务教育工作",并没有出台实施细则。

《办法》第一次全面呈现了随迁子女教育政策,正式承认了随迁子女可以在城市接受义务教育,充分体现了国家对随迁子女教育的政策导向和基本政策保障。

(四)第四阶段(2001—2002年):随迁子女教育问题受到普遍重视,国家明确相关教育政策目标和原则

从2000年下半年开始,农民工政策发生了一些积极的变化。如2000年7月,劳动和社会保障部等部委与国务院发展研究中心联合发出了《关于进一步开展农村劳动力开发就业试点工作的通知》,提出改革城乡分割体制,取消对农民进城就业的不合理限制。2000年第五次人口普查资料显示,我国的流动人口为1.21亿人,74%为农业户口,即进城农民工约8 954万人;同时,年龄主要集中在义务教育阶段的流动儿童为1 982万人,其中,农民工子女近1 500万人。

2001年4月20日,国务院审议通过了《中国妇女发展纲要(2001—2010年)》和《中国儿童发展纲要(2001—2010年)》,并于5月22日正式公布实施。《中国妇女发展纲要(2001—2010年)》将"进一步贯彻落实《中华人民共和国义务教育法》等相关法律法规,重点解决西部贫困地区和少数民族地区女童、残疾女童、流动人口中女童的义务教育问题。帮助失、辍学女童完成九年义务教育。缩小男女童受教育差距"作为"妇女与教育"部分的策略措施之一。

《中国儿童发展纲要(2001—2010年)》将"全面普及九年义务教育,保障所有儿童受教育的权利……流动人口中的儿童基本能接受九年义务教育"作为"保障儿童受教育权利,提高儿童受教育水平"的主要目标之一;并提出了"切实保障残疾儿童、孤儿和流动人口中儿童受教育的权利……完善流动人口中儿童就学制度;根据国家推进城镇化的要求,做好教育规划,满足农村适龄儿童向城镇转移后的就学需要"的策略措施。"两纲"首次对流动儿童的就学问题提出了相对具体的目标要求和应采取的策略措施,是我国随迁子女教育政策的新的发展和突破。"两纲"明确了随迁子女教育政策的发展方向,具有鲜明的政策指导性。

2001年5月29日,国务院印发了《关于基础教育改革与发展的决定》,强调"要重视解决流动人口子女接受义务教育问题,以流入地区政府管理为主，以全日制公办中小学为主，采取多种形式，依法保障流动人口子女接受义务教育的权利。"

这是国家首次强调流入地政府在解决流动人口子女接受义务教育问题上承担主要责任，并首次正式提出"以流入地政府管理为主，以全日制公办中小学为主"作为解决这一问题的基本策略和途径。该项政策为我国随迁子女教育政策奠定了"两为主"的基本原则和基调，简称"两为主"政策。

这一阶段国家正式提出，"流动人口中的儿童基本能接受九年义务教育"；随迁子女教育问题的解决"以流入地政府管理为主，以全日制公办中小学为主"为基本途径。

（五）第五阶段（2003年至今）：随迁子女教育问题受到高度重视，国家保障农民工子女接受义务教育的政策法规体系基本形成

党的十六大以来，国家为了统筹城乡发展，解决农民增收难的问题，对农民外出务工采取了积极引导的政策。2003年1月5日，国务院办公厅发布了1号文件，要求各地取消对企业使用农民工的行政审批，强调对农民工和城镇居民应一视同仁。2003年4月27日，国务院以375号令公布了《工伤保险条例》，从2004年1月1日起开始实施，该条例首次将农民工纳入保险范围。2004年1月1日，中共中央、国务院《关于促进农民增加收入若干政策的意见》提出，进城就业的农民工已经成为产业工人的重要组成部分，为城市创造了财富、提供了税收，城市政府要切实把对进城农民的职业培训、子女教育、劳动保障及其他服务和管理经费，纳入正常的财政预算。

农民外出务工又进入了一个新的发展时期。据国家统计局有关资料显示，2003年农村外出务工的劳动力已达1.14亿人，占农村劳动力的23%，其中举家在外务工的劳动力2 430万人，随父母进入城市的6~14周岁的义务教育阶段适龄儿童约有643万人。

2003年1月5日，国务院办公厅印发了《关于做好农民进城务工就业管理和服务工作的通知》，提出"要保障农民工子女接受义务教育的权利"。其主要内容包括：①流入地政府应采取多种形式，接收农民工子女在当地的全日制公办中小学入学，在入学条件等方面与当地学生一视同仁，不得违反国家规定乱收费，对家庭经济困难的学生要酌情减免费用。②要加强对社会力量兴办的农民工子女简易学校的扶持，将其纳入当地教育发展规划和体系，统一管理。③流入地政府要专门安排一部分经费，用于农民工子女就学工作。④流出地政府要配合流入地政府安置农民工子女入学，对返回原籍就学的,当地学校应当无条件接收,不得违规收费。该《通知》关于农民工子女就学方面的政策不仅是"两为主"政策的延伸和补充,而且有了重大创新和突破,如明确要求农民工子女"在入学条件等方面与当地学生一视同仁";不仅对流入地政府的责任提出了具体要求,进行了详细规定,如要求流入地政府专门安排用于农民工子女就学的专项经费等,而且对流出地政府的相关责任予以了明确的说明。

2003年9月20日,《国务院关于进一步加强农村教育工作的决定》强调,"城市各级政府要坚持以流入地政府管理为主、以公办中小学为主,保障进城务工就业农民子女接受义务教育。"该《决定》再次强调了以"两为主"的方式解决进城务工就业农民子女接受义务教育问题。

2003年9月30日,国务院办公厅转发了教育部、中编办、公安部、国家发改委、财政部、劳动保障部《关于进一步做好进城务工就业农民子女义务教育工作的意见》(以下简称《意见》)。该文件首次把政策对象指向"进城务工就业农民子女",提出了解决进城务工就业农民子女教育的具体政策。其主要内容如下:

①强化流入地政府责任。"进城务工就业农民流入地政府负责进城务工就业农民子女接受义务教育工作,以全日制公办中小学为主。地方各级政府……要建立完善保障进城务工就业农民子女接受义务教育的工作制度和机制,使进城务工就业农民子女受教育环境得到明显改善,九年义务教育普及程度达到当地水平。""流入地政府要制订进城务工就业农民子女接受义务教育的收费标准,减免有关费用,做到收费与当地学生一视同仁。"

②明确流入地政府相关部门的职责。如"教育行政部门要将进城务工就业农民子女义务教育工作纳入当地普及九年义务教育工作范畴和重要工作内容,指导和督促中小学认真做好接收就学和教育教学工作。"另外,对公安部门、发展改革部门、财政部门、机构编制部门、劳动保障部门以及价格主管部门、城市人民政府的社区派出机构的职责进行了具体化的表述。

③强调"充分发挥全日制公办中小学的接收主渠道作用"。要求"在评优奖励、入队入团、课外活动等方面,学校要做到进城务工就业农民子女与城市学生一视同仁。"

④明确提出"加强对以接收进城务工就业农民子女为主的社会力量所办学校的扶持和管理。"并要求各地"将这类学校纳入民办教育管理范畴,尽快制订审批办法和设置标准,设立条件可酌情放宽,但师资、安全、卫生等方面的要求不得降低。"

⑤要求"加强宣传引导，营造全社会关心和支持进城务工就业农民子女义务教育工作的良好氛围。"并强调"要将保障进城务工就业农民子女义务教育工作作为城市精神文明建设的一项重要内容，充分发挥各种宣传媒体的作用，宣传各级政府及有关部门制定的方针政策、工作规划、办法措施和实际工作中取得的成绩和经验。"

该文件提出了做好随迁子女教育工作的核心目标，即"进城务工就业农民子女九年义务教育普及程度达到当地水平"，强调对随迁子女实行两个"一视同仁"，即在评优奖励、入队入团、课外活动和收费方面，进城务工就业农民子女与城市学生一视同仁，收费与当地学生一视同仁。该文件标志着我国对做好进城务工就业农民子女义务教育工作进行了全面部署，是继原国家教委和公安部出台的《办法》后又一个解决随迁子女教育问题的权威性教育政策。

2004年2月26日，《中共中央国务院关于进一步加强和改进未成年人思想道德建设的若干意见》提出，要高度重视流动人口家庭子女的义务教育问题，进城务工就业农民流入地政府要建立和完善保障进城务工就业农民子女接受义务教育的工作制度和机制。该《意见》指出，"要高度重视流动人口家庭子女的义务教育问题。进城务工就业农民流入地政府要建立和完善保障进城务工就业农民子女接受义务教育的工作制度和机制。流出地政府要积极配合做好各项服务工作。"这是我国第一次强调高度重视流动人口家庭子女的义务教育问题，标志着我国随迁子女教育政策进入了新的发展时期。

2006年3月27日，《国务院关于解决农民工问题的若干意见》正式发布，该意见提出，要"保障农民工子女平等接受义务教育"。该文件第一次鲜明地提出"保障农民工子女平等接受义务教育"，标志着国家确立了"以人为本"，让随迁子女平等接受义务教育的新的政策理念，"保障农民工子女平等接受义务教育"自此成为随迁子女教育政策的核心指导思想。再次强调了"两为主"的政策原则，即"输入地政府要承担起农民工同住子女义务教育的责任，将农民工子女义务教育纳入当地教育发展规划，列入教育经费预算，以全日制公办中小学为主接收农民工子女入学"。同时，要求"城市公办学校对农民工子女接受义务教育，要与当地学生在收费、管理等方面同等对待，不得违反国家规定向其加收借读费及其他任何费用。"

2006年6月，新修订的《中华人民共和国义务教育法》第十二条第二款规定："父母或者其他法定监护人在非户籍所在地工作或者居住的适龄儿童、少年，在其父母或者其他法定监护人工作或者居住地接受义务教育的，当地人民政府应当为其提供平等接受义务教育的条件。具体办法由省、自治区、直辖市规定。"该法于 2006 年 9 月 1 日起正式实施，为随迁子女平等接受义务教育提供了法律保障，为解决好随迁子女教育问题奠定了法律依据。

2007 年 7 月，中央组织部、全国妇联、教育部、公安部、民政部、卫生部、共青团中央七部门联合下发《关于贯彻落实中央指示精神积极开展关爱农村留守流动儿童工作的通知》，开展联手行动，致力于有效解决农村留守、流动儿童问题。

2008 年 8 月 12 日，《国务院关于做好免除城市义务教育阶段学生学杂费工作的通知》正式发布，明确要求"切实解决好进城务工人员随迁子女就学问题"。该文件重申："进城务工人员随迁子女接受义务教育要以流入地为主、公办学校为主解决。"同时，从以下四个方面提出了具体的政策措施。

①地方各级人民政府要将进城务工人员随迁子女义务教育纳入公共教育体系，根据进城务工人员随迁子女流入的数量、分布和变化趋势等情况，合理规划学校布局和发展。

②对符合当地政府规定接收条件的进城务工人员随迁子女，要按照相对就近入学的原则统筹安排在公办学校就读，免除学杂费，不收借读费。地方各级人民政府要按照预算内生均公用经费标准和实际接收人数，对接收进城务工人员随迁子女的公办学校足额拨付教育经费。

③对接收进城务工人员随迁子女较多、现有教育资源不足的地区，政府要加大教育资源统筹力度，采取切实有效措施，改善学校办学条件，加大对校长和教师配备工作的支持力度，保证学校教育教学的基本需要。

④中央财政将对进城务工农民随迁子女接受义务教育问题解决较好的省份给予适当奖励。

该文件进一步强调和细化了流入地政府的责任，对符合当地政府规定接收条件的进城务工人员随迁子女，首次明确提出"不收借读费"；同时，中央财政"给予适当奖励"的提法，表明我国随迁子女教育工作开始得到中央财政支持。

从 2003 年至今，国家在这一阶段就农民工子女义务教育问题出台了一系列法律、法规和政策，为农民工子女接受义务教育提供了有效的制度保障。

二、进城务工农民随迁子女教育政策发展情况

（一）部分省级地方性法规和相关政策

1. 北京市相关教育规章和政策

2002年4月3日，北京市政府转发了北京市教委《北京市对流动人口中适龄儿童少年实施义务教育的暂行办法》，提出了"以区县管理为主，以公办中小学接收为主"的原则。

2004年8月27日，北京市政府办公厅转发了市教委等部门《关于贯彻国务院办公厅进一步做好进城务工就业农民子女义务教育工作文件的意见》。该文件由北京市教委、市发展改革委、市编办、市公安局、市财政局、市民政局、市卫生局、市劳动保障局、市国土局、市政府教育督导室10个部门联合制定，明确提出"来京务工就业农民子女义务教育工作要遵循'政府负责、齐抓共管、公办为主、依法规范'的原则。"其中有关政策如下：

①各地区、市政府各有关部门要通过建立有效工作机制，采取多种形式，确保符合就学条件的来京务工就业农民适龄子女在京接受义务教育。

②来京务工就业农民子女在京接受义务教育的收费与本市户籍学生一视同仁。自2004年9月新学年开始，全市实施义务教育的公办小学和初中，对符合来京务工就业农民子女条件的借读生免收借读费。

③公办学校的教职工编制按照在校实际学生数进行核定。

④各区县政府负责保证公办中小学办学所需正常经费，区县财政要按学校实际在校学生人数和定额标准划拨生均经费。

2005年9月29日，北京市教育委员会印发了《关于加强流动人口自办学校管理工作的通知》，提出了"坚持'扶持一批、审批一批、淘汰一批'的工作思路，尽快规范流动人口自办学校管理工作"的政策要求。

2. 广东省相关教育政策法规

2004年7月6日，广东省人民政府办公厅印发了《转发〈国务院办公厅转发教育部等部门关于进一步做好进城务工就业农民子女义务教育工作意见〉的通知》，要求"对进城务工就业农民子女的借读费和择校费予以免收，并酌情减免家庭经济困难进城务工就业农民子女的有关费用。"并指出："要把进城务工就业农民子女的义务教育纳入当地义务教育范畴，统一

规划，统一管理，促进民办学校均衡发展，提高教育整体水平。要充分挖掘潜力，增加公办中小学的学位，保证进城务工就业农民子女能够进入公办中小学就读"。

2004年8月，广东省委省政府发布《广东省教育现代化建设纲要（2004—2020年）》。其中第十八条规定："各级政府要切实承担起非户籍常住人口的义务教育责任。按照以公办学校为主、以常住地为主的要求，采取多种形式解决非户籍常住人口子女义务教育问题，积极鼓励社会力量参与承担非户籍常住人口子女义务教育，进一步规范和完善非户籍常住人口的界定和统计办法。"

2005年8月，广东省人民政府印发《广东省教育现代化建设纲要实施意见（2004—2010年）》，其中第一部分第（七）条规定："认真解决非户籍常住人口子女义务教育问题。按照流入地政府管理为主、全日制公办学校为主的原则，把非户籍常住人口子女义务教育，纳入义务教育发展总体规划统筹安排。"随后，《实施意见》还规定，要鼓励社会力量参与举办面向进城就业务工人员子女的公益性学校；所需经费应纳入流入地政府的正常财政预算，可从城市教育费附加中安排部分经费用于非户籍学生就读的学校。此外，《实施意见》还明确了对随迁子女的分类处理办法，并赋予地级以上市自主制定具体管理措施的权力。

2006年9月1日，广东省人民政府发布《关于进一步加强农民工工作的意见》，该意见强调"统筹解决农民工子女接受义务教育问题"。同时，明确要求"输入地政府要把农民工同住子女义务教育纳入当地教育发展规划和教育经费预算。以全日制公办中小学为主接收农民工子女入学，并按照实际在校人数拨付学校公用费用。"同时，鼓励"各地要充分挖掘现有公办学校潜力，有条件的地区可兴办专门招收农民工子女的公办学校。"并指出："对接收以农民工子女入学为主的各类正规民办学校，各级政府要大力扶持，加强管理。"

3. 上海市相关教育政策法规

1998年8月，上海市教委颁布《上海市外来流动人口中适龄儿童少年就学暂行办法》，确定了流动人口子女教育的管理原则与办法。

2004年2月，上海市人民政府颁发了《上海市人民政府办公厅转发市教委等七部门关于切实做好进城务工就业农民子女义务教育工作意见的通知》，要求各区县政府和有关部门贯彻进城务工就业农民子女义务教育"以流入地政府管理为主、以全日制公办中小学就读为主"的原则，确保符合就学条件的进城务工就业农民子女在本市接受义务教育，确保已就学的进城务工就业农民子女得到与本市同龄学生同等的义务教育。

2004年6月，上海市教育委员会颁发《关于进一步加强上海市以接收进城务工就业农民子女为主学校管理工作的意见》（沪教委基〔2004〕44号），对民工子女学校的办学条件作出了规定。

2006年，上海市教育委员会等五家单位制定了《上海市教育委员会等五单位关于进一步做好进城务工就业农民子女学校安全管理工作的意见》，对进城务工农民随迁子女学校的安全工作提出了具体要求。

2006年10月，上海市人民政府颁发《关于上海市农民工工作的实施意见》（沪府发〔2006〕44号），明确建立以农民工现居住地所在区县政府为主的就学管理体制，将进城务工农民随迁子女义务教育纳入上海市教育事业发展规划，把社会力量办进城务工农民随迁子女学校纳入上海市义务教育管理体制。

2008年1月21日，上海市教育委员会颁布实施《关于进一步做好本市农民工同住子女义务教育工作的若干意见》。

该《意见》明确提出，2008年，上海义务教育阶段公办中小学接收外来流动人口子女的比重要提高到60%，"十一五"期间力争达到70%左右，同时，初中阶段适龄农民工同住子女要进入全日制公办学校就读。该《意见》还规定了民办农民工子女小学设立的基本条件，并对上海市进一步加强农民工同住子女义务教育的工作提出了目标，争取到2010年，基本完成农民工子女学校纳入民办教育管理工作。要求各区县要根据区域经济社会发展和城镇建设情况，配足公办学校，扩大公办中小学资源。根据区域规划，确需通过民办学校来解决农民工同住子女入学问题的，可委托现有民办中小学招收农民工同住子女。

4.重庆市相关教育政策法规

2003年，重庆市教委下发《进一步做好进城务工就业农民工子女接受义务教育工作的通知》，主要包括以下内容：进城务工就业农民流入地政府（以下简称流入地政府）负责进城务工就业农民子女接受义务教育工作，以全日制公办中小学为主；流入地政府要制定有关行政规章，协调有关方面，切实做好进城务工就业农民子女接受义务教育工作；充分发挥全日制公办中小学的接收主渠道作用；全日制公办中小学要充分挖掘潜力，尽可能多地接收进城务工就业农民子女就学；建立进城务工就业农民子女接受义务教育的经费筹措保障机制。

2008年,《重庆市义务教育阶段学校学籍管理办法》出台,主要规定流动人口子女(含进城农民工子女)入学,由父母或其他法定监护人,带上身份证、原籍户口、用人单位工作证明、临时居住证等相关证明,到暂住地的区县教育行政部门申请,按照就近入学的原则指定学校就读。《办法》规定,公办中小学不得拒收由区县教育行政部门安排的流动人口子女。

考虑到进城务工农民居住的特点,重庆现在主要划定一些城乡结合部、生源相对较少的学校来接纳农民工子女。一方面,要求凡是符合条件的农民工子女,都可就近免试入学;凡是应该接受义务教育的流动人口子女,学校要无条件接收。另一方面,要求定点接收进城务工农民随迁子女的学校,在接收进城务工农民随迁子女后,均衡地安排在相应的年级和班级,在入学的第一个关口淡化"流动人口子女"概念,实施平等管理。

(二)其他区域政策

1. 深圳市相关教育政策法规

2005年,深圳市出台了《关于加强和完善人口管理工作的若干意见》及《深圳市暂住人口子女接受义务教育管理办法(试行)》等五个配套文件。在上述"1+5"文件中,明确将暂住人口子女义务教育纳入城市社会年度发展计划,在政府投资项目年度投资计划中,增加资金安排力度,保证中小学新建、改扩建项目建设需要,及时满足义务教育学位需求。编制部门将根据公办学校在校生的实际数量,核定学校教职工编制数,财政部门按编制数核拨公办学校人员经费,按公办学校实际在校人数和生均公用经费定额标准,拨付学校日常公用经费;同时要求,公安部门在办理暂住证和居住证时,收录暂住人口在深圳市居住年限等信息,及时提供6~15周岁暂住人口的有关数据。

2006年12月2日,深圳市发布了《深圳市人民政府关于进一步加强农民工工作的意见》,该《意见》要求,将农民工子女教育统一纳入全市教育发展规划,统筹安排就读、统一学籍管理、统一教育管理,鼓励多途径解决农民工子女教育问题;加快建立少儿住院保险制度,并将随农民工在深圳居住和就读的农民工子女纳入住院医疗保障范围。

2. 浙江省部分地区相关教育政策

2004年,杭州市政府出台了《杭州市进城务工农民随迁子女在杭就学的暂行管理办法(试行)》,对进城务工农民随迁子女的入学条件和程序、入学原则、升学、多种形式解决进城务工农民随迁子女就学等问题作出了明确的规定。

2006年,义乌市政府出台了《义乌市人民政府关于进一步做好流动儿童少年义务教育工作的意见》,对进城务工农民随迁子女的入学条件和程序、多种形式解决进城务工农民随迁子女就学、经费保障机制、学籍管理等问题作出了明确的规定。

第二节 进城务工农民随迁子女教育政策的特点分析

本节以我国现有随迁子女教育政策文本为主要依据,通过对政策演变过程和政策文本的分析,了解和把握我国随迁子女教育政策的主要特点。

一、进城务工农民随迁子女教育政策演变的基本特点

纵观我国随迁子女教育政策演变的过程,主要有以下几个特点。

(一)政策制定从缺失状态到滞后于农民工政策

从20世纪80年代后期到90年代初期,我国一直没有针对随迁子女的教育政策法规,这方面的教育政策处于缺失状态。从1996年原国家教委《城镇流动人口中适龄儿童、少年就学办法(试行)》出台,到如今一系列有关教育法律、法规和政策体系的基本形成,与中国进城务工农民政策的制定相比,随迁子女教育政策总体滞后。这与进城务工农民最初的单身进城有密切关系,也就是说,随迁子女教育问题,到大批进城务工农民举家进城才真正凸显。而从政策层面来看,直到2003年国务院办公厅转发《关于进一步做好进城务工就业农民子女义务教育工作的意见》,我国才第一次把政策对象集中指向进城务工就业农民子女。

(二)政策实施从试点运行到全面执行

1996年我国出台的教育规章《城镇流动人口中适龄儿童少年就学办法(试行)》,仅在全国六省、市各选一个区或市,进行试点。该政策先在进城务工农民相对集中的部分区域予以实施,有明确的试验性质,反映了国家教育决策部门审慎的态度、探索的思路。自1998年原国家教委与公安部联合颁布《流动儿童少年就学暂行办法》(以下简称《办法》),到之后一系列

政策法规的实施,均是在全国全面执行,一方面是因为随迁子女教育问题日益突出,具有其合理性和合法性;另一方面也是因为国家将这一社会问题纳入了政策制定实施轨道,在尊重其阶段性的同时形成了延续的政府行为。

(三) 政策导向从限制、差别对待到公平对待

20世纪90年代中后期出台的《城镇流动人口中适龄儿童少年就学办法(试行)》和《办法》反映出强烈的"限制"和"差别对待"的政策导向。如前者提出,"城镇流动人口中适龄儿童、少年户籍所在地教育行政部门,应建立严格的适龄儿童、少年流动管理制度。"后者更是强调,"流动儿童少年常住户籍所在地人民政府应严格控制义务教育阶段适龄儿童少年外流。"另外,两部教育规章均强调流入地学校对随迁子女按"借读生"对待,可收取借读费,如《办法》指出,"流动儿童少年就学,以在流入地全日制公办中小学借读为主"。从20世纪初以来出台的相关政策法规,则逐步取消限制政策,淡化"借读"的提法,政策导向转变为保障随迁子女接受义务教育的权利,2006年以来,更是强调保障随迁子女平等接受义务教育,这充分反映了国家公平对待随迁子女接受义务教育的价值取向。

(四) 政策文本从单一的教育规章发展到一系列教育法律、法规和政策

随迁子女政策的演变反映在政策文本上,特点尤为突出。从最初的两部部门教育规章,到之后的一系列政府规范性文件、新修订的《中华人民共和国义务教育法》等,政策文本的强制性、约束力、针对性和有效性逐步增强。政策文本从单一的教育规章发展为一整套政策法规体系,日渐丰富和完善,也表明我国将对随迁子女接受义务教育提供有效的制度保障。如表6-1所示。

表6-1 中国随迁子女教育相关法律法规和政策

政策类型		法律法规政策文本	实施时间
国家法律	教育单行法律	《中华人民共和国义务教育法》第十二条第二款	2006年9月1日
	其他单行法律	《中华人民共和国未成年人保护法》第二十八条:"各级人民政府应当保障未成年人受教育的权利,并采取措施保障家庭经济困难的、残疾的和流动人口中的未成年人等接受义务教育。"	2007年6月1日

续表

政策类型	法律法规政策文本	实施时间
国家教育规章	《城镇流动人口中适龄儿童少年就学办法（试行）》	1996年4月
	《流动儿童就学暂行办法》	1998年3月2日
国家规范性文件	《中国妇女发展纲要（2001—2010年）》《中国儿童发展纲要（2001—2010年）》	2001年5月22日
	《国务院关于基础教育改革与发展的决定》	2001年5月29日
	《国务院办公厅关于做好农民进城务工就业管理和服务工作的通知》	2003年1月5日
	《国务院关于进一步加强农村教育工作的决定》	2003年9月20日
	国务院办公厅转发教育部等部门《关于进一步做好进城务工就业农民子女义务教育工作的意见》	2003年9月30日
	《中共中央国务院关于进一步加强和改进未成年人思想道德建设的若干意见》	2004年2月26日
	《国务院关于解决农民工问题的若干意见》	2006年3月27日
	《国务院关于做好免除义务教育阶段学生学杂费工作的通知》	2008年8月12日

（五）政策理念日益凸显教育公平和均衡发展思想

在随迁子女教育政策演变过程中，国家从2001年提出"流动人口中的儿童基本能接受九年义务教育"，到2003年要求"保障进城务工就业农民子女接受义务教育"；再到2006年以来强调"保障农民工子女平等接受义务教育"，有一条清晰的政策脉络。教育政策的核心理念从维护随迁子女受教育权利转变为保障随迁子女平等接受义务教育的权利，随迁子女教育政策已经吸收并凸显了教育公平和教育均衡的发展思想，这种转变发生在短短几年时间，无疑折射出时代和社会的巨大进步。

随迁子女教育是我国义务教育的重要组成部分，而我国当前已经进入全面普及九年义务教育的新阶段。随迁子女和经济困难家庭子女作为义务教育领域的弱势群体,能否平等接受义务教育,事关教育公平和社会公平,事关促进义务教育均衡发展、坚持教育公益性质,事关推进以改善民生为重点的社会建设。国家政策鲜明地强调保障随迁子女平等接受义务教育,为这项政策的进一步发展确定了基调,也预示着国家将进一步完善这项政策,并将强有力地推进这项政策的实施。

二、进城务工农民随迁子女教育政策内容的基本特点

从上述对中国进城务工农民随迁子女教育政策的解读中,我们可以清晰地发现,随着政策文本的演变,政策内容也在不断地发展,并呈现出一些基本特点。

(一) 政策对象的表述日趋规范、严谨和科学

中国进城务工农民随迁子女教育的政策对象在政策文本的演变中,其表述主要有以下几种方式:一是"城镇流动人口中适龄儿童少年";二是"流动儿童少年";三是"流动人口子女";四是"农民工子女";五是"进城务工就业农民子女";六是"进城务工人员随迁子女"。如表6-2所示。

表6-2 中国随迁子女教育政策对象变化

政策对象	政策文本	时间	政策制定部门
城镇流动人口中适龄儿童少年	《城镇流动人口中适龄儿童少年就学办法(试行)》	1996年4月	原国家教委
流动儿童少年	《流动儿童少年就学暂行办法》	1998年3月	原国家教委、公安部
流动人口子女	《国务院关于基础教育改革与发展的决定》	2001年5月	国务院
农民工子女	《国务院办公厅关于做好农民进城务工就业管理和服务工作的通知》	2003年1月	国务院办公厅
进城务工就业农民子女	《国务院关于进一步加强农村教育工作的决定》	2003年9月	国务院
进城务工人员随迁子女	《国务院关于做好免除义务教育阶段学生学杂费工作的通知》	2008年8月	国务院

政策对象的表述变化，不仅与中国随迁子女教育问题的日趋突出有密切关系，而且也反映了国家把随迁子女教育问题从教育政策问题逐步上升到公共政策问题的认识、变化过程。同时，国家对"流动人口"的定位转变为"农民工"和"进城务工人员"，也凸显了进城务工农民在我国城市化进程中的重要作用和价值。"城镇流动人口中的适龄儿童少年"逐渐演变成"进城务工人员随迁子女"这一政策对象的表述日趋规范、严谨和科学，这种变化充分反映了国家不断重视随迁子女教育问题的过程。

（二）政策执行主体职责从常住户籍所在地政府、流入地政府负责到以流入地政府为主，流出地政府配合

中国随迁子女教育的政策执行主体变化经历了两个阶段，第一个阶段的政策执行主体职责是常住户籍所在地政府和流入地政府共同负责，时间跨度为1998年到2000年；第二个阶段的政策执行主体职责是流入地政府为主，流出地政府予以配合，时间跨度为2001年至今。如表6-3所示。

表6-3 中国随迁子女教育政策执行主体职责变化

政策执行主体职责	政策内容	政策文本
常住户籍所在地政府、流入地政府共同负责	流动儿童少年常住户籍所在地人民政府应严格控制义务教育阶段适龄儿童少年外流。流入地人民政府应为流动儿童少年创造条件，提供接受义务教育的机会。 流动儿童少年常住户籍所在地人民政府和流入地人民政府要互相配合，加强联系，共同做好流动儿童少年接受义务教育工作。	《流动儿童少年就学暂行办法》
以流入地区政府管理为主	要重视解决流动人口子女接受义务教育问题，以流入地区政府管理为主……依法保障流动人口子女接受义务教育的权利。	《关于基础教育改革与发展的决定》
流入地政府负责，流出地政府积极配合	进城务工就业农民流入地政府负责进城务工就业农民子女接受义务教育工作，以全日制公办中小学为主。 进城务工就业农民流出地政府要积极配合流入地政府做好外出务工就业农民子女义务教育工作。	《关于进一步做好进城务工就业农民子女义务教育工作的意见》

从第一阶段的政策执行主体来看，常住户籍所在地政府的责任是控制流动儿童少年外流，流入地人民政府的责任是为流动儿童少年提供接受义务教育的机会，两地政府应互相配合，加强联系，共同做好流动儿童少年接受义务教育工作。这一阶段强调户籍地政府的责任，从某种程度上为流动儿童少年进城就学设立了"户籍壁垒"，流动儿童少年常住户籍所在地有监护条件的，只能在本地就学。

第二阶段对政策执行主体的职责进行了调整，强调以流入地政府为主，明确了流出地政府的配合责任。这一阶段，"流出地政府"的提法悄然替代了"常住户籍所在地政府"的表述，反映了国家淡化户籍问题，有意削弱户籍制度对流动儿童少年进城就学影响的政策思想。

（三）政策目标从模糊、抽象到清晰、具体

中国随迁子女教育政策目标，随着政策文本的变化，有一个逐渐明晰的发展过程。1998年提出的"使流动儿童少年依法接受规定年限义务教育"目标，并未明确规定流动儿童少年在何处接受规定年限义务教育，并且"依法"比较模糊，之前的教育法律法规尚无针对流动儿童少年接受义务教育的明确规定。2001年提出的"流动人口中的儿童基本能接受九年义务教育"目标，除了首次鲜明地提出政策目标之外，同样比较抽象和原则，不够具体。到2003年，随迁子女教育政策目标的表述是："建立完善保障进城务工就业农民子女接受义务教育的工作制度和机制，使进城务工就业农民子女受教育环境得到明显改善，九年义务教育普及程度达到当地水平。"这一目标非常清晰、具体，为政策执行和实施提供了参照标准和考核依据。2006年提出的"保障农民工子女平等接受义务教育"目标，则言简意赅，更进一步，其具体保障措施也非常有力。如表6-4所示。政策目标的演变，充分反映了我国随迁子女教育政策理念从维护受教育权利到保障平等接受义务教育的过程。

表6-4 中国随迁子女教育政策目标发展变化

时间	政策目标	政策文本
1998年	使流动儿童少年依法接受规定年限义务教育。	《流动儿童少年就学暂行办法》
2001年	流动人口中的儿童基本能接受九年义务教育。	《中国儿童发展纲要2001—2010年）》

续表

时间	政策目标	政策文本
2003 年	要建立完善保障进城务工就业农民子女接受义务教育的工作制度和机制，使进城务工就业农民子女受教育环境得到明显改善，九年义务教育普及程度达到当地水平。	《关于进一步做好进城务工就业农民子女义务教育工作的意见》
2006 年	保障农民工子女平等接受义务教育。将农民工子女义务教育纳入当地教育发展规划，列入教育经费预算，以全日制公办中小学为主接收农民工子女入学，并按照实际在校人数拨付学校公用经费。	《国务院关于解决农民工问题的若干意见》

（四）就学方式从"借读"到"接收"、教育管理和收费从"差别对待"到"一视同仁""同等对待"

中国随迁子女在流入地就学方式的转变，也是教育政策内容发展变化的重要方面。从"借读"到"接收"，从"差别对待"到"一视同仁""同等对待"，反映了国家对中国随迁子女就学的政策态度变化。如表 6-5 所示。

表 6-5　中国随迁子女就学方式变化

时间	就学方式	政策文本	政策态度
1998 年 3 月	流动儿童少年就学，以在流入地全日制公办中小学借读为主。招收流动儿童少年就学的全日制公办中小学，可依国家有关规定按学期收取借读费。	《流动儿童少年就学暂行办法》	借读为主、差别对待
2003 年 1 月	流入地政府应采取多种形式，接收农民工子女在当地的全日制公办中小学入学，在入学条件等方面与当地学生一视同仁，不得违反国家规定乱收费，对家庭经济困难的学生要酌情减免费用。	《国务院办公厅关于做好农民进城务工就业管理和服务工作的通知》	接收、入学条件等方面一视同仁

续表

时 间	就学方式	政策文本	政策态度
2003年9月	充分发挥全日制公办中小学的接收主渠道作用。 在评优奖励、入队入团、课外活动等方面,学校要做到进城务工就业农民子女与城市学生一视同仁。 流入地政府要制定进城务工就业农民子女接受义务教育的收费标准,减免有关费用,做到收费与当地学生一视同仁。	《关于进一步做好进城务工就业农民子女义务教育工作的意见》	接收、教育管理一视同仁、收费一视同仁
2006年3月	以全日制公办中小学为主接收农民工子女入学,并按照实际在校人数拨付学校公用经费。 城市公办学校对农民工子女接受义务教育,要与当地学生在收费、管理等方面同等对待,不得违反国家规定向其加收借读费及其他任何费用。	《国务院关于解决农民工问题的若干意见》	接收、收费、管理等方面同等对待

(五) 对社会力量所办学校从积极扶持到加强扶持和管理

中国随迁子女教育政策中关于社会力量所办学校的内容,主要在《流动儿童少年就学暂行办法》和《关于进一步做好进城务工就业农民子女义务教育工作的意见》这两个权威性文件中有比较详细的规定。相关政策内容的变化一是表现在对社会力量所办学校的"称谓"上,从简易学校到社会力量所办学校(纳入民办教育管理范畴),逐步规范;二是表现在对其在解决农民工子女义务教育问题中所起作用的认可和肯定上,即从认可到充分肯定其重要作用。如表6-6所示。

表 6-6 关于中国随迁子女就读社会力量所办学校的政策内容比较

政策文本	政策内容	政策态度
《流动儿童少年就学暂行办法》	企业事业组织、社会团体、其他社会组织及公民个人，可依法举办专门招收流动儿童少年的学校或简易学校。	认可
	办学经费由办学者负责筹措，流入地人民政府和教育行政部门应予以积极扶持。	积极扶持
	简易学校的设立条件可酌情放宽，允许其租赁坚固、适用的房屋为校舍。	强调校舍安全
《关于进一步做好进城务工就业农民子女义务教育工作的意见》	各地要将这类学校纳入民办教育管理范畴。	落实地位
	加强对以接收进城务工就业农民子女为主的社会力量所办学校的扶持和管理。	充分肯定
	地方各级政府特别是教育行政部门要对这类学校给予关心和帮助，在办学场地、办学经费、师资培训、教育教学等方面予以支持和指导。对办学成绩显著的要予以表彰。	加强扶持
	要加强对这类学校的督导工作，规范其办学行为，促进其办学水平和教育质量的提高。设立条件可酌情放宽，但师资、安全、卫生等方面的要求不得降低。	加强管理，强调师资、安全、卫生等

第三节 进城务工农民随迁子女教育政策的实施情况

近几年，"两为主"政策是中国随迁子女教育政策的核心内容，在实施过程中"两为主"政策在部分地区得到了有效贯彻，但在实施的同时从执行主体的执行力、政策本身的合理性、政策实施后的效果等方面也反映出了一些不容忽视的问题。而这些问题的产生，必然受到相关制度、资源、执行主客体及监督机制等因素的制约。当然，我们也要辩证理解"两为主"政策。流入地公办学校为主是多形式的为主，不一定把农民工子女全部接入公办学校就是完全落实了"两为主"政策。由政府统筹和协调，并给予一定的扶持或者补贴，也是"两为主"政策非常重要的体现。

一、进城务工农民随迁子女教育政策实施现状

2005 年，国家提出了农村义务教育阶段"两免一补"政策，并首先在全国 592 个国家扶贫开发工作重点县开始实施。"两免"，即免除学杂费、课本费；"一补"，即对住宿学生补助住宿生活费。同时，对城市义务教育阶段学生继续执行"一费制"收费政策，随迁子女在城市义务教育阶段学校就读的，与所在城市学生享受同等政策。

（一）对"两免一补"政策的知晓度

问卷调查表明，随迁子女家长对"两免一补"政策的知晓度平均不足 50%。分析显示，45% 的随迁子女家长对政策非常了解和比较了解，55% 的随迁子女家长对政策不太了解和不了解。如图 6-2 所示。根据单因素方差分析（如表 6-8 所示）和均值比较（如表 6-7 所示）发现，三类学校的随迁子女家长对政策知晓的程度有显著差异，且公办学校随迁子女家长对"两免一补"政策或相关政策的了解程度相对较高。

从了解渠道来讲，随迁子女家长对"两免一补"政策的了解主要来自于媒体（37.4%）、教育部门及学校宣传（37.3%），还有部分家长则是从亲戚朋友或孩子那里知晓的（25.3%）。

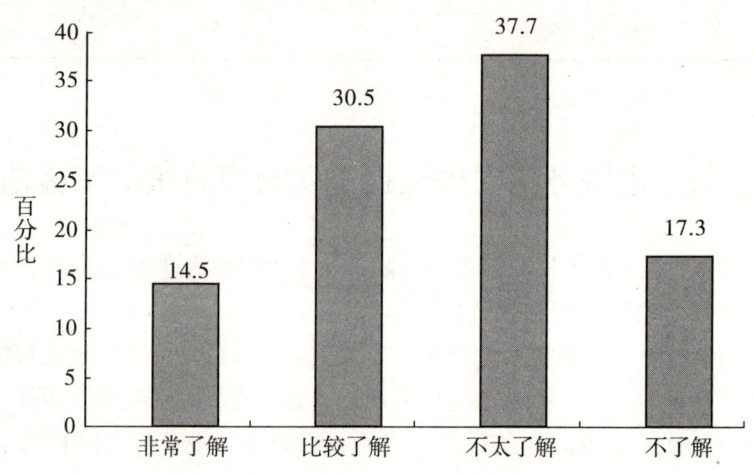

图 6-2　随迁子女家长的政策知晓情况（%）

表6-7 不同类型学校随迁子女家长对"两免一补"政策了解的均值比较

学校性质	均值	标准差	差值的95%可信区间	
			下限	上限
公办学校	2.51	.909	2.45	2.56
民办学校	2.62	.955	2.56	2.67
未获准打工子弟学校	2.66	.959	2.56	2.76
总均值	2.58	.939	2.54	2.62

注：均值越大表示对政策的了解程度越低。

表6-8 不同类型学校随迁子女家长对"两免一补"政策了解的方差分析

变异类型	离均差平方和	自由度	均方	F值	P值
组间变异	9.268	2	4.634	5.725	.005
组内变异	2 133.888	2 429	.879	—	—
总变异	2 143.156	2 431	—	—	—

注：P值<0.05，表示不同样本之间呈现差异性。

（二）"两免一补"政策的影响

调查显示，"两免一补"政策实施后，进城务工农民随迁子女在城市就学的变化在有些城市不明显，如在北京，大部分校长认为"两免一补"的政策刚实施，还没看到对随迁子女在城市上学产生的影响，有相当一部分家长把孩子带入城市就读，主要还是想接受城市的优质教育。而在有些城市，"两免一补"政策的实施产生了一定的影响，如广州、深圳等地的部分校长表示"两免一补"政策实施后，城市就学的农民工子女减少了，回原地读书的学生增加了。

但是，在家长调查中，家长们对"两免一补"政策了解后，选择让子女继续留在本地上学的比重反而增大。57.6%的随迁子女家长在知道"两免一补"政策后，打算让孩子留在本地继续在现在的学校上学。其中，有这样打算的公办学校随迁子女家长占66.9%，民办学校随迁子女家长占54.0%；未获准打工子弟学校家长占42.2%。上述数据与此前不同类型学校随迁子女家长对"初中毕业后对孩子的打算"的回答态度基本保持一致，留在本地继续上学的比重仍然在各类学校随迁子女家长中占多数，而且三类学校的随迁子女家长打算让孩子继续留在本地上学的人数均有所上升，回乡上高中的人数则有所下降。

二、进城务工农民随迁子女教育政策实施效果

(一) 实施的积极效果

《国务院办公厅转发教育部等部门关于进一步做好进城务工就业农民子女义务教育工作意见的通知》(国办发〔2003〕78号)中规定:"进城务工就业农民流入地政府(以下简称流入地政府)负责进城务工就业农民子女接受义务教育工作,以全日制公办中小学为主。地方各级政府特别是教育行政部门和全日制公办中小学要建立完善保障进城务工就业农民子女接受义务教育的工作制度和机制,使进城务工就业农民子女受教育环境得到明显改善,九年义务教育普及程度达到当地水平。"

1. 流入地政府积极协作,采取多种措施解决随迁子女教育的各类问题

各地政府按照上述规定,逐渐开放公办学校,使公办学校日益成为接受随迁子女的主要学校。访谈结果显示,12座城市接收随迁子女的学校类型由于各地实际情况不同,呈现一定的差异性,但整体上公办学校在大多数城市已经发挥了主渠道作用。本次调查的12座城市当地政府及教育行政部门都出台了一系列有关农民工子女教育的重要文件,采取了多种重要举措。如表6-9至表6-20所示。

表6-9 北京市随迁子女教育相关政策文件及采取的主要措施

出台的重要文件	①2002年4月3日,北京市政府转发了北京市教委《北京市对流动人口中适龄儿童少年实施义务教育的暂行办法》。 ②2004年8月27日,北京市政府办公厅转发了市教委等部门《关于贯彻国务院办公厅进一步做好进城务工就业农民子女义务教育工作文件的意见》。 ③2005年9月29日,北京市教育委员会印发了《关于加强流动人口自办学校管理工作的通知》。 ④海淀区教委出台了《关于进一步做好海淀区流动人口子女、特别是来京务工就业农民子女接受义务教育工作的通知》《关于海淀区各中学"做好安排办理接收转学、借读学生工作"的通知》《公办中小学接收流动人口中适龄儿童少年入学的通知》《关于做好2005学年中学接收在京务工人员子女接受义务教育工作的通知》《安排小学流动儿童借读流程图》《关于北京市义务教育阶段学校贯彻"一费制"收费办法的通知》《关于开展2005年春季治理中小学乱收费专项检查的通知》,区政府和15个乡镇签订了《海淀区人民政府进一步加强未批准流动人员自办学校安全工作责任书》。

续表

采取的主要措施	①积极贯彻以公办学校接收流动人口就读为主的工作原则，努力挖掘公办学校潜力扩大接收。 ②召开会议，教育、公安、民政、工商、劳动、物价、卫生、房管等有关部门，各街道办事处、（镇）政府多次联合开展调查研究，协商工作方案，逐步形成了区政府领导和指挥下分工负责协调配合的工作机制。 ③从经费上：按人头给予拨款，以前一学期，每个学生交80元，政府补贴420元，两免一补后，政府直接补500元。财政部门和教委还投入大量资金改善办学条件及扩招，如在规范打工子弟学校、公办学校接收分流学生的校舍修建中教育行政部门投入了共计2 100万元，其中市级投入1 700万元，区级投入400万元。 ④成立了海淀区随迁子女教育研究中心，为全区随迁子女教育咨询、研究、交流、建议机构，在学术上起咨询、参谋、导向作用。 ⑤举办了首届打工子弟艺术节、以"流动的花朵"为主题的专场文艺演出，全区所有的教育资源将全部向随迁子女开放，倡议全区市与农民子女搞"手拉手"结对活动，鼓励中小学生捐献图书，帮助打工子弟学校建设图书馆、阅览室。 ⑥积极宣传、认真落实相关政策，依法保证居住在学校义务教育服务区内的流动儿童接受义务教育，收费与有本市常住户口的学生一视同仁，农民适龄子女免收借读费。在发展团队和社团组织、评优评先、组织文体和公益活动、实行奖励和处分，有效保障来京务工就业农民子女享受平等的受教育权利。 ⑦海淀区教委积极推动社会力量举办打工子弟学校的审批工作。审批工作参照北京市关于民办中小学审批的标准和程序进行，在确保师资、安全、卫生等方面达到标准的前提下，其他条件可酌情放宽。海淀区财政又特拨付1 300万元用于公办学校修缮和扩建校舍；此外给予教师编制上的支持。

表6-10 上海市随迁子女教育相关政策文件及采取的主要措施

出台的重要文件	①1998年8月，上海市教委颁布《上海市外来流动人口中适龄儿童少年就学暂行办法》。 ②2004年2月，上海市人民政府颁发了《上海市人民政府办公厅转发市教委等七部门关于切实做好进城务工就业农民子女义务教育工作意见的通知》。 ③2004年6月，上海市教育委员会颁发《关于进一步加强上海市以接收进城务工就业农民子女为主学校管理工作的意见》（沪教委基〔2004〕44号）。 ④2006年，上海市教委等五家单位制定了《上海市教育委员会等五单位关于进一步做好进城务工就业农民子女学校安全管理工作的意见》。 ⑤2006年10月，上海市人民政府颁发《关于上海市农民工工作的实施意见》（沪府发〔2006〕44号）。 ⑥目前，上海市教委正在拟订《关于本市民办进城务工农民随迁子女学校设置和管理暂行规定》。

续表

采取的主要措施	①领导重视，要求明确。多次召开市委常委会、市政府常务会议和专题会议，研究和部署流动人口子女义务教育工作。 ②健全管理网络，完善管理体制。明确了市、区县、乡镇三级的管理职责，突出了区县为主的原则，形成了纵向深入基层，横向全面覆盖的管理网络。 ③制定制度，促进规范管理。明确建立以农民工现居住地所在区县政府为主的就学管理体制，将进城务工农民随迁子女义务教育纳入上海市教育事业发展规划，把社会力量办进城务工农民随迁子女学校纳入上海市义务教育管理体制；检查评估，加强制度落实。 ④采取多种形式，努力满足流动人口子女的就学需求。 A. 挖掘全日制公办中小学校的接纳潜力。 a. 降低公办学校的入学门槛，减少流动人口子女进入公办学校的难度；b. 合理分配学额，增加流动人口子女进入公办学校的机会；c. 形式灵活，扩大公办学校的接纳能力；d. 对于公办学校的农民工子女，同样拨付公用经费、配置教学设施设备，不收借读费，免收学杂费、书本费。 B. 提高进城务工农民随迁子女学校的办学水平。 a. 加强资助，改善办学条件；b. 提供公办学校校舍资源，改善校舍条件；c. 捐赠设施设备，改善教学条件；d. 加强培训，优化学校队伍；e. 结对指导，提升教育教学水平。

表6-11 杭州市随迁子女教育相关政策文件及采取的主要措施

出台的重要文件	2004年，杭州市政府出台了《杭州市进城务工农民随迁子女在杭就学的暂行管理办法（试行）》
采取的主要措施	①积极挖掘，加强投入，努力解决进城务工农民随迁子女入学问题。a. 以公办学校为主，以独立设置的打工子弟学校为辅，解决进城务工农民随迁子女就学问题。b. 落实政府责任，保证进城务工农民随迁子女同等享受义务教育免杂费待遇。从2006年春季开始，全市城乡实行义务教育免杂费，进城务工农民随迁子女入学享受同城待遇，义务教育阶段免交杂费。2006年各级政府补助全市进城务工农民随迁子女免费义务教育经费2 200万元，其中市本级和八城区补助经费为1 900万元。c. 确保进城务工农民随迁子女享有公平受教育权。d. 设立专项补助经费，提升独立设置的打工子弟学校办学水平。从2005年开始，杭州市实施进城务工农民随迁子女义务教育就学专项补助经费，每年市本级拨款260万元，补助六城区招收进城务工农民随迁子女的学校，资助其改善办学条件，提升办学水平。e. 保障打工子弟学校教师的合法权益。 ②创新制度，规范管理，努力推义务教育公平。a. 建立解决进城务工农民随迁子女就学协调机制。b. 建立独立设置的打工子弟学校督学制度。c. 针对进城务工农民随迁子女及其子女流动性大的特点，各级教育行政部门采取了更为灵活的学籍管理制度。d. 实施独立设置的打工子弟学校办学许可制度。

表 6-12　义乌市随迁子女教育相关政策文件及采取的主要措施

出台的重要文件	2006 年,义乌市政府出台了《义乌市人民政府关于进一步做好流动儿童少年义务教育工作的意见》。
采取的主要措施	①坚持以公办学校为主渠道解决进城务工农民随迁子女就学问题。按照"以流入地政府为主"原则,要求公办学校充分挖潜,敞开大门,放低门槛,尽最大可能接收更多的进城务工农民随迁子女入学。 ②兴办专门接收进城务工农民随迁子女的学校,鼓励支持社会力量创办打工子弟学校。 ③政府利用闲置校舍创办"公办民助"等形式的打工子弟学校。

表 6-13　郑州市随迁子女教育相关政策文件及采取的主要措施

出台的重要文件	①2004 年 5 月 25 日,《河南省人民政府办公厅转发省教育厅等部门关于进一步做好进城务工就业农民子女义务教育工作实施意见的通知》(豫政办〔2004〕57 号)。 ②2004 年 6 月 22 日,《郑州市人民政府办公厅转发市教育局等部门关于进一步做好进城务工就业农民子女义务教育工作实施意见的通知》(郑政办〔2004〕39 号)。 ③2006 年 3 月 3 日,河南省教育厅《关于进一步做好进城务工就业农民子女接受义务教育工作意见》(教基〔2006〕94 号)。 ④2006 年 3 月 9 日,郑州市教育局下发了《郑州市教育局转发河南省教育厅〈关于进一步做好进城务工就业农民子女接受义务教育工作意见〉的通知》。 ⑤2008 年 4 月,《河南省教育厅关于进一步规范义务教育阶段学校招生行为的通知》(教基〔2008〕315 号)。
采取的主要措施	①安置进城务工农民随迁子女顺利入学,保障其教育起点的公平。始终坚持就近入学原则,以公办学校为主,大量接收民工子女插班就读,并对个别办学规模较大、条件较好、管理较为规范的民工子弟学校,教育行政部门督促尽快达到民办学校标准,并将其纳入规范的教育管理体制下。 A. 充分调查研究,摸清进城务工农民随迁子女中适龄儿童少年的入学人数,并将其纳入整体教育发展规划。 B. 切实减轻进城务工就业农民子女教育费用负担,免收进城务工就业农民子女借读费,并根据学生家长务工就业不稳定、住所不固定的特点,制订分期收取费用的办法。通过设立助学金、减免费用、免费提供教科书等方式,帮助家庭经济困难的进城务工就业农民子女就学。 ②切实保证进城务工农民随迁子女平等接受义务教育,尽量实现教育过程的公平。严格执行郑州市教育局下发了《郑州市教育局转发河南省教育厅〈关于进一步做好进城务工就业农民子女接受义务教育工作意见〉的通知》中提出的具体要求。

表6-14 成都市随迁子女教育相关政策文件及采取的主要措施

出台的重要文件	①2004年6月2日成都市人民政府办公厅《转发市教育局关于成都市进城务工就业农民子女接受义务教育实施意见（试行）的通知》（成办发〔2004〕95号）。 ②2005年3月23日，《关于做好2005年成都市城区进城务工就业农民子女接受义务教育具体工作的意见》（成办发〔2005〕43号）。 ③2005年3月21日，成都市教育局《关于落实2005年成都市进城务工就业农民子女接受义务教育所需学位有关工作的意见》。 ④2005年3月30日，《2005年成都市城区进城务工就业农民子女接受义务教育换签（新签）劳动合同实施办法》。 ⑤2006年5月15日，《成都市人民政府办公厅转发市教育局关于加强主要接收进城务工就业农民子女民办学校管理扶持工作意见的通知》。 ⑥成都市人民政府转发市教育局《关于做好2006年成都市进城务工就业农民子女接受义务教育具体工作意见的通知》（成办发〔2006〕51号）。 ⑦成都市招办出台2007年成都市进城务工就业农民子女及《成都市居住证》持有人子女"小升初"办法。
采取的主要措施	①成都市委、市政府将公办校大门正式向农民工子女全面敞开，并要求各校不准再收取任何借读费，并作为成都市"为民办实事"的重要项目之一。 ②成都市城区小学就读的毕业生，其小学升初中办法与城区户口的小学毕业生升初中的办法一致。即小升初成都民工子女免试就近入学。 ③为集中解决外来务工人员子女入学的问题，成都市新建民工子弟学校。 ④开展随迁子女新生入学、转学的公开登记工作。 ⑤抓好特殊学生群体的法制教育，让每一个未成年人在同一蓝天下健康成长。 A. 教育局严格执行《成都市人民政府办公厅转发市教育局关于成都市进城务工就业农民子女接受义务教育实施意见（试行）的通知》精神，切实解决民工子女入学问题，采取挖潜、扩容、新建等办法，做好符合条件的进城务工就业农民子女2万余人接受义务教育工作。 B. 积极开展城区示范学校与农民工子女集中就读。学校、学生间的手拉手结对子活动，以不断加快城乡教育统筹的步伐，整体提高我区中小学教育教学质量，为农民工子女提供平等、优质的义务教育。 C. 针对农民工子女成长的社会背景和心理特点，教育局集中全区十一所农民工子弟学校和区教师进修学校的力量，积极开展市级（目前正在做国家级课题的立项工作）课题《流动人口子女学校适应性研究》的研究工作，就是高度重视农民工子女教育的重要举措。 ⑥金牛区把保障随迁子女接收义务教育纳入全区教育事业发展总体规划，积极采取新建、改扩建学校、挖掘公办学校潜力和向民办校、子弟校购买学位等措施，"相对就近"安排农民工子女入学。

表 6-15　广州市随迁子女教育相关政策文件及采取的主要措施

出台的重要文件	①2004 年 7 月 6 日，广东省人民政府办公厅印发了《转发〈国务院办公厅转发教育部等部门关于进一步做好进城务工就业农民子女义务教育工作意见〉的通知》。 ②2004 年 8 月，广东省委省政府发布《广东省教育现代化建设纲要（2004—2020 年）》。 ③2005 年 8 月，广东省人民政府印发《广东省教育现代化建设纲要实施意见（2004—2010 年）》。 ④2006 年 9 月 1 日，广东省人民政府发布《关于进一步加强农民工工作的意见》。 ⑤目前，广州市政府联合各相关部门正在草拟《关于进一步做好来穗务工就业农民子女义务教育工作的意见》。 ⑥广东省教育厅《关于印发〈广东省义务教育阶段学生学籍管理暂行办法〉的通知》（粤教基〔2007〕66 号）。
采取的主要措施	①扩建公办学校，大力发展民办教育。 A. 政府每年投入巨资新建、扩建一批学校，增加公办学校学位，其中广州市教育投入 2 000 万元，用于改善学校设备。 B. 坚持"两个为主"的前提下，结合当地实际，积极吸纳社会资金，大力发展民办教育，形成公办、民办共同发展的格局，一定程度上缓解了学位紧张的压力。 ②展开深度调研，即将出台新政策。 对本市流动人口子女的入学情况作大量的调研，再根据调研情况确定对流动人口子女入学具体措施。 ③广州市把流动人口子女借读生划分为 14 类，实行分类指导入学。 ④广州市等对未办理暂住证的进城务工就业农民子女采取先入学、后补办入学手续的办法。

表 6-16　深圳市随迁子女教育相关政策文件及采取的主要措施

出台的重要文件	①2003 年，制定和实行《关于规范深圳市民办学校收费管理的通知》。 ②2005 年，深圳市出台了《关于加强和完善人口管理工作的若干意见》（深府〔2005〕125 号）及《深圳市暂住人口子女接受义务教育管理办法（试行）》《深圳市户籍迁入若干规定（试行）》《深圳市暂住人口证件和居住管理办法（试行）》《深圳市流动人口计划生育工作管理办法（试行）》《深圳市暂住人员就业管理办法（试行）》。 ③2006 年 10 月，《深圳市民办教育管理若干规定》。 ④2006 年 12 月，深圳市发布了《深圳市人民政府关于进一步加强农民工工作的意见》（深府〔2006〕243 号）。

续表

采取的主要措施	①把进城务工农民纳入暂住人口统一管理。市、区政府把暂住人口子女义务教育纳入教育发展规划；发改部门将暂住人口子女义务教育纳入城市社会事业年度发展计划，及时满足义务教育学位需求；编制部门把公办学校在校在籍暂住人口子女纳入教职工编制配置基数。 ②坚持政府办学，各级公办中小学积极挖潜扩容，充分利用现有设备设施和其他资源，扩大招生规模和优质学位，尽可能多的接受外来人口子女到公办中小学借读。根据国家和广东省的有关政策，坚持"多元办学，公办为主；老校挖潜，名校扩张，民校开源"的策略，在外来人口子女就学方面做到了"三个基本"，即基本解决了外来人口子女接受义务教育问题，基本做到了国家规定的"两个为主"；基本做到了对外来人口子女的教育教学与本市户籍学生一视同仁。 A. 学位申请，有序接纳。在深圳市接受义务教育的孩子，不管是户籍人口还是外来工子女都必须提供《学位申请表》，各区对学位类型和录取顺序做了非常明确的说明。如深圳宝安区、龙岗区都将学位分为七大类型。 B. 按学位类型，依次录取。学区内的公办学校学位录满为止，其余符合就读条件的适龄儿童自行到民办学校申请学位。 ③大力扶持民办教育，满足社会各界对不同层次教育的需求。 A. 深圳市南山区政府引导，建起 10 余所规范、公益性的民办学校，没花政府一分钱，为南山区的外来务工人员子女提供了价格适中、质量合格的九年义务教育学位10 060个，分担了政府 15% 的义务教育责任。 B. 加强民办学校的收费管理，民办学校按照物价部门核定的标准收取学费，不收借读费。 C. 对民办学校的设立与变更、教学教务管理、财务管理、终止与清算、用地管理、法律责任等作出规定，制定鼓励和扶持措施，适当调整和缩小义务教育阶段民办学校比例。 ④在收费政策上，基本做到随迁子女入读高中收费与当地学生一视同仁。深圳市随迁子女就读高中，在普通高中的按择校办理，入读职业高中与当地学生一视同仁。

表 6-17　东莞市随迁子女教育相关政策文件及采取的主要措施

出台的重要文件	①2004 年 7 月 6 日，广东省人民政府办公厅印发了《转发〈国务院办公厅转发教育部等部门关于进一步做好进城务工就业农民子女义务教育工作意见〉的通知》。 ②2004 年 8 月，广东省委省政府发布《广东省教育现代化建设纲要（2004—2020 年）》。 ③2005 年 8 月，广东省人民政府印发《广东省教育现代化建设纲要实施意见（2004—2010 年）》。 ④2006 年 9 月 1 日，广东省人民政府发布《关于进一步加强农民工工作的意见》。 ⑤广东省教育厅《关于印发〈广东省义务教育阶段学生学籍管理暂行办法〉的通知》（粤教基〔2007〕66 号）。 ⑥2008 年 5 月 29 日，东莞市颁布《东莞市新莞人子女接受义务教育管理暂行办法》（征求意见稿）。
采取的主要措施	①4 月 16 日，东莞市最终确定由"新莞人"替代"外来工"的称谓。东莞市政府给他们冠以"莞"字辈的身份，既承认了新莞人对东莞经济发展的贡献，也体现了东莞市的包容性。"新莞人"的提法也符合城市多元化发展的趋势。 ②东莞市政府每年将投入 2.6 亿元为农民工子女教育"买单"，具体来说，是每年至少建设 10 所新莞人子女学校，并支持、鼓励民办学校招收新莞人子女入学。 ③东莞市随迁子女就读高中，在普通高中的按择校办理，入读职业高中与当地学生一视同仁。

表 6-18　重庆市随迁子女教育相关政策文件及采取的主要措施

出台的重要文件	①2001 年 12 月，重庆市人民政府出台了《重庆市基础教育改革与发展纲要》。 ②2003 年，重庆市教委下发《进一步做好进城务工就业农民工子女接受义务教育工作的通知》《关于进一步做好进城务工就业农民子女义务教育工作的补充通知》。 ③2007 年 11 月，市政府出台了《重庆市人民政府关于进一步推进义务教育均衡发展的意见》（渝府发〔2008〕68 号）。 ④2007 年 11 月，重庆市委办公厅、重庆市人民政府办公厅出台了《关于进一步做好进城农民工子女、农村留守儿童接受义务教育工作的通知》。 ⑤2008 年，《重庆市义务教育阶段学校学籍管理办法》出台。

续表

采取的主要措施	①各地政府高度重视，将进城农民工子女接受义务教育纳入当地教育事业发展规划中。 A. 农民工子女入学，主要就近安排在农民工打工区、聚居区附近的公办学校。进一步扩大进城农民工子女指定学校数，2008年已达到376所，保证了农民工子女接受义务教育的所需条件。 B. 多次召开专题会议，研究进城农民工子女入学工作，广泛开展调研。 C. 确保进城农民工子女享受平等接受教育的权利。对进城农民工子女在入学、缴费、编班，参加教育教学活动、接受表彰奖励、入团入队等方面与城区学生一视同仁，平等享用学校的教育资源。在招生方面进一步扩大接收进城农民工子女入学指定学校所数，确保进城农民工子女能在指定学校就近入学。取消按户籍参加中考报名、考试和录取的制度，改为只凭正式学籍就可报名参加考试、享受同等条件录取的资格。同时，扩大优质教育资源接受农民工子女数量。 D. 各区县政府还通过各种方式多种渠道筹措资金，对家庭贫困农民工子女纳入城市贫困家庭子女入学的资助政策，采取了"减、免、缓、捐"等措施。江北区政府实行"免收借读费、实行人头补贴"的政策，对入学的农民工子女实行每学期按200元一次性补助的办法；农民工最为集中的渝中区，仅一年就免收了700多万元的捐资助学费。沙坪坝区对贫困家庭农民工子女就学同样享受区县政府制定的"教育券"资助政策，这些政策的落实，依法保障了贫困家庭农民工子女不因贫困而辍学，按时完成九年义务教育。 ②完善机制、明确责任。 A. 建立了随迁子女就学情况定期汇总制度、学籍审核制度、临时学籍管理制度、定校招生制度、就学交费的减免制度。 B. 为方便进城农民工子女参加中考，取消了按户籍参加中考报名、考试和录取的制度，改为只凭学籍就可报名参加考试、享受同等条件录取的资格。 ③科学规划、构筑保障机制。 A. 各区县（自治县）教委配合计划部门，把流动儿童义务教育工作纳入城市社会事业发展计划，将接受流动儿童就学学校的建设纳入城市基础设施建设规划，确保教育发展适我市统筹城乡发展的需要，适应我市"一圈两翼"的发展格局。 B. 配合财政部门，建立流动儿童接受义务教育的经费保障机制，每年从城市建设配套费中安排一部分经费，对接收流动儿童较多的学校给予补助，用于添置桌椅、教学设备和学校扩容，并按学校实际规模，合理核定学校的教职工编制，以满足接受学校的教育教学需要。

续表

采取的主要措施	④加强管理，强化服务。 A. 各区县教育部门按照"免试就近入学"的原则，开辟流动儿童的入学"绿色通道"，根据农民工聚居的情况，指定了一批公办学校无条件接收辖区内有暂住证明的流动儿童入学。 B. 流动儿童的各种收费按当地学生相同标准收取，不再收取借读费和其他任何形式的赞助费。对家庭经济困难的农村流动学生，实行与户籍地学生同样的"两免一补"政策，并通过采取设立助学基金、免服务性项目管理费等措施，为他们提供必要支持。 C. 各区县接收农民工子女的学校，十分注重农民工子女的教育和管理，主动热情地帮助他们尽快融入新的学校生活，适应新的学习环境。坚持混合编班，在学生管理、升学考试、评优奖励、文体活动、参加团队组织等方面，流动儿童与本地学生一视同仁，平等对待，并在学习、生活等各方面给予必要的关心和照顾。

表6-19 格尔木市随迁子女教育相关政策文件及采取的主要措施

出台的重要文件	①2003年12月24日，《青海省人民政府办公厅转发教育厅等6部门关于进一步做好进城务工农民子女义务教育工作意见的通知》（青政办〔2003〕187号）。 ②2005年2月23日，《青海省人民政府办公厅关于贯彻落实国务院办公厅进一步改善农民进城就业环境工作通知的实施意见》（青政办〔2005〕23号）。 ③2006年11月1日，青海省教育厅制定了《进城就业农牧民子女接受义务教育实施办法》。
采取的主要措施	①坚持按照"两免一补"政策的要求，对到乡镇就业的农牧民子女在乡镇政府所在地义务教育阶段学校就读的，经学校按程序审定、公示后，免收学杂费（包括原杂费、上机费、取暖费），只代收课本费（不含享受免费教科书学生）、作业本费、住宿费，为家庭困难的学生免费提供教科书；对到县城就业的农牧民，其子女在当地义务教育阶段学校就读的，与城镇户籍学生同等对待，对困难家庭的学生，依据原地乡镇及以上政府出具的家庭贫困证明，经学校按程序审定、公示后，免收学杂费（包括原杂费、上机费、取暖费）和免费提供教科书。 ②由市、区政府承担格尔木市减免进城就业农牧民家庭贫困子女杂费所需资金。 ③农村在城市就读的义务教育阶段学生在城市实行"一费制"收费标准的基础上，中学生每学期每人减免54元，小学生每学期每人减免44元，各学校不再向农民工子女收取借读费。

表6-20　乌鲁木齐市随迁子女教育相关政策文件及采取的主要措施

出台的重要文件	①2004年，自治区人民政府办公厅《转发自治区教育厅等部门〈关于切实做好进城务工就业农民子女义务教育工作实施意见〉的通知》（新政办发〔2004〕62号）。 ②2006年7月17日，《乌鲁木齐市全日制初级中学学籍管理规定（试行）》。 ③2006年12月，乌鲁木齐市率先在全疆下发了《关于进一步做好进城务工就业农民工子女接受义务教育工作实施意见》。
采取的主要措施	①乌鲁木齐市始终坚持"解决流动儿童接受义务教育问题，以流入地的政府管理为主"的原则，坚持以公办学校为主的原则。同时，将流动人口子女的教育纳入城市经济社会发展规划，并将此作为各级政府的重要任务。 ②2004年，乌鲁木齐市规定不论是区内还是区外的进城务工就业农民，只要本人与子女在当地派出所办理了《暂住证》，在街道劳动保障部门办理了求职登记和相关劳务手续，都保证其子女接受义务教育。 ③除了给民工子女提供同等的受教育的机会，教育主管部门还通过设立助学金、减免费用、免费提供教科书等方式，努力帮助家庭经济困难的学生完成学业。 ④建立健全政府主导、学校联动、社会参与的扶困助学机制。在保证随迁子女有学上的基础上，乌鲁木齐市努力实现让更多的孩子接受优质教育，把提高基础教育质量和水平作为头等大事来抓。 ⑤各学校对就读的农民工子女要建立学籍档案，使这些孩子享受参与各种活动和评优评先的公平权利，完成学业后，发给义务教育证书。 ⑥水磨沟区教育局对全区生源及分布情况进行了深入细致的调查。

2. 部分省市公办中小学发挥了接收随迁子女受教育的主要作用

根据国务院妇女儿童工作委员会办公室和中国儿童中心公布的对北京等9座城市的抽样调查结果，并结合本研究的调研数据得出结论：大多数地区"以公办学校为主"政策的落实成效显著。如北京、上海、杭州、义乌、成都、格尔木等地的公办学校随迁子女接收比重达到50%以上；郑州、重庆等地的公办学校达到70%以上；乌鲁木齐的公办学校则更高，近8万名随迁子女中有95%入读公办学校。调研数据表明，广东省非户籍务工人员子女占全国的比重比较大，但是，"以公办学校为主"短时间还难以做到，如在广州市，民办学校大概300所左右，接收将近30万名农民工子弟；在深圳、东莞等地，民办学校（无论是平民的或是贵族的）均成为解决大规模外来务工人员子女特别是随迁子女接受教育的主要形式，接收比重达到

60%，有的甚至在70%以上①，如表6-21所示。

表6-21 近年部分城市随迁子女在公办中小学就读情况

城 市	时间（年）	随迁子女数（人）	在公办中小学就学比重（%）
北京	2006	400 372	62.0
上海	2006	295 063	53.88
义乌	2006	28 000	50.0
杭州	2007	141 714	68.4
郑州	2007	115 474	84.32
成都	2006	150 000	66.7
广州	2006	328 950	37.0
深圳	2007	389 385	40.0
东莞	2007	259 335	26.9
重庆	2007	225 000	75.6
格尔木	2006	7 718	54.8
乌鲁木齐	2006	80 000	95.0

同时，各地积极改建、扩建现有公办学校，建立健全相应的经费保障制度，进一步扩大教育资源，满足流动人口子女的就学需求。除鼓励公办中小学扩大招收流动人口子女的比例外，一些地方还在流动人口聚居区，改建、扩建一批公办学校。其中，北京市对接收流动人口子女较多的公办中小学给予专项补助，在流动人口比较集中的四个区建设5所接收流动人口子女的专门学校，近几年累计投入4亿元用于流动人口子女的义务教育。从2006年来看，福建省义务教育阶段学校共接收农民工子女48.7万人，其中，按照免试就近入学的原则在公办中小学就读的有40万人，占农民工子女就读总数的82%，以公办学校为主接收农民工子女就学的格局在福建已经形成（蔡小伟 等，2008）；江苏省充分挖掘公办学校潜力，全省75%的农民工子女在公办学校就读，其中，无锡市91%的农民工子女在公办学校就读；浙江省各地对农民工子女入学普遍实行"同城待遇"，通过设立"希望工程"基金、"爱心"基金、发放"教育券"等方式，保证农民工子女有学上、上得起学，全省有67%的农民工子女在公办学校就读（中华人民共和国教育

---

① 数据来源于各省市相关领导访谈资料。

部,2006)。

3. 流入地政府政策"再制定"取得重大进展

政策执行过程是政策制定过程的继续,是针对政策在执行过程中出现的问题而进行的不断调整和改进,是政策"再制定"的过程。就随迁子女教育政策来看,流入地政府既是政策目标群体,又是政策执行主体之一。近年来,流入地政府通过对国家政策的"再制定",创造性地解决执行国家政策中遇到的新情况、新问题,制定并实施了不少符合实际的新政策。

据教育部有关资料显示,截至2007年11月,各地都制定了落实《国务院关于解决农民工问题的若干意见》的实施意见,普遍按照"以流入地政府管理为主和以公办中小学为主"的"两为主"政策要求,对本地进城务工就业农民子女义务教育,作出具体安排,明确规定对符合条件的、在公办学校就读的进城务工就业农民子女收费与当地学生一视同仁。

上海建立并实施了流动人口子女教育检查、评估制度。在市级层面,上海市人大、政协根据有关流动人口子女教育的文件精神,定期和不定期地对各区县流动人口子女教育情况进行检查、监督,并将检查结果作为区县政府的业绩考核内容;市人民政府教育督导室对全市流动人口子女教育情况进行专项督导,将督导结果向社会公布,对不规范行为督促整改。上海各区县联合教研部门、督导室,根据实际情况制定流动人口子女教育的办学标准,积极探索适合流动人口子女教育的评估检查制度,有效促进了流动人口子女教育的规范化。

4. 随迁子女与当地学生同等对待政策稳步推进

对随迁子女在入学、教育管理和收费等方面与当地学生同等对待,是我国随迁子女教育政策的一项重要内容。该政策出台以后,各地因地制宜,采取切实措施予以落实,在保障农民工子女平等接受义务教育方面取得了明显成效。

从20世纪90年代初,天津市就将农民工子女义务教育问题列入全市"普九"规划,现在初步形成了农民工子女同本市居民子女共享优质教育的局面。从2002年以来连续3年,天津市小学和初中招生文件中都明确规定,公办学校要按照属地原则接收农民工子女入学就读。针对农民工工作流动性过强,学生就学时间长短不一的特点,采取措施保证他们留得住、学得好。天津市教委要求各区县为农民工子女建立临时学籍,并纳入全市大学籍统一管理。但对他们入学、转学的时间不做严格限制,保证随来随办,开设绿色通道,对农民工子女与本市居民子女在评奖、评优、入队、入团、毕业、升学等方面同等对待。随迁子女在政府举办的义务教育阶段中小学就读，其缴纳费用与本地学生相同。对经济确有困难的学生，通过建立扶助基金和减免各项费用等措施，保证学生就读（孙刚 等，2005）。

自2004年9月新学年开始，北京、成都等地对进城务工就业农民子女接受义务教育的收费与本市户籍学生一视同仁。实施义务教育的公办小学和初中，对符合进城务工就业农民子女条件的借读生免收借读费。

2006年，郑州市明确要求，在招生期间，各学校不得拒收已经由教育行政部门认定的，符合在郑州市借读条件的进城务工农民随迁子女，并且不能收取借读费；学校要将进城务工就业农民子女与城市学生统一管理、统一编班、统一教学、统一安排活动、平等对待。在评优奖励、入队入团、课外活动等方面，进城务工就业农民子女与城市学生一视同仁。

2008年，吉林省教育厅就加强农民工子女义务教育工作作出相关规定，要求招收农民工子女就学的学校，对农民工子女的收费项目、收费标准要与当地居民子女相同；同时规定，农民工流入地教育行政部门和学校应维护就学农民工子女的正当权益，在入学分班、排座、奖励、评优，申请加入少先队、共青团和参加校内外活动等方面与当地居民子女一视同仁，不得歧视（黄明，2008）。

5. 以接收随迁子女为主的社会力量所办学校得到有效扶持

近年来，随着随迁子女数量的不断增加，流入地公办教育资源不足的矛盾相对突出。各地政府加强对随迁子女学校的扶持，清理整顿存在安全卫生隐患的自办学校，多渠道解决随迁子女上学问题。各地通过规范打工子弟学校审批制度，在办学场地、办学经费、师资培训、教育教学等方面，对符合设置标准的打工子弟学校给予积极支持和指导。

上海市针对进城务工农民随迁子女学校办学条件普遍较差的问题，从2004年起市财政每年下拨3 000万元，专门用做进城务工农民随迁子女学校办学条件的改善，重点改善进城务工农民随迁子女学校的卫生与安全设施；通过调整学校布局，调节部分村校、成人职校的校舍办农民工子弟学校，解决在民房、危房办学的问题。浙江省采取公办学校与民办流动人口子女学校结对帮扶、选派校长和教师指导教学工作、开展业务培训和提供办学补助经费等方式，加大扶持力度。武汉市在办学场地、教学设备和办学经费等方面对民办农民工子弟学校给予扶持，保证农民工子女能享受较好的教育资源。北京等地加强对流动人口自办学校的清理、整顿工作，对于不符合设置标准的，进行限期整改，对存在严重安全隐患的，予以取消，并妥善安排在校学生到公办学校或经批准的民办学校就读。

目前，以接收随迁子女为主的社会力量所办学校仍然是解决随迁子女教育问题的重要途径之一。据统计，2006年，上海市有进城务工农民随迁子女学校277所，主要分布在城郊结合部与郊区。进城务工农民随迁子女学校共接纳了177 889名流动人口子女，占流动人口子女学生总数的46.12%。2006年，北京市专门接收流动人口子女就读的自办学校共有268所，其中已经获审批63所（又称民办学校），另有205所未经审批。这类学校共接收了150 254名随迁子女，占随迁子女就学人数的38%。根据有关资料分析，2008年，广东省尚有数十万流动人口子女在社会力量所办学校就学。

6. 流入地政府和流出地政府共同解决随迁子女教育问题出现新气象

根据国家政策规定，流出地政府在解决随迁子女教育问题上应积极配合流入地政府。流入地政府在坚持"两为主"政策的同时，积极加强与流出地政府的联系，探索共同解决随迁子女教育问题的新途径。如广东省于2004年出台政策，要求"各地应与流出人口较多的省（市）政府协商，与流入地政府共同出资，委托流出地驻流入地的办事处与当地教育行政部门创办流出地的进城务工就业农民子女学校，招收流出地的适龄儿童少年。"

目前，流出地政府与流入地政府加强合作，在流入地兴建学校的案例已经出现。在这方面，有安徽省霍邱县教育局在上海市杨镇创办的"霍邱驻沪教学点"，安徽省凤台县尚塘乡在上海虹桥建立的"尚塘乡驻沪跟踪小学"以及江西省南昌县麻丘镇政府在武汉开办的学校（杜越 等，2004）。

（二）实施中存在的问题

1. 相关教育政策宣传力度不够

国家对于随迁子女教育的政策不仅需要严格地执行，还需要让农民工知晓，从而能够正确理解国家政策宗旨，政策才能得到更好的贯彻落实。但是调研发现，随迁子女教育政策在农民工中间还没有得到很好的宣传。比如"两免一补"政策的知晓度就不高。问卷调查表明，随迁子女家长对"两免一补"政策知晓度平均不足50%。分析显示，45%的随迁子女家长对政策非常或比较了解，有55%的家长不太了解或不了解。事实上，农民工一旦了解相应的政策，就会有相应的行动。比如随迁子女家长了解"两免一补"政策后，选择让子女继续留在本地上学的比重反而增大。因此，目前来看，进城务工农民对相关政策的了解程度并不透彻，尚处于一知半解的状态，导致政策出台后其实质意义没有得到充分贯彻。

2. 政策执行滞后问题相对突出

我国随迁子女教育政策的执行主体和目标群体比较复杂，各级政府既是执行主体，又是目标群体。因此，尽管政策执行滞后现象主要出现在省级层面，但由于行政管理体制的层级效应，真正到政策的实施层面，即县级政府，往往还要拖延一段时间。以国务院办公厅转发教育部等部门的《关于进一步做好进城务工就业农民子女义务教育工作的意见》为例，作为我国随迁子女教育的权威性政策，该政策于2003年9月30日发布，明确要求流入地政府将进城务工就业农民子女与当地学生一视同仁，取消借读费。

但地方政府对此政策执行明显滞后，且参差不齐。调研表明，北京、成都等地政策规定从2004年9月新学年开始执行；深圳市2005年秋季学期开学规定暂不取消借读费，非户籍人口子女入学仍需要交纳700元~1 500元的借读费。郑州市2006年才出台规定取消进城务工农民随迁子女借读费。吉林省直到2008年才作出取消农民工子女借读费的相关规定。同时，虽然很多地方在《关于进一步做好进城务工就业农民子女义务教育工作的意见》之后下发了通知，但并没有建立行之有效的地方教育政策体系及实施细则和办法，没有形成和中央政策相呼应的政策体系。

3. 政策实施后失真比较明显

政策在实际执行过程中往往会出现执行活动和结果偏离政策目标、要求的不良现象。我国学者一般将这类不良现象称为政策失真（王明宾，1997）。

当前，随迁子女教育政策执行过程中的政策失真主要表现在"进城务工就业农民子女受教育环境得到明显改善"的政策目标偏离，随迁子女上学难。《中国农民工问题研究总报告》指出，农民工子女上学难是农民工面临的最为突出的一个问题，很多地方没有将进城农民工子女纳入当地义务教育体系。尽管中央三令五申，但一些地方公办学校仍然向农民工子女收取借读费，小学每学期收取借读费600元~800元，初中每学期收取借读费1 000元左右。农民工子弟学校基本得不到当地政府的财政支持，只有依靠高收费维持运转，加重了进城务工农民子女的教育负担。在本次调研中，随迁子女家长普遍反映由于入学手续复杂、入学所需证明繁多，子女就读公办学校非常困难。

4. 流入地政府统筹管理力度不够

随迁子女教育政策涉及的政策执行主体和目标群体，包括地方各级政府及其教育、编办、公安、发展改革委、财政、劳动保障、价格主管以及社区派出机构等部门。但目前流入地政府统筹管理力度相对薄弱,有关部门的职责不够明晰,联系不够紧密,极大地影响了随迁子女教育政策的贯彻执行和相关教育工作的顺利开展。

首先,随迁子女信息统计不完全或处于缺失状态。其次,地方政府"再制定"政策过程中,比照国家政策的制定,主要由教育行政部门牵头制定本地政策。而教育部门与其他部门协调不够,加上其他部门参与力度不够,使得"再制定"的地方政策缺乏足够的政策支持与科学论证。因此,各地出台的随迁子女教育政策,往往是以教育为主,而相关部门的配套政策普遍缺乏。但随迁子女教育问题,比如入学问题,涉及各地人口流动情况、户籍管理制度、教育经费投入等多方面因素,没有相关部门的政策、信息支持,教育部门和学校根本无法有效执行政策。再次,在地方政策的执行过程中,教育部门不仅与其他部门之间协调、沟通力度不够,而且缺乏相应的统筹管理职能,导致相关部门政策执行中各行其政,缺少必要的协调和沟通,根本无法有效配置适应随迁子女就学需要的教育资源,无法有效地办理入学手续,公安、劳动保障、人口、社区派出机构等多个部门,对此的支持、解决力度远远不够。

5. 流入地公办中小学接收积极性不高

目前,接收进城务工农民随迁子女的公办中小学大多数由当地教育行政部门指定的。这些学校主要有两种情况:一种是部分公办学校面临着生源减少、学校难以为继的困难,接收随迁子女恰恰是这类学校重新获得发展和生机的机遇;另一种是部分公办学校本身不存在办学困难,由于随迁子女居住比较集中,部分指定的公办学校面临班额增大、教育经费紧张、教师工作量加重等问题,影响了学校的健康发展,导致这些学校积极性不高。总的来看,后一种情况是普遍趋势。

据调查,重庆市目前已指定了376所公办学校作为接收随迁子女就读的定点学校,但这些学校的校长纷纷表示学校经费困难。学校增加了学生就读,但政府的扶持力度却不够,在经费投入、资源配置等方面未有明显改善,造成了这些学校生均教育资源的严重不足,也客观上减弱了这些学校接收随迁子女的积极性,进而影响学校对随迁子女的管理和教育。

三、进城务工农民随迁子女教育政策实施过程中的影响因素

影响我国随迁子女教育政策执行的因素涉及政策问题的特点、政策本身

的条件和政策本身以外的条件等多重因素，本节仅就主要因素作简要分析。

(一) 政策执行条件：城乡二元结构、户籍管理制度、义务教育管理体制制约

自我国 1958 年 1 月 9 日公布实施《中华人民共和国户口登记条例》以来，城乡二元结构开始形成。50 多年来，尽管国家对户籍政策进行了一些调整和改革，并强调和致力于城乡统筹发展，但由于户籍制度没有根本变革，长期以来形成的城乡分割状态和"户籍壁垒"并未消除。

《中国农民工问题研究总报告》指出："城乡分割的二元结构，是产生农民工问题的体制根源。从根本上说，长期存在的城乡二元结构，造成了农村与城市的差距、农民与市民的种种不平等。城乡分割的户籍制度，是许多地方政府把外来人口和劳动力列在服务对象之外的主要原因。农民工既难以享受城镇职工的待遇，无法成为产业工人的'正规军'，也难以享受当地市民的待遇，不能融入城市社会成为新市民。现行的城市社会管理体制还带有计划经济年代的烙印和明显的城市偏向，没有把农民工纳入城市劳动就业服务、社会保障和其他公共服务之内。"可以说，城乡二元结构与现行户籍管理制度不仅造成了城乡资源配置的差异，城乡资源的分割与隔离，而且直接导致进城务工农民及其子女不能充分享受城市公共服务资源。

当前，我国义务教育实行国务院领导，省、自治区、直辖市人民政府统筹规划实施，县级人民政府为主管理的体制。这种管理体制正是建立在城乡二元结构与现行户籍管理制度基础之上的。与"以县为主"的义务教育管理体制相对应的是"以县为主"的义务教育财政体制、"以县为主"的教育资源配置。近年来，随着市场经济的发展，我国城乡二元结构开始趋于弱化，限制人口流动的户籍制度也开始慢慢松动，劳动力可以在全国范围内流动的同时，城乡分割的户籍制度却制约着教育资源的流动和转移。

随迁子女教育政策明确了"两为主"的政策原则和导向。但流入地政府在执行这项政策时，同时执行的是现行户籍管理制度和以户籍所在地负责的义务教育管理体制。因此，制度和体制的制约作为一个重要因素，必然涉及利益的调整与资源的重新分配，必然影响随迁子女教育政策的有效执行。

(二) 政策配套资源：国家政策资源缺失与流入地政府教育资源的有限配置

当前的随迁子女教育政策的目标和执行主体已经非常明确，政策内容也

日益丰富，但这项政策一直以来缺乏配套资源，包括显性的国家教育经费支持以及隐性的政策支持，即通过政策补偿、引导和创新获得新的资源。

在政策执行过程中，显而易见的是，流入地政府并没有获得新的教育资源，却必须承担义务教育管理体制规定之外的随迁子女（非户籍人口）接受义务教育的责任。

一方面是国家政策资源的缺失，流入地政府缺乏必要的支持，但必须按照政策要求和目标执行。因此，流入地政府需要动员和组织相关部门，整合现有资源，进行利益调整，以解决随迁子女教育问题。流入地政府在执行政策过程中，不仅需要重新配置和调整教育资源，而且必须增加教育成本。政策执行的有效程度，取决于流入地政府执行政策的决心和能力，也取决于流入地政府承担新增加教育成本的财力和政策资源的可调动程度，而从根本上则取决于流入地政府义务教育的承载力。

另一方面，流入地政府教育资源配置的有限性也很突出。近年来，在部分城市的随迁子女数量急剧增长，当地的义务教育学位不足、校舍设施设备紧张、师资紧缺的矛盾日益突出。地方政府尽管投入大量资金，新建、改扩建一批公办学校，充分挖掘公办学校潜力，但是依然不能满足随迁子女就学的需求。以广州为例，目前该市流动人口子女已经超过43万人，数量庞大，若按照超过50%在公办学校就读即为达到"以公办学校为主"的要求来计算，预测从2008年到2012年，广州市公办学校需向来穗务工就业农民工子女提供学位数分别为：22.92万个、27.44万个、30.48万个、31.69万个、34.29万个。目前广州市公办学校借读费标准为每人1 000元/学年，学杂费标准为小学每人486元/学年，初中每人780元/学年。照此标准和2008年预计的符合条件学生人数测算出，若完全解决非户籍生义务教育问题，2008年需要经费13 703万元，其中借读费8 947万元，杂费和课本费4 765万元，这些加起来所带来的巨额经费开支，在目前是广州市财力难以承担的（张薇，2008）。

（三）政策执行主体：流入地政府及其相关部门的工作效率整体不高

工作效率是指人的工作速度、水平、质量和实效等，简单说是工作绩效与所用时间的比值。作为政策执行主体的流入地政府及其相关部门，是由相关工作人员组成的，其工作效率直接影响随迁子女教育政策的执行效果。

根据上文介绍的政策执行情况分析，无论是政策的滞后执行还是政策失真，都主要源于流入地政府及其相关部门较低的工作效率。而工作效率整体不高的原因，一方面是因为执行主体的政策素养所导致的执行行为不到位，另一方面是因为推进政策执行的制度建设不到位。

从执行主体的执行行为来看，涉及政策素养、政策能力、政策行为动机和行为倾向等层面。具体而言，政策素养体现在政策执行者对随迁子女教育政策目标和价值取向的认识水平上，即对该项政策的整体把握、理解和认同的程度；政策能力则体现在执行过程中具体的政策水平和管理水平上；政策行为动机和行为倾向主要是政策执行过程中体现出来的情感态度和价值观。回顾随迁子女教育政策的执行过程，执行主体表现出来的执行行为不能令人满意。其主要表现是在地方政策的制定中，出现了不少对国家政策目标的偏离现象，或者是有选择性地执行国家政策的现象。

从执行主体的制度建设来看，与其执行行为是密切相关的。因为执行国家政策与地方利益客观上存在冲突，地方政府及其相关部门制度建设的主观能动性未能充分发挥。不少地方对国家政策缺乏真正的"再制定"过程，或者说是缺乏具体化过程，出现了制度建设缺失或滞后现象。而国家政策目标清晰，原则性、指导性强，为地方政府执行政策提供了操作空间，地方政府必须结合本地实际，加强制度建设，才能有效贯彻和执行国家政策。各地在执行随迁子女教育政策的过程中，普遍存在对教育部门职责具体落实，对其他相关部门职责原则强调的情况，但教育部门作为单一的部门却难以真正解决随迁子女的教育问题。同时，各地普遍缺少由政府统筹相关部门，共同管理随迁子女教育工作的具体制度或办法；教育部门代替政府协调相关部门的做法比比皆是。

（四）政策执行客体：随迁子女及其家庭与城市学生及其家庭的差异性显著

由于随迁子女跟随父母在城市里漂泊，无法像当地孩子一样可以正常入学，而是远离家乡异地求学。他们能否正常入学取决于许多不确定因素。比如父母工作的稳定性、各种证件的办理是否齐全、寻找接收学校，等等。而且他们随时都会转学和休学。这些情况对随迁子女的影响是多方面的，首先，由于教育的不连贯，随迁子女的学习受到影响，导致在新班级里面成为差生；其次，由于学习基础较差，群体认同难，极易使随迁子女产生自卑、羞愧等心理情绪，甚至引发心理疾病；再次，随迁子女对新的环境普遍适应能力不强，很难融入到新的学校和班级之中，对他们正常的人际交往产生障碍。

从随迁子女的家庭来看，家长的职业、受教育程度、家庭教育等因素对孩子平等接受义务教育造成许多问题。如进城务工农民普遍从事低层次的职业，收入低，家庭经济困难，家庭教育的物质条件较差；社会地位低，易受歧视，家庭教育权威不高，子女也容易受到心理伤害；职业不稳定，流动性强，导致子女经常转学，没有稳定的学校教育环境等。进城务工农民受教育程度较低，面对城市的各种政策、规章、制度往往手足失措，不知该如何应对。对于各种信息的接受和利用也比较迟缓和困难。比如对于"两免一补"政策的知晓度不高，许多进城务工农民甚至不知道这样的政策信息。对于如何转入到公立学校，也有家长表示不知道如何操作。许多进城务工农民从带孩子进城到孩子入学要花费几周甚至一个月以上的时间，直接给子女的入学和学习造成障碍。

作为政策执行客体和终极目标群体的随迁子女及其家庭，与城市学生及家庭差异性显著，将直接影响随迁子女接受义务教育的质量和健康成长，但这方面的因素目前尚未引起足够重视。在国家和社会更多关注随迁子女受教育机会的同时，需要关注的还有他们接受教育的过程。

（五）政策执行监督：政策监督机制缺位和相关办法不完善

现有的随迁子女教育政策执行缺乏有力的监督保障，是影响该项政策贯彻执行的重要因素之一。首先，国家政策中缺乏政策执行监督的相关内容，关于政策的执行由谁来监督、各职能部门由谁来监督都没有明确的规定，直接影响该项政策的强制性和约束力，执行力度远远不够。其次，进城务工农民随迁子女教育工作还没有被纳入各级政府及其相关部门的绩效评估体系，也缺乏有力的监督机制来督促相关政策文件和相关法律的执行。所以政策执行主体缺乏主动性和积极性，这直接影响随迁子女教育工作的开展。再次，对接收随迁子女公办学校的评估，大部分地区没有把解决随迁子女教育问题纳入评估体系，对学校、非政府组织和个人都缺乏相应的激励机制。

由于政策监督机制，包括相应的激励、约束机制的缺位，使得政策执行过程缺少有力的政策执行手段。地方各级政府在行使权力的过程中，没有相应的制约机制，难以很好地履行应当承担的行政责任；没有激励机制，难以激发各级政府官员创造性地贯彻执行国家政策的动机和行为。比如在国家政策的实际执行过程中，由于缺乏规范的监督约束机制，地方政府在扩大教育资源方面，尤其是增加教育投入改善公办学校接收随迁子女条件上还显得不够主动和积极，更多时候是强调自身的财力不足和资源紧张。

第七章

中国进城务工农民随迁子女教育对策研究

如前所述，进城务工农民随迁子女教育中存在多种问题，要解决这些问题，需要中央与地方各级政府、学校、社会（社区、团体）、家庭等相关主体的共同努力，采取积极措施来应对。我们认为，运用法律的手段可以更好地保障随迁子女的教育公平，同时，必须改革户籍制度及其相关制度，建立公共教育政策体系，并配套使用相关制度保障政策。在确保教育外部力量强力支援的前提下，教育内部力量重点是学校在随迁子女的教育中发挥关键性作用，从学校管理、课程教学、师资素质入手来提升随迁子女的教育质量；作为整个"社会安全网"中的重要支持系统，社区与家庭是随迁子女教育中的两大支持主体。当然，随着时代迅速的变化，2008年全球金融危机影响下的中国进城务工农民突发性的大规模返乡，带来了很多问题，其中重点要解决的问题之一就是其子女的教育问题，因此，本研究在了解相关数据并对其流动趋势作出判断后，提出了相应的对策建议以供参考。

第一节 立法保障：建立《进城务工农民随迁子女教育法》

一、立法背景及指导思想

影响进城务工农民随迁子女平等受教育的因素是多方面的，其中立法不完善是最主要、最根本的原因。国外对于流动儿童都通过专门立法来解决。如美国的《学校促进法案》《不让一个孩子掉队法案》，欧盟的《关于流动工人子女教育的指令》、以色列的《长日制学校法》等法律、法规，都有力地保障了流动儿童平等接受教育的权利。严格意义上讲，除了新修订的《义务教育法》里从法律的高度对流动人口子女的教育给予界定，对"两为主"政策从法律的角度界定之外，我国还没有一部专门的有关进城务工农民随迁子女教育的法律、法规，之前制定的几部全国性的教育行政规章或规范性文件，前者如《流动儿童少年就学暂行办法》，后者如《关于做好农民进城务工就业管理和报务工作的通知》《关于进一步做好进城务工就业农民子女义务教育工作的意见》等，这些法律规范虽然为保障进城务工农民随迁子女就学提供了一定的支持，但由于文本本身具体条款不明确、缺乏可操作性等问题，不利于进城务工农民随迁子女平等受教育权的实现。

我国目前处于构建和谐社会的关键时期，和谐社会的首要特征是"民主法治"，因此，和谐社会法治先行已经成为大家的共识。为进城务工农民随迁子女教育立法既体现了地方政府对于进城务工农民及其子女这一群体在城市中位置的一种认同，也体现了整个社会对进城务工农民及其子女的重要性、影响力的进一步认识。因此，在《中华人民共和国义务教育法》《中华人民共和国未成年人保护法》《城镇流动人口中适龄儿童少年就学暂行办法（试行）》及其他相关的国家规范性文件的基础上，出台《进城务工农民随迁子女教育法》，将是整个社会对于这一社会性弱势群体的一次集中补偿。

教育公平是社会公平的基础，教育均衡发展是公平实现的保证。因此，在本法中应体现教育公平与均衡发展的根本指导思想。

二、立法中具体内容的明确

(一) 明确立法对象

《进城务工农民随迁子女教育法》中的进城务工农民随迁子女是指户籍不在县城及以上城市，而随进城务工就业的父母或监护人在县城及以上城市合法居住的，应依法接受九年义务教育的适龄（6~14 周岁）儿童少年。其中包括两类儿童：（1）在农村出生后随父母进城的适龄儿童少年；（2）父母进城务工后，在城市出生并留城生活的适龄儿童少年。

(二) 明确政府职责

从之前的政策执行主体变化来看，经历了两个阶段，第一个阶段的政策执行主体职责是常住户籍所在地政府和流入地政府共同负责，时间跨度为 1998 年到 2000 年；第二个阶段的政策执行主体职责是以流入地政府为主，流出地政府予以配合，时间跨度为 2001 年至今。但是，相关部门的责任规定仍显模糊。

因此，必须明确流入地政府与流出地政府相关部门的职责。一是流入地的教育行政部门要将进城务工农民随迁子女义务教育工作纳入当地普及九年义务教育工作范畴和重要工作内容，指导和督促中小学认真做好接收就学和教育教学工作。公安部门要及时向教育行政部门提供适龄进城务工农民随迁子女的有关情况。发展改革部门要将进城务工农民随迁子女义务教育纳入城市社会事业发展计划，将进城务工农民随迁子女就学学校建设列入城市基础设施建设规划。财政部门要安排必要的保障经费。机构编制部门要根据接收进城务工农民随迁子女的数量，合理核定接收学校的教职工编制。劳动保障部门要加大对《禁止使用童工规定》（国令第 364 号）贯彻落实情况的监督检查力度，依法查处使用童工行为。价格主管部门要与教育行政部门等制定有关收费标准并检查学校收费情况。城市人民政府的社区派出机构负责动员、组织、督促本社区进城务工农民依法送其子女接受义务教育，对未按规定送子女接受义务教育的父母或监护人进行批评教育，并责令其尽快送子女入学。

二是流出地政府相关部门要积极配合流入地政府做好外出务工就业农民的子女义务教育工作。流出地政府要建立健全有关制度，教育行政部门要做好进城务工农民随迁子女的信息登记工作，并及时传递给流入地教育行政部门,做好配合工作;禁止在办理转学手续时向学生收取费用,建立并妥善管理好外出学生的学籍档案;在进城务工农民比较集中的地区,流出地政府要派出有关人员了解情况,配合流入地加强管理;外出务工农民随迁子女返回原籍就学,当地教育行政部门要指导并督促学校及时办理入学等有关手续,禁止收取任何费用。

(三) 明确就学标准

1. 就学方式

进城务工农民随迁子女到流入地后有不同的就学方式,一是以全日制公办中小学为主接收随迁子女,并按照实际在校人数拨付学校公用经费,不得违反国家规定向其加收借读费及其他任何费用;二是允许社会力量所办学校或专门接收进城务工农民随迁子女的学校作为补充,并对其进行扶持和管理。

2. 入学条件

不同的就学方式其入学条件应有所不同,让进城务工农民随迁子女合理有序的分流,避免公办教育资源的紧张与盲目扩张。

《进城务工农民随迁子女教育法》中的随迁子女进入公办学校要与当地学生在接收、收费、管理等方面同等对待,入学时不得设置附加条件,禁止非法收取费用。具体的入学条件有:一是随迁子女父母在流入地的居住证且居住半年以上。二是随迁子女父母的就业证明。除了具有劳动保障部门出具的就业登记证明、期限为6个月以上的聘用合同或劳动合同外,家政人员、农业劳动人员和无单位从业人员由家政公司、劳动农村、从业地点所在乡镇(街道) 出具证明的也予以考虑。三是父母的农民身份证明。对达到上述入学条件的进城务工人员随迁子女,流入地教育部门根据各自的实际情况,优先统筹安排到公办学校就读,并给予与当地学生同等的待遇。

进城务工农民随迁子女在不具备公办学校的入学条件或者公办资源容量不足时,可以选择社会力量办学或专门接收进城务工农民随迁子女的学校无条件就读。

3. 入学程序

进城务工农民随迁子女在流入地公办中小学接受义务教育的,有两种入学程序可选择:一是经流出地教育行政部门或乡级人民政府批准,由其父母或其他监护人,按流入地人民政府和教育行政部门有关规定,向住所附近中小学提出申请,经学校同意后办理入学手续。二是由公安部门、街道办事处每年对本辖区外来人口进行普查登记和统计；各区、县（市）教育局根据有关资料，发布就学预告，登记并审核其入学资格。审核后，公布就学安置方案，落实进城务工农民随迁子女就学。

（四）明确升学规定

由于流入地初升高政策对进城务工农民随迁子女升学的限制，进城务工农民随迁子女在流入地接受义务教育后，只能有以下几种流向：一是回原籍升入高中，二是进入中职学校就读，三是进入社会。因此，在《流动儿童少年教育法》中对升学应作出符合教育公平、以人为本的规定。一是取消中考或高考户籍限制，一部分优秀初中毕业生在符合流入地升学规定的前提下，可以直接选择升入当地高中或直接在当地进行高考；二是逐步向进城务工农民随迁子女开放中专、职校、技校等教育资源，供其自由选择。

（五）明确经费保障

《中华人民共和国义务教育法》第四十二条规定："国家将义务教育全面纳入财政保障范围，义务教育经费由国务院和地方各级人民政府依照本法规定予以保障。"《国务院关于做好免除城市义务教育阶段学生学杂费工作的通知》中指出："地方各级人民政府要按照预算内生均公用经费标准和实际接收人数，对接收进城务工人员随迁子女的公办学校足额拨付教育经费。"根据国际惯例以及我国义务教育管理体制存在的问题考虑，必须建立进城务工农民随迁子女教育计划专项资金，由中央政府根据各地随迁子女的动态数量直接拨款，这样，不仅为随迁子女教育提供了充足的经费保障，而且充分调动了流入地政府和流出地政府寻找和确认随迁子女的积极性。

（六）明确法律责任

任何法律都必须有明确的法律责任来保证其约束力。因此，在本法中必须明确对于承担法律责任的主体及其职责和义务作出规定。比如，对于城市全日制公办中小学校拒不招收符合入学条件的流动儿童少年入学的，由教育行政部门责令改正，逾期仍不改正的，对有关单位负责人和直接责任人员给予行政处分；对于招收流动儿童少年入学违反规定收取费用的，由行政监察机关、价格主管部门、教育行政部门责令限期改正，逾期仍不改正的，由价格主管部门没收违法所得，责令退还违反规定收取的费用，并由行政监察机关、教育行政部门对有关单位负责人和直接责任人员给予行政处分等。

以上内容是在立法中必须予以首先明确的条款,而一部完整的法律需要在深入思考的基础上进一步完善和丰富。

第二节 制度设计:完善相关政策法规,保障执行力

一、加快城乡户籍制度改革,扫清随迁子女教育深层次的制度障碍

长期以来不合理的城乡分离的户籍制度是造成随迁子女教育中诸多问题产生的根源。因此,必须加快户籍制度改革,目前,我国户籍制度的改革已启动。江苏省自2003年5月1日起在全省范围内全面推行以居住地登记户口为基本形式的新型户籍管理制度;湖北省自2004年起也将取消农业、非农业户口的性质,湖北省居民的户口类型将统称为"湖北居民户口"。这些户籍制度的改革起到了一种示范作用。但是加快户籍制度改革并不可能完全取消户籍制度,而是逐步弱化乃至取消与二元户籍制度相关联的城乡分割的各项相关制度,从源头上保证进城务工农民的平等地位,给予进城务工农民随迁子女应有的国民待遇。

二、完善公共教育政策体系,建立随迁子女教育政策实施监督机制

(一)完善公共教育政策体系,保障随迁子女公平受教育权

自1989年开始至今,从中央到地方陆续出台了一系列进城务工农民随迁子女教育的相关政策法规,并且由单一的教育规章逐步形成具有中国特色的教育政策法规体系。但是,由于有些是在未考虑城市化过程中人口大量流动的情况下制定的,有些相关法律、法规还存在着明显的滞后性和不适应性,因此,我们认为要从根本上解决随迁子女的义务教育问题,必须根据时代变化、人口变化不断完善与随迁子女相关的国家公共教育政策体系。

首先,对已经出台的相关政策文本中模糊化的地方进行完善,形成实用的、可行的、具有操作性的政策方案,或出台补充性政策。如国务院办公厅

转发教育部等部门的《关于进一步做好进城务工就业农民子女义务教育工作的意见》中倡导"以流入地政府为主"中，要解决的关键问题很大程度上是要建立随迁子女接受义务教育的经费筹措保障机制，然而政策文本中只是提到"要对接受进城务工就业农民子女较多的学校给予补助"，既没有明确"较多"是个什么概念，也未说明补助的出处；而对于流出地政府的"辅助"责任，《意见》也是原则性地提出"积极配合"，其中涉及流出地、流入地政府最核心的责任分担、协调管理等内容却未明确设计，等等。因此，要对这些条款进行修正或出台补充性政策作详细说明。

其次，加强地方教育政策对国家教育政策的呼应，地方政策制定机构要完善地方教育政策体系及实施细则的制定，保证随迁子女教育政策执行的延续性。

（二）建立政策实施监督机制，为政府全面准确落实打基础

政策实施或执行是政策制定后的关键环节。要保证政策执行力的高效性与实效性，必须建立一系列配套的政策实施监督机制。

1. 政策制定时实施全程监督，实行主要领导问责制

在政策制定过程的各个阶段都应建立必要的监督机制。如政策问题的征集制度，政策方案设定的听证会制度，政策执行效果的评价、修改、调整制度，对于前后出台的相关政策要统筹安排，密切配合，形成一整套完善的政策体系。

在政策实施中所涉及的主体，主要指各地政府部门。各地要根据中央政策文件精神，针对各地实际情况制定相关具体可操作的措施，并以法律文本形式落实。同时，进一步完善政府管理体制，明确责任与义务，统筹安排协调各相关部门共同致力于解决进城务工农民随迁子女教育问题。对于实施主体的职责是否到位，要实施主要领导"问责制"，以强有力的手段保证督促政策的执行力。

2. 建立政策执行过程督导评估制度，实行教育系统内外结合方式

教育政策的执行主体涉及多层级、多部门，既需要教育系统内部的督促激励，也需要教育系统外部的监督。因此，在教育系统内部，要建立自上而下分级督导评估制度，从教育部国家教育督导团、省级人民政府教育督导室到省级以下教育督导部门对"两为主"政策落实、经费投入和乱收费等重点督导；建立各级各类随迁子女接收学校评估制度和激励机制，建立评估指标体系，开展综合评估，纠正不规范办学行为，改善办学条件，提高教育质

量。在教育系统外部，建立社会监督机制，定期发布进城务工农民随迁子女教育状况，接受社会监督。

三、配套使用各类相关制度，尽力保障随迁子女教育政策有效执行

（一）实行对随迁子女的教育补偿制度

联合国教科文组织和主要发达国家都强调弱势补偿，即对教育弱势群体进行某种补偿教育，以消除现实教育上的不平等。美国为确保补偿教育计划实施而不断更新法案的做法足以给我们经验与启示，因此，一方面要建立对随迁子女这类弱势群体的补偿制度，加强对随迁子女的补偿力度；另一方面，既有的随迁子女教育问题在某种程度上是由于不合理的政策造成的，通过政策调节也可以改善这类弱势群体在教育中的不利处境。

因此，要确立教育补偿的一个重要原则，即对随迁子女在分配教育资源时进行弱势倾斜，实行对随迁子女的"优先扶持"。具体实施可以借鉴"教育券制度"，其主要特点是"钱随人走"，而流入地政府和流出地政府之间，再按实际发生的"教育券"数量，经中央政府进行财政转移支付。但是要明确，不同省市由于地区经济发展、教育发展水平不同，对于教育券制度的具体实施需要制定具体的使用策略。同时，对于不同类型接收随迁子女入学的学校使用教育券也要经过仔细思考。

（二）建立随迁子女教育政策定期宣传制度

政策宣传将会对进城务工农民的流动产生一定的正确引导，鉴于调研中发现的政策宣传力度不足的问题，建议建立随迁子女教育相关政策的定期宣传制度。宣传主体由流入地政府相关部门包括财政部门、教育行政部门、宣传部门、价格主管部门等多部门联合，结合本地特点，按照一月一次或两月一次或更长的周期，通过电视、广播、报纸、网络、板报、宣传栏、宣传册等多种渠道加强政策宣传。宣传形式包括组织进城务工农民培训，加强对当前随迁子女教育相关政策的了解；发放宣传材料，将随迁子女教育相关政策印成小册子发到进城务工农民手中；提供咨询服务，定期组织部门人员与进城务工农民面对面交流，利用进城务工农民集中的地方开设咨询点；开展政策宣讲，利用当地的报纸、电台、电视台等新闻媒体，进一步加大对随迁子

女政策内容的宣传力度。

(三) 建立流入地和流出地政府相关部门的共同管理制度

近年来随迁子女教育相关政策不断强调以流入地政府为主，明确了流出地政府的配合责任，并对教育、公安、人事、民政和劳动保障等部门职责予以明确规定。要让流入地政府、流出地政府相关部门齐心协力，密切配合，需要建立密切配合、有机衔接、双向互动、共同负责的管理制度。如随迁子女信息定期通报制度、各地政府相关部门定期联席会议制度、互相监督制度，等等。

(四) 分类实施一体化管理制度，促进公民办教育的共同发展

在民办学校较多的省市，加快公办教育与民办教育均衡化发展的步伐，是解决随迁子女教育问题的内在需要。深圳南山区公民办教育一体化管理经验表明，在公办资源容量不足以满足大规模随迁子女教育需要的时期，将公民办教育实施一体化管理不仅有助于缓解公办教育资源的紧张形势，而且有利于保证随迁子女教育教学质量。因此，将民办学校纳入省、市教育局各职能部门统一管理；建立教育局机关领导干部挂点民办学校制度；公办学校派驻管理干部到民办学校挂职制度；实现公民办学校之间优质教育教学资源的充分共享，引导和促进民办学校提高办学水平。落实民办学校与公办学校同等的法律地位，民办学校师生充分分享公共教育资源。政府可以委托民办学校接收义务教育阶段的学生，并给予教育经费补贴。落实民办学校教师与受教育者的法律地位。使民办学校教职工在资格认定、专业技术资格评审、岗位培训等方面依法享有与公办学校教职工同等的权利。

对于北京、上海、郑州等未获准打工子弟学校较多的城市，它们的存在目前仍然是必要的。但是，需要对这类学校统一标准规范管理，对这批面向进城务工农民随迁子女的打工子弟学校设立一个基本的办学标准；严格考核师资素质，应建立教师的基本资格认定及教师业绩管理制度；严格审批加强督导；对办学条件好、生源丰富的学校，应予以扶持和指导，鼓励它们的发展；并合理引导将公办学校与民办学校或打工子弟学校实行捆绑式管理。公办学校可以利用闲置的教育资源，为民办学校提供帮助。当生源数减少时，可将其实验设备、运动场地、图书室等硬件设施支援给民办学校。湖北武汉私立大江小学正是采取了这样的做法，私立大江小学是在中科院子弟学校基础上创办的，专门招收流动人口子女入学，不收赞助费和借读费。中国科学

院武汉分院子弟学校是武昌小洪山一带办学条件最好的小学,高峰时曾有学生1 200名,目前由于处于入学低谷,招收的适龄学童逐年减少,2000年学生仅200多名。生源不足而场地有空闲,于是学校决定将部分教室和场地出租,让私人办学,客观上也解决了流动人口子女的入学难题。

对于主要以公办中小学接收为主的城市,如重庆、乌鲁木齐等地需要进一步加强统筹规划力度,根据人口变化趋势、随迁子女数量变化进一步挖掘公办学校潜力资源,扩大公办学校招生容量,在流动人口特别集中的城郊结合部,提高公办中小学的办学水平和招生能力,或者增设新的学校,来解决局部区域内随迁子女入学紧张的状况。

(五)建立统一的流动信息实时统计制度和电子化学籍信息管理系统

地方各级人民政府要将进城务工人员随迁子女义务教育纳入公共教育体系,必须根据进城务工人员随迁子女流入的数量、分布和变化趋势等情况,合理规划学校布局和发展。

首先,建立统一的流动信息实时统计制度,公安部门和计划生育管理部门对随迁子女的流动信息需要定期通过网络手段实时掌握,可以以校级为单位,以学期为周期,以实际居住为统计依据,将父母、子女信息由公安局或计划生育部门联合统计,及时掌握流向。

其次,建立随迁子女电子学籍管理系统。由公安户籍管理部门和教育部门共同实现电子网络化管理,学籍管理可以依托个人身份证号码作为学生唯一的学号进行管理。学生的个人信息通过输入放置在教育部门的服务器上,使用时把学号输到计算机里作为调出档案的索引,就可以方便查询学生的学籍资料。根据权限的不同,还可以写入数据,记载学生的流动情况。如进城务工农民父母只需出示学生身份证明,流入地学校和教育部门可以通过网络查阅到其子女的所有记录,并可临时调动该生的档案或往学生的档案中添加新的信息,实现远程管理。同时,流出地部门也能清楚地了解到儿童的流向。这样就避免了随迁子女管理规定中转学的繁杂条款,不需要家长为学生档案调动而专程往返办理调动关系。学校要按照学籍管理的有关规定,通过中小学管理信息系统为每一位在校就读的学生建立电子学籍,并在规定时间内为学生发放全国统一的电子身份证件,即"学生卡"。保证流动到哪里都可以使用。

(六)建立科学有效的教育教学质量督导评价制度

教学评价是根据教育目标的要求,按一定的规则对教学效果作出描述和确定,是教学各环节中必不可少的一环,它的目的是检查和促进教与学。对于随迁子女而言,教育教学质量的高低是影响其选择就读学校类型的关键原因。因此,建立科学有效的教育教学督导制度十分必要。

首先,明确新时期的教学评价对象已由教师转向学生,现在是以学习者为中心的教学评价,评价的标准从知识转向了能力,学生自主学习的能力,还包括了学习动机、兴趣等非智力因素。而教师已经从中心主导地位转变到了意义建构的帮助者、促进者、学习者的伙伴,所以对于教师的评价则转变为是否能激发学习者的动机、主动精神和保持学习兴趣以及是否能引导学生加深对基本理论和概念的理解等。

其次,成立随迁子女教育教学质量督导评价工作组。专门针对不同类型的学校分类建立督导评价指标,特别是对于民办学校和未获准打工子弟学校而言,督导评价与公办学校不同。

再次,督导评价的内容既包括教育教学内容、课程设置、教学方法、教学设计、教学过程、教学效果、教师对随迁子女的教学态度等;也包括随迁子女的学习成绩、学习能力、学习态度、学习兴趣、思想品德和行为习惯等。

最后,建立完善的质量报告制度,通过监测及时发现问题和解决问题。在教育教学质量监控过程中要重视监测对象的主体地位,充分发挥学校、教师、随迁子女的主观能动性,挖掘他们在教与学过程中的积极的内在动力。

第三节 学校教育:强化管理,优化教学

一、强化学校管理,为随迁子女教育提供人本环境

随迁子女教育问题是教育的一个新课题,也是给学校管理者提出的新挑战,如何建立科学的管理制度和管理方法,如何提高教师的综合素质,为随迁子女提供良好的师资力量,并最终形成一种关爱随迁子女的良好校园氛围,都有待进一步研究。

(一)建立灵活的随迁子女教育管理机制,提升管理效能

进城务工农民的突出特点是工作生活的流动性强,住所不固定和经济状

况不稳定，导致随迁子女流动频繁，插班和转学现象比较普遍。学校应树立服务随迁子女的理念，实行灵活的管理方式，不因管理制度的条条框框使随迁子女错失教育机会。从学校内部来看，针对学生流动性强和学习不连贯的特点，在学籍管理方面可采取灵活的方法。如前文提到的电子学籍管理系统，保证随迁子女学习的连贯性和稳定性，并能够使学校和教师根据学籍了解随迁子女的信息，有针对性地实施教育。同时，对家庭经济困难的随迁子女要实施不同程度的补助。此外，由于大部分随迁女家长文化素质不高，工作时间比较长，无法辅导孩子的学习，家庭学习环境也差。因此，可以对随迁子女提供各种特殊服务，如适当延长随迁子女在校时间、提供学习辅导，有条件的学校可以实行寄宿制管理，等等。

（二）加强民办学校和未获准打工子弟学校教师队伍建设与管理

在民办学校和未获准打工子弟学校中，师资队伍状况不容乐观，存在着结构不合理、质量不高、队伍不稳定和继续教育乏力等问题。针对这一问题，需要采取以下措施来解决。①加强民办学校的师资配备，对学校教师工资待遇标准作出相应规定；②把民办学校教师管理（如评职评优等）纳入教育行政部门统一管理，增加教师队伍的稳定性；③在学校教育教学过程中注重对教师的培训、加强对教师的在职教育，在培训过程中，要积极探索各种行之有效的培训模式，进行有针对性和有实效性的培训，要充分利用电脑等现代化的教育手段，开展培训工作。对于未获准打工子弟学校而言，其师资情况存在着比民办学校更为严重的问题，如教师整体素质低、流动性大等。因此，教育行政部门应对未获准打工子弟学校的师资力量严格审核，在进一步规范未获准打工子弟学校的前提下，将其纳入民办学校管理，与民办学校教师实现一体化管理。

二、优化课程教学，为随迁子女创造优质课堂

由于随迁子女的流动性以及来源地的差异性，使流入地学校在课程教学中遇到了一些难题。因此，必须建立多元的、灵活的课题与教学体系、合理安排课题内容、调整教学进度等措施来解决问题。

（一）搭建多元、开放的课程与教学体系

由于随迁子女来自各个不同的地区，在课程衔接上存在不适应的情况。

城市公办学校大都采用的是城市的地方课程，专门为随迁子女开设他们所在地区的课程或开设全国统一的课程都不太可能，这就要求我们在课程设置上表现出灵活性。一方面，必须保证城市学校正常教学计划和教学内容的相对稳定性，坚持以城市现有课程教学为主；另一方面，要根据本校、本班级随迁子女的具体特点，进行认真调查和了解，分析有关随迁子女以前所学课程的特点，寻找有关地方课程与现在课程的可沟通性和可交融性，通过选修课、兴趣小组、个别辅导等多种形式帮助他们尽快适应现在的课程结构、课程体系和教学内容。

（二）开发适应随迁子女需求的校本课程的实施策略

美国学者詹姆斯·班克斯（James A. Banks）认为，多元文化教育课程的设计应当把握五个"维度"：内容的统合、知识的构筑、歧视的减少、平等的教育学、加强学校文化和社会结构的作用（张增田 等，2004）。詹姆斯·班克斯的"五维度论"对随迁子女教育中的多元课程设计很有启发。

1. 合理安排课程结构，整合课程内容

在课程结构上，恰当安排学科课程、活动课程和潜在课程等多种课程类型，尤其要注意通过活动来调动学生的积极性和主动参与意识。

在课程内容上，应根据本校随迁子女的学习程度安排有梯度的教学内容，开设针对性的培优补差课程。教师在教育教学实践中，应正确认识随迁子女的学习能力以及随迁子女教育的特殊性，设置适应他们学习能力的课程内容，逐步提高他们的知识水平和学习能力。随迁子女普遍学习基础较差；因此，学校应当根据他们的实际情况设置课程、制订教学要求。可以先适当地降低要求，培养他们学习的信心与兴趣。把大目标分成若干个小目标，让他们一个一个去实现。最终通过一段时间的学习，使他们逐步达到对城市学生的教学要求。以英语学习为例，城市孩子从小学三年级开始就接受系统、正规的训练，进入初中以后，面对较高的听、说、读、写要求自然适应较快。而对于随迁子女来说，进入初中之前甚至连一个"字母"都不认得。不同的学习起点决定了这部分学生在英语学习中面临着极大的困难。学校完全可以针对他们的现状，采用低层次的教材，从基础教起。

在活动课程中，不仅要突出主流文化的精华，而且要关注和掌握随迁子女的当地课程内容及课堂用语，将他们的生活例子有效地引用于课堂活动（如讨论、分享等）和考核内容中（如作文课上加插随迁子女当地的山川、人物、节日和风俗等的选评）。

2. 合作学习，提高随迁子女学校融合度

很多随迁子女的家庭背景与城市学生家庭背景有很大区别。一方面是很多进城务工农民家庭有 2~3 个子女，父母多从事低收入工作，教育程度有限，相对于城市学生家长缺少充足的教育资源；另一方面，很多随迁子女由于父母工作忙，无法得到父母的悉心照顾，并且常常是由于某一家庭原因，突然决定转学到城市就读，没有足够时间与亲友、同学和师长告别，形成关系网络的断裂，从而产生心理失落和压抑。因此，在随迁子女就读学校应特别倡导合作学习。通过合作学习，学生在小组活动中会逐渐建立个人及超个体的身份。成为小组成员后，学生通过合作小组中的互动，逐步确立起自己的个人身份、团队身份、本地社会的市民身份和全球社会的公民身份。合作学习能够提升学生的自尊心及心理健康，提升他们独立工作的能力及自主性，改善他们的人际关系及小组技巧，并能增进他们对相互依靠和协作的理解。促进与同学合作、交流、沟通，提高学校生活的融合度。

3. 分类指导，促进随迁子女教育可持续发展

学校要根据随迁子女学习基础的不同，对不同层次、不同水平的学生分别对待。对于学习兴趣浓厚、求知欲强、爱好广泛、基础扎实的学生，教师要给予他们自学和探索的机会，适时加以辅导，同时，可让他们多参加课外活动，以扩大视野，拓宽知识面；对于那些在学习上缺乏兴趣、学习不能持之以恒、学习成绩不稳定的学生要严格要求和善于引导，培养他们勤奋学习的精神和独立思考的习惯；而对于那些智力因素相对较差、学习较差的学生则要帮助扶持，耐心教导，特别是在学习方法上要注意多加指导，同时，指导他们多做习题，积累基础，树立学习的信心。目前，在公办中小学中，学校并没有对孩子们的辅导工作做统一的部署。因此，可采用老生与新生结成对子，形成一帮一的方式；联系有关老师，利用双休日、节假日将随迁子女集中起来，开展单独讲座、知识技能的补缺辅导；开设入学基础班，对基础知识进行集中教学等。可以借鉴华东师范大学熊川武教授提出并在全国广泛实验、推广的自然分材教学模式。

（三）实施多主体教学评价，吸引随迁子女主动参与

传统的教学评价，其关注点在于对学生的学业成绩加以区别、分等和排队，并以学生的考试成绩来考核教师的教育水平等。但是，这种评价方式对于随迁子女而言极不公平。大多数随迁子女的学业成绩较低，加之由于农村和城市生活习惯差异，随迁子女缺乏符合城市标准的日常行为习惯，造成日

常行为、文明礼貌、校纪班规的遵守等方面与城市学生有较大差别，加大了教师的教育教学与管理的负担。教师往往会对随迁子女产生偏见，从而影响了教师对学生的正确评价。因此，不能仅以一元化的城市取向的评价标准为尺度去评价随迁子女，而应该依据美国教育学家霍华德·加德纳的"多元智能理论"，实行多元化评价，发现随迁子女身上体现的吃苦耐劳、学习刻苦、品质良好等闪光点，并加以积极诱导。同时，学校在制度层面上也要保证随迁子女与城市学生享有平等的受奖评优、入团入队的机会，取消因制度身份差异而对随迁子女的限制，实现对随迁子女平等的教育评价。引入多主体参与评价。如学生自评，针对随迁子女自身特点，采取学生自我评价模式。这种评价不是让他们与城市学生比，而是让他们对照自己的现在和以前比是不是进步了。如果学生通过努力取得了进步，尽管这种进步距离教学的要求还有相当长的距离，但是教师应该给予及时的表扬，这对于学生自信心的树立，对于其学习的独立性和自主性的提高都将有极大的帮助。

三、打造校园文化，为随迁子女教育营造和谐校园

学校教育应该承担多元文化的传承功能，使随迁子女既能对流入地文化适应和继承，又能在原有文化特质上得到尊重与保留。学校教育不应以某一地的文化主流自居，要求流入者去单向顺应与遵从，而应同时尊重和吸纳其带入的异质文化，帮助其与流入地文化形成良性融合。

（一）转变观念，给随迁子女以特殊的人文关怀

首先，无论是公办学校还是民办学校和未获准打工子弟学校，领导、干部和教师必须从思想上入手，认真学习、充分领会政府和各级有关部门政策精神，明确随迁子女接受义务教育的重要意义。随迁子女来自全国的各个地方，其语言、文化背景、生活经历、家庭环境、学习基础等方面都有着多样性和差异性。学校和教师应该尊重这一群体的特殊性，既要引导随迁子女尽快融入城市社会，又要保留随迁子女自身文化的多样性。

其次，学校管理者和教师要树立平等意识，构建学校平等、无歧视的教育环境，消除随迁子女进入公办中小学的心理门槛。在教育教学、评优奖励、入团入队、课外活动等方面，学校都要做到平等对待随迁子女与城市学生，不得歧视随迁子女，从而实现教育教学过程的平等。

再次，作为与学生"亲密接触"的教师，要成为随迁子女心灵成长的

关注者、世界观形成的引导者，必须认真对待和关心每一位随迁子女，给予他们足够的关注和特殊的人文关怀。帮助随迁子女树立信心，充分发挥他们的潜能，使他们在一个良好的氛围中茁壮成长；同时，教师在日常教学过程中应该自觉地运用"皮格马利翁效应"，通过对随迁子女的关爱、鼓励、期望和暗示，树立他们的自信心，使随迁子女能在具有"文化亲和力"的环境中成长。总之，教师的人文关怀和科学引导，对改变随迁子女的弱势地位，促进与城市的融合有着积极的意义。

（二）促进随迁子女与学校文化的共融与认同

缺乏归属感是随迁子女普遍存在的心理焦虑。在专门的进城务工农民子弟学校，随迁子女整体上有一种共同的文化认同，其文化差异不大。但进入公办学校读书的随迁子女，明显感觉到自身的差异。

首先，公办学校要积极促进随迁子女与当地学生的融合，达到互学互补的作用，不宜将随迁子女单独编班。

其次，必须重视良好师生关系和良好生生关系的创设。利用课堂上师生互动，给予随迁子女更多的关注与爱护；课下经常谈心，更好的了解其心理状态。同时，鼓励随迁子女与当地学生在合作中学习、玩耍。可以利用农村孩子吃苦耐劳、艰苦朴素、自立能力强的特点引导城市孩子开展自我教育活动，帮助城市孩子养成勤俭节约、热爱劳动的习惯；可以引导城市孩子帮助农村孩子形成健康文明的生活方式和生活习惯；还可以通过主题班会等各种形式，让来自不同地区的孩子讲解自己家乡的风土人情，介绍家乡的风光、物产，丰富大家的乡土知识，培养学生的爱国情怀；也可以充分利用本班随迁子女的各种特长让他们担任有关班级职务，激发他们的自信心，为他们创造机会参加各种比赛，为班级争光，让他们赢得同学的信赖，等等。（付明艳，2006）

（三）注重道德与情感教育，培养健康人格

随迁子女在学校教育活动过程中遭受不平等待遇，强烈的被剥夺感和心理归属感的缺失使随迁子女变得迷茫，并产生矛盾、冲突的心理，而这些心理状态将影响他们的人格健康发展。因此，这一现象在教育中应给予高度重视。

1. 从行为习惯养成入手，加强道德养成教育

道德养成教育是指家庭、学校、社会根据个体道德的形成规律，通过对

受教育者的道德行为进行有计划、有组织地反复训练，使之形成稳定的行为习惯，从而将社会道德规范内化为个体的道德伦理结构，凝聚为道德品质的培养方法。日常行为规范的养成教育是学校德育的重要内容，在随迁子女身心发展的最佳时期，从小抓、抓小事。通过教育促进随迁子女个性社会化的发展，促进随迁子女自觉性、独立性、自制力等良好个性品质的形成，促进随迁子女的全面发展和可持续性发展。在行为习惯的养成教育中，要坚持以下原则：①细致性和差异性相统一。在尊重学生差异性的基础上，学校在对随迁子女的养成教育中要力争做到细致性与差异性相结合的原则。既要重视随迁子女良好行为习惯的建立，也要重视其不良行为习惯的矫正，这样才能让每个随迁子女全面地成长。②发挥学生的主体性。主体性是人的根本特征，是人实现全面发展的核心。通过创设各种随迁子女主动学习、主动参与的机会或者任务，有意识地让随迁子女作为主角，培养他们的主体意识和能力，让随迁子女在各种各样的学习和活动中形成良好的行为习惯。

2. 注重引导，加强心理健康教育

随迁子女处于身体和心理发育的重要时期，家庭的频繁流动、环境的陌生、城乡生活的巨大差异等因素都可能给他们的成长带来不同程度的影响，从而进一步影响到他们的学习和正常的生活。因此，加强随迁子女的心理健康教育十分必要。

首先，学校要从制度着手，制定有关心理咨询的规章，并进行科学分工，明确教师的责任，把心理咨询作为一项经常性的工作。同时，要配备专门心理辅导人员负责随迁子女的日常心理问题，开展相关的研究，鼓励教学人员在平时的学习和生活中关注随迁子女的心理状况，一旦发现问题可有针对性地加以解决。

其次，要展开积极的活动，缓解随迁子女的心理压力。学校可举办心理健康讲座，消除随迁子女进入公办中小学后可能产生的心理障碍，呵护他们的自尊心，帮助他们摆脱自卑的阴影，提高他们的环境适应能力，从而使他们能够自立、自强、自信地面对学习和生活；可与随迁子女进行当面的或书面的交流，深入了解随迁子女在学习和生活中遇到的问题，并及时加以解决。同时，可为随迁子女提供一个积极的、健康的可供发泄的、对随迁子女的心理缓和有所帮助的辅导场地。北京市金顶街职业高中对问题随迁子女开展了个别的指导和个案研究。具体是由班主任建立"谈心本"，让随迁子女写日记，谈生活、学习中遇到的困惑。通过这一窗口，使教师了解随迁子女的所思所想，并有针对性地加以指导。

最后，尽可能给随迁子女创设自我实现的空间，为其发现自身优点、积极改变自己创设条件。教师应根据随迁子女的潜能，为他们提供广阔的空间，使他们有机会锻炼自己、展现自己。如开展自理能力比赛，让独立性强的随迁子女在比赛中脱颖而出；开展人人参与选拔的运动会，使动作技能强的随迁子女有用武之地，等等。在活动中获得成功的经验会让他们产生成就感，消除"我几乎处处不如别人"的消极认识，从而树立"只要努力，我也行"信念。成功的快乐体验和对自我的点滴肯定，有助于有自卑心理的随迁子女走出心理低谷，从而变得自信、自强。

第四节 家庭与社会：构建随迁子女教育一体化格局

在弱势群体的研究中，有研究者指出，任何人、任何群体、任何机构都无法将那些"强者"之外的社会成员排除在社会进程之外，而要向弱势群体提供能满足他们需求的社会支持，就需要构建一种包括政府、社会、家庭、个人在内的社会支持体系，也就是社区安全网。那么，对于随迁子女而言，除了政府、学校之外，社会的支持特别是社区的支持和家庭的支持同样是非常重要的，并日益显示出强大的功能。

一、优化家庭教育，构建健康温暖的家庭培育环境

法国著名少年节目主持人克里斯琴·施皮茨博士曾经这样忠告做父母的人：培养你们的孩子，多和孩子在一起，因为亲情的抚慰与关怀有助于孩子的成长。（向冬梅，2006）虽然随迁子女可能与父亲或母亲在一起，但是父母的工作繁重，与孩子们的沟通、交流十分有限，这些孩子随父母远离家乡，距离阻碍了他们与祖辈们以及其他家乡亲人的交往，因而缺乏亲情的抚慰与关爱。但这也恰恰说明，随迁子女教育，必须要突出家庭教育，以弥补亲情、关爱的缺失，努力为随迁子女创造温馨的大家庭氛围。

首先，转变家长的教育观念。通过多种渠道帮助农民工树立正确的教育观念，如认识到孩子接受教育的重要性和必要性；多与教师取得联系，主动向教师、优秀家长请教；树立终身教育的理念，父母能够通过自己的努力给孩子以积极的影响，等等。

其次，建立家长学校，提升家庭文化能力和父母监护水平。许多农民工

虽然能够对自己孩子进行面对面的直接教育，但农民工作为父母缺乏教育子女的科学知识和方法，因此改善农民工的教育水平和教育能力是改进随迁子女教育的重要层面。比如，可以建立家长学校，定期进行系统的培训和专项知识学习；也可以利用家长会或家访等形式对农民工进行有针对性的指导，交流随迁子女教育的方式和方法，提高他们对教育的认识水平和综合素质。

再次，密切家校协作。①做好随迁子女入学沟通工作。随迁子女入学后应及时与家长沟通，帮助家长了解学校教学情况及对家长在教育中的建议；②认真贯彻好"家访"制度。大多数农民工收入低、劳动时间长、劳动强度大、劳动时间不固定，很多时候没有时间和精力主动到学校与教师取得联系或到校参加家长会，针对这种情况，教师主动走出学校，深入到随迁子女家庭，与家长沟通、了解随迁子女情况，既容易掌握第一手情况也能更好地拉近与家长的距离；③建立学校与家庭联系卡制度。家庭联系卡是建立在"家访"的基础上，通过电话、书信等手段与随迁子女家长加强联络的一种新方式。通过让家长了解儿童每天在学校的情况，包括思想、学习、生活表现等，提醒家长鼓励、表扬儿童点点滴滴的进步。评语应该为家长了解孩子在学校的表现提供足够的、具体的信息，详细而生动地展现孩子的学校生活。在家校联系卡上设立"喜报栏"，开辟"家长留言处"，留下老师对家长的建议和家长的困惑；④为家长参与学校教育搭建开放的活动平台。开展丰富多彩的亲子活动，以帮助家长开阔教育视野、更新教育观念，并让亲子之间有更多相互了解、交流、学习的机会。另外，通过亲身体验学校氛围，实地观摩课堂教学，使家长进一步了解教育的复杂性、艰巨性，从而提高对教育重要性的认识，增强对改进家庭教育的重视程度。

二、挖掘社区资源，构建多元互动的社区教育模式

根据现代大教育的理论，教育不再是学校教育的狭义概念，它包括学校教育、家庭教育和社会教育三个方面。对于随迁子女来说，他们在家庭教育和学校教育方面都不如城市学生，从而使得这些孩子的社会教育显得尤为重要。

首先，创设良好的社区环境，给随迁子女提供一个健康的成长环境。政府要在流动人口聚居的地方建立社区图书室和活动场所，大力开展社区服务。

其次，动员多方力量，共同关心随迁子女教育问题。①充分发挥妇联、

共青团的作用,利用自身的组织优势和人员的专业优势,开展各种宣传和教育活动,提高人们对随迁子女教育问题的认识水平,组织城市家庭与民工家庭互助、结对子等活动,关怀随迁子女的生活、开拓随迁子女的眼界;可以开展多种形式的调查研究活动,了解真实状况,向本级或上级的人民政府或相应的党组织建言献策,为解决随迁子女教育问题作出更大的贡献;也可以举办社区家长学校,强化家庭教育责任,提高家庭教育科学知识的覆盖面;同时,针对外出打工人员家庭教育知识贫乏的现状,各级妇联组织应继续深入地做好家庭教育科学知识的普及工作,提高家庭教育工作的知晓率,使随迁子女的家长树立正确的教子观念,掌握科学的家庭教育知识,提高自身素质和家庭教育能力,促进随迁子女健康成长。②动员扶贫、慈善机构等非政府组织,认识到随迁子女教育的重要性,给城市生活困难的农民工家庭以更多的援助,帮助他们改善经济状况,减轻家庭负担,以使监护人有条件照顾和关爱自己子女的生活、起居和学习。尤其是一些扶助教育类的机构,应继续加大对经济、生活特别困难的随迁子女家庭的服务,使这部分儿童也能健康成长。③调动学者和青年志愿者的积极性。更多来关注随迁子女的教育问题,鼓励他们深入到实际,开展经常性的调查研究,以提出合理化的对策和建议。引导青年志愿者以丰富的知识和先进的理念、浓厚的热情,到农民工密集的社区去服务、支教,以改进随迁子女的教育现状。

再次,搭建家、校、社区联盟,构建多元互动的社区教育模式。可借鉴北京韩嘉玲教授牵头组织的流动人口教育与行动研究中心的成果,以社区为切入点,为随迁子女进行各种服务,同时,挖掘随迁子女自身的潜能,帮助他们形成自己的互助网络,探索出一种较系统的"由下而上"的参与模式,即在活动对象方面,包含随迁子女、他们的家长以及社区其他成员;在活动的内容方面,多针对社区中出现的实际问题进行活动,并没有固定的教科书;在活动的方式方面,采用参与式的活动方式,来调动活动对象的积极性,使之真正参与到活动中来。通过社区成员激发家长和儿童主动参与活动,增强随迁子女及其家长的信心,最终提升随迁子女及其家庭的社区融入度。

第五节 进城务工农民随迁子女返乡情况分析与教育对策

一、进城务工农民随迁子女的返乡情况分析

（一）进城务工农民及随迁子女的"回流"现象

受金融风暴的影响，有不少在城市失业的进城务工农民陆续返乡。根据国家统计局在全国31个省、857个县、7 100个村和68 000个农村住户开展了一次大规模的抽样调查数据分析显示，截至2008年12月31日，全国进城务工农民总量为22 542万人。其中本乡镇以外就业的外出进城务工农民数量为14 041万人，占进城务工农民总量的62.3%。春节前，返乡进城务工农民为7 000万人左右，约占外出进城务工农民总量（14 041万人）的50%。春节后，在返乡的7 000万进城务工农民中，大约80%以上已经回城务工，其中，有4 500万人已经找到工作，1 100万人仍处于寻找工作状态；近20%就地就业、创业或寻找工作。从回流区域看，从东部地区返回的进城务工农民较多，占62.4%，而中部地区、西部地区返回的进城务工农民的比重分别为16.1%和21.3%。其中，从广东省返回的进城务工农民占24.6%；从长江三角洲返回的进城务工农民占17.2%（中华人民共和国国家统计局，2008）。

从部分流出地对返乡的进城务工农民统计数据分析。安徽2008年底全省农村转移劳动力总量达到1 125万人，比上年增长1.6%，占整个乡村劳动力的27.4%，受国际金融危机影响，当年返乡劳动力比重上升为13.3%，比上年上升1.4个百分点，而且后续转移意愿依然强烈，占全部返乡劳动力的20.5%，转移去向趋向省外（安徽省统计局，2009）。河南省2008年底，外出农民工流向和往年相比呈现季节工增多、流向更多元化等新特点。调查显示，目前想外出打工的农民工减少不明显，大都表示想设法外出打工，农民工流向地域多元化，由于金融危机影响，南方部分工厂企业减员或关停，原先在南方外出打工的农民改向江苏、浙江、山西、北京、上海等地方转移（国家统计局河南调查总队，2009）。山西省截至2008年底，外出务工人数减少，如平陆县调查队从当地有关部门了解到，全县目前外出务工农民工约

2万人，比常年减少了37.5%。而且由于今年该县新开工的工程项目比较多，返乡农民工多数选择就近就业（国家统计局山西调查总队，2009）。江苏省截至2009年1月底，农村外出从业人员中已返乡的占33.7%，其中，因企业不景气（诸如企业关停、裁员、减薪等）原因失业提前返乡的占外出从业总数的6.8%。因企业不景气原因失业提前返乡的农民工主要集中在苏北，占苏北外出农民工总量的8.8%，比江苏平均高2个百分点；苏南、苏中的这一比重分别为3.0%和4.9%。苏北失业返乡的外出农民工规模占江苏失业返乡总数的75%。调查显示，因企业不景气原因失业提前返乡的农民工中，39.2%的人仍打算在2009年继续外出寻找工作，15.6%的人打算在本地务工，9.9%的人打算在本地务农，8.0%的人打算在本地创业，尚不确定的占27.3%（国家统计局江苏调查总队，2009）。湖南省对湘潭、衡阳、怀化、永州、湘西自治州返乡农民工就业情况进行了调查，结果显示：五市州，2008年外出务工人员共有438.3多万人，截至2009年1月底回流农民工130.26万人，占外出务工人员的29.0%。目前各地采取有效措施帮助返乡农民工实现本地或异地就业75.94万人，占返乡农民工的58%（湖南省统计局，2009）。在返乡的进城务工农民当中，有一部分随父母进城的儿童也不得不随着家长从城市回到农村，而这部分儿童的数量目前还未统计出来。当然，有研究还指出，进城务工农民中有部分已经失业了，但是为了子女不中断学校本学期课程，可能会在子女放假后返乡就读。

　　从部分流入地省市对随迁子女流失情况的分析来看，据调查，2009年2月广州中小学迎来春季开学，外来工子弟入读的民办中小学显得格外冷清，因为父母在广州找不到工作或不再到广州打工等原因，民校已经有一成左右的随迁子女流失。深圳市外来民工子弟学校从2008年下半年开始出现随迁子女流失，某小学按往年正常增长率是10%，2009年开学反而流失了15%，除了招不到新生外，还面临着老生流失的问题。厦门民办幼儿园进退两难，有些幼儿园属于城乡结合部，大部分孩子是外来工子女，春节过后，来报名的孩子比以往少了1/3。以往随迁子女人数大概在250~300人，如今只有不到200人。福州专收农民工子女的民办学校福州山越小学春季开学时，来校注册上学的随迁子女不到1 100人，比上学期的1 400多人少了300多人。宁波多数外来务工人员子女学校随迁子女流失两成以上，其原因主要有两个：一是外来务工人员回乡后没有再来宁波，孩子自然也没来宁波读书，有的外来务工人员虽然自己又返回了宁波，但怕工作不稳定，便将孩子留在家乡上学了。二是宁波市一些公办学校借读的随迁子女也有流失，这些公办学校也在春节后向随迁子女敞开了大门,一些随迁子女优秀生到公办学校就读去了。

(二) 进城务工农民随迁子女流动趋势及其影响

根据上述数据,我们推断出进城务工农民随迁子女的流动趋势及其教育状况将有可能呈现出以下特点。

1. 一定数量的随迁子女将随同失业父母返回家乡,有可能成为新的留守儿童

调查显示,随着父母的减薪或失业,子女不得不重新返乡读书,返乡后的进城务工农民有部分会选择本地就业,子女则选择在当地就读。有部分会继续出去打工,但不会带孩子继续流动,这部分不再随父母进城的孩子又变成家乡留守儿童中新的一员。

2. 部分随迁子女会随同父母流动到其他城市,有可能造成一段时间的失学

从数据来看,有相当数量的进城务工农民外出就业的愿望仍然比较强烈,希望自己能外出继续赚钱,由于家乡无人照顾孩子或其他原因,仍然将子女带在身边,而在寻找工作的过程中,孩子能否继续上学或者如期入学将会受到一定的影响,甚至会造成真正的失学。

3. 随着金融危机所带来的不利影响逐渐削减,部分随迁子女有可能重新回到原先的流入地读书

调查数据分析显示,在全部的进城务工农民中,从东部地区如广东、珠海等地返回的较多,占62.4%。经济发达地区对于农村剩余劳动力而言具有强大的吸引力,随着金融危机的影响逐渐减小,经济的逐渐复苏,对劳动力需求的进一步增长将会使得返乡的进城务工农民返回原先流入地,那么他们的随迁子女也会部分随返。

4. 突发性的"回流"对于原先的流入地政府及流出地政府产生了重大影响

由上述分析可知,随迁子女突发性的"回流"以及将来有可能发生的"重新返回原先流入地",对于流入地政府、流出地政府的教育规划、管理等将产生重大影响。数据分析显示,原先流入地大部分接收随迁子女的学校,特别是民办学校和未获准打工子弟学校在2009年春季开学之初面临两大困境:一是新生生源不够;二是在校随迁子女的流失。有的学校每年开学之初生源都会增长,而在金融危机之后,不仅没有生源,在校随迁子女反而

减少了很多。这说明，原先流入地政府面临着教育资源的大量浪费。而对于流出地政府来讲，一定规模的随迁子女随失业父母返乡后，由于统计信息的暂时缺失，给当地政府或教育行政部门的管理、教育资源配置、入学、升学管理等带来了非常大的影响，对随迁子女自身的就学也造成不良影响。反过来，如果将来出现随迁子女"重新返回原先流入地"的情况，流入地与流出地政府将又会面临同样不可预测的问题。

二、进城务工农民随迁子女的教育对策思考

随迁子女返乡后的流动趋势的多元化以及有可能出现的教育状况，将会给流入地政府、流出地政府带来诸多的问题。面对突如其来的返乡潮，2009年3月13日，教育部发布《教育部关于切实做好返乡进城务工农民职业教育和培训等工作的通知》，要求各地教育部门确保返乡的进城务工农民随迁子女及时入学接受教育。各地教育部门也纷纷采取多项措施，有效地安排返乡的随迁子女入学，实现"零拒绝"，取得了一定的积极效果。但是，随迁子女流向的多元化仍然使得流入地政府和流出地政府面临着"应变能力"的考验。为此，根据返乡后的进城务工农民及随迁子女的流动趋势，我们提出以下对策和建议供政府及相关部门参考。

（一）全面摸底调查，实时掌握返乡的随迁子女数量、基本教育情况

当前，这部分随迁子女数量及基本情况都没有官方的统计数据。因此，首先，各地教育主管部门要做好返乡的随迁子女就学情况统计工作，包括返乡随迁子女的数量和分布等情况，以学校为单位建立返乡随迁子女台账，对返乡随迁子女逐一登记造册。从2009年1月份开始的每学期开学后的数据，各地区（市、县、自治县）要及时向省市级教育厅汇报，包括接收返乡的随迁子女的入学措施、接受数量以及工作中存在的问题等有关情况。形成一定的返乡随迁子女教育信息数据库，为当地教育规划、教育资源的合理配置、学校管理、课程教学提供准确的参考数据。

其次，开展实地调研，对进城务工农民外出意愿、外出地、是否举家外出等情况进一步把握，以便可以预测未来一段时间随迁子女外出的可能性及基本情况。掌握情况之后，根据数据预测加强随迁子女外出的调控和预警，对当地可能出现的生源流失、中途辍学等情况，及时向教育行政部门或政府相关部门报告。

（二）建立灵活机制，随时应对返乡的随迁子女流走或留下的情况

随迁子女返乡后有四种流向：一是留在当地就读，父母不出去打工；二是在当地就读，父母继续外出打工；三是随父母到其他城市就读；四是随父母返回原流入地就读。面对四种可能的流动趋势，流入地或流出地都应由教育行政部门统筹安排，建立随迁子女返乡后教育应对机制，来应对不断变化的可能性。

1. 建立流动信息的对接机制

流入地政府与流出地政府要在各自实时统计返乡数据后及时沟通、对接，建立双方信息的对接机制，了解生源的增加或流失数量，更好地安排随迁子女入学或转学办理等工作。

2. 建立教育经费的落实机制

按照教育部文件要求，要足额落实返乡随迁子女的各项教育经费。这就要求建立进城务工农民随迁子女专项资金，按照需要，拨付一部分给返乡的随迁子女接受教育。

3. 建立灵活多样的工作机制

成立专门的随迁子女返乡教育工作组，在数据预测的基础上，及时做好随迁子女返乡后的一系列工作，包括入学手续办理、教材衔接订购、课程进度对接，合理调配教师资源以及及时配备学校资金、设备、设施等硬件物资，等等。在具体的工作过程中，采取灵活的方式，如对于高中阶段返乡的随迁子女，可先入学再办理相应的转学手续。一切围绕不耽误随迁子女上课、不影响随迁子女正常学习为目标。

4. 建立科学有效的督导制度

成立随迁子女返乡教育督导小组，把返乡的随迁子女入学问题作为考核的重要内容，加强督导检查。如入学手续办理是否简化、教材是否一致并及时到位、教学进度调整是否适当、学校软硬件资源配备是否足够、教育经费是否足够、是否出现乱收费现象、随迁子女返乡后是否适应等都是督导检查的对象，发现问题要及时纠正。

对于原先流入地来讲，面对农村生源回流给不少民办学校造成较大的冲击，一些小型民办学校因缺乏生源面临停办危机。面对这样的困境，当地政府或教育行政部门同样需要数据的准确采集，落实灵活的工作机制，采取合并教育资源、调整教师配置，或吸引新的生源来补充旧生源的流失等措施解决当前的问题。

(三) 合理引导流向，在减少随迁子女流动性的同时，促进城市均衡发展

流出地在未来也可能面临又一次的随迁子女进城问题。"候鸟式"的生存对随迁子女的身心成长、学业进步等方面都产生了较大的不良影响。因此，面对返乡的进城务工农民，应该引导其科学分流，避免盲目外出打工造成其子女的再次或不断流动。具体的引导措施有以下几点。

1. 鼓励就读中职学校或参加技能培训，增加创业技能与求职砝码

《教育部关于切实做好返乡农民工职业教育和培训等工作的通知》中鼓励返乡农民工就读中职学校，就是想将农民工培训成技工，从而增加其求职砝码。同时，政府也可以和企业联合加大投入，大规模开展针对性、实用性强的农民工技能培训。这对于进城务工农民而言，能积极响应号召，多学技能，学好技能，有了技术保障，自己有能力挣钱了，孩子也不用跟着当"候鸟"了。

2. 鼓励回乡自主创业，为有一技之长的返乡的进城务工农民提供机会

农村小城镇是吸收进城务工农民的重要场所，有了小城镇这块地盘，使有一技之长的农民求职谋生有了依托。部分进城务工农民在外务工多年，已掌握一定的技术，积累了一定的资金，这部分人希望利用手中的技术和资金回乡创业。目前，部分地区对返乡农民工出台相关政策，有的地方办理《返乡农民工优惠证》，并规定凡符合条件的，可以享受相关创业就业扶持政策，这在很大程度上缓解了进城务工农民返乡后的消极情绪。因此，政府应提供多种优惠措施，多加鼓励，使进城务工农民稳定留乡，为其子女提供良好的成长环境。

3. 引导企业履行社会责任，支持企业多留用返乡的进城务工农民

流出地政府要扩大内需投资，推进城乡基础设施建设和新增公益性就业岗位，要尽量多使用返乡的进城务工农民，让他们利用自己在外打拼多年的技术、能力为当地建设作出应有的贡献。

当然，除了要争取进城务工农民留在家乡，稳定就业，保证其子女稳定接受教育外，有部分外出意愿较强的进城务工农民也要引导其理性外出，对于不带子女的农民工，当地政府要合理安排其子女就读、生活；带子女一同外出的，流出地政府要多渠道联系用人单位组织集中应聘，向外输出劳动力，避免盲目外出。同时，可以提前联系流入地政府，进行信息沟通，以便对随迁子女流入外地接受教育提早做好安排或规划。

附 录

附录一

调研样本描述

一、总体状况

（一）样本实际规模

由于样本规模是属于"抽样"范畴中的概念，而非属于"实地调查过程"中的概念。因此，在实地调查过程中，由于各种客观因素的制约，实际调查的样本量较样本规模少。本次调查共发放学生问卷4 312份，回收4 312份，回收率100%，其中有效问卷4 252份，有效率98.6%；共发放家长问卷4 342份，回收3 672份，回收率85.2%，其中有效问卷3 520份，有效率95.9%。具体如表附-1所示。

表附-1 实地调研问卷样本发放、回收及有效情况

问卷类型	发放数	回收数	有效数	回收率（%）	有效率（%）
学生问卷	4 312	4 312	4 252	100.0	98.6
家长问卷	4 312	3 672	3 520	85.2	95.9
校长访谈问卷	42	42	42	100.0	100.0
相关部门领导访谈问卷	50	50	50	100.0	100.0

（二）样本地域分布

实地调查中对于12座城市样本量的发放数基本上是趋于均衡的，而实际回收的学生有效样本数在各城市有所不同，如表附-2所示。

表附-2 调研12座城市实际调查的样本量

调研地点	实际调查的样本量						访谈	
	问卷						领导	校长
	学生			家长				
	发放数	回收数	有效数	发放数	回收数	有效数		
北京	317	317	317	317	296	281	2	4
上海	323	323	316	323	301	295	2	4
杭州	289	289	277	289	279	250	2	4

续表

调研地点	实际调查的样本量							
	问卷						访谈	
	学生			家长			领导	校长
	发放数	回收数	有效数	发放数	回收数	有效数		
义乌	387	387	385	387	355	353	10	4
郑州	366	366	362	366	319	315	2	4
成都	433	433	426	433	405	392	5	5
广州	303	303	302	303	208	208	8	2
深圳	357	357	346	357	245	237	3	4
东莞	413	413	413	413	191	191	2	3
重庆	354	354	344	354	311	307	2	10
格尔木	400	400	400	400	396	396		4
乌鲁木齐	370	370	364	370	366	295	2	2
合计	4 312	4 312	4 252	4 312	3 672	3 520	42	50

二、样本结构

（一）学生样本结构

从学生所在学校、班级分析。调查数据分析显示，本次调查的学生与家长样本来自于三类学校：公办学校、民办学校和未获准打工子弟学校。其中，公办学校样本量占47.6%，民办学校样本量占42.6%，未获准打工子弟学校样本量占9.8%。本次调查以四、五、七、八年级为样本抽选单位，其中四年级样本量占28.5%，五年级样本量占29.2%，七年级样本量占21.5%，八年级样本量占20.8%。

从学生类型分析。本次调查主要对象是进城务工农民随迁子女，但为了与随迁子女的教育现状形成对比，故在选择样本时以班级为单位，将部分当地学生也包括在调查对象中。本次共回收有效学生问卷4 252份，其中随迁子女3 260人，占学生总样本量的76.7%，当地学生992人，占学生总样本量的23.3%。其中，在公办学校、民办学校与未获准打工子弟学校中的分配比例存在差异。公办学校随迁子女与当地学生的比例为53.8∶46.2，民办学校随迁子女与当地学生的比例为97∶3，未获准打工子弟学校随迁子女与当地学生的比例为 99.3∶0.7。如图附 -1 所示。

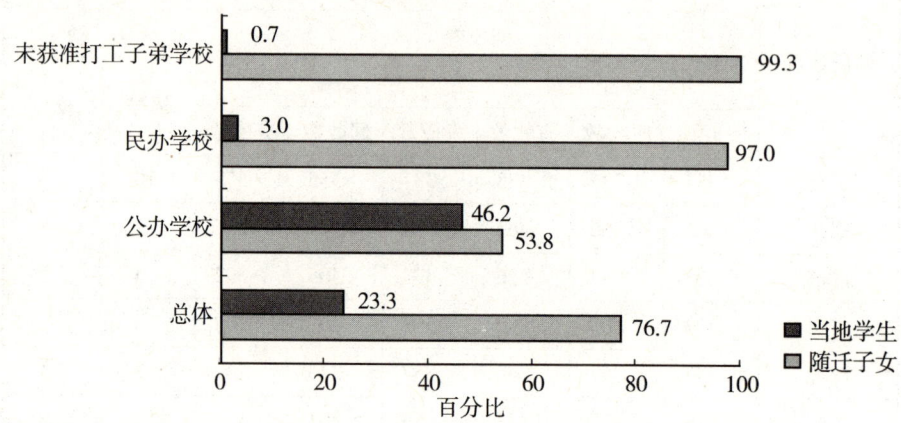

图附 -1　不同类型学校随迁子女与当地学生的样本量比较（%）

根据调查目的，本次调查对象主要以民办学校和公办学校的学生为主。其中，33.4% 的调查对象在公办学校就读，53.9% 的调查对象在民办学校就读，12.7% 的调查对象在未获准打工子弟学校就读。

从性别构成分析。在全部的调查样本中，男生与女生的比例为 56.1∶43.9。其中，随迁子女的男女比例为 57.3∶42.7，当地学生的男女比例为 52∶48。

从年龄特征分析。小学阶段随迁子女的年龄均值是 1.873 4，当地学生的年龄均值是 1.747 5；初中阶段随迁子女的年龄均值是 3.326 4，当地学生的年龄均值是 3.060 8（均值越大表示年龄越大）。因此，在义务教育阶段随迁子女就读年龄普遍大于当地学生。

从民族特点分析。学生样本以汉族为主。由数据可知，在学生样本中，91.3% 的学生是汉族，8.7% 的学生为少数民族。其中，在随迁子女中，91.5% 的学生为汉族，8.5% 的学生为少数民族；在当地学生中，90.7% 的学生为汉族，9.3% 的学生为少数民族。

（二）家长样本结构

本次调查共回收有效家长问卷 3 520 份，其中随迁子女家长 2 635 人，占家长调查总数的 74.9%，当地学生家长 885 人，占家长调查总数的 25.1%。

从户口状况分析。本次调查的学生家长大多数来自全国各省市的农村地区，数据分析显示有 72.2% 的家长是农业户口，有 27.8% 的是非农业户口。其中，问卷类型为"1"（即户口不在当地的非户籍人口）的家长中，农业人口占 85.3%，非农业户口占 14.7%。由此可推断出，当前随迁子女在调查样本中占 85.3%。

从性别构成分析。在本次调查的学生家长中，63.6% 的家长为男性，36.4% 的家长为女性，其中随迁子女家长的男女比例为 67.7∶32.3，当地学生家长的男女比例为 51.5∶48.5。

从年龄结构分析。在调查样本中，家长普遍呈现年轻化特点，年龄普遍分布在 31~40 岁（71.6%）与 41~50 岁（21.3%）年龄段。同时，对于随迁子女家长而言，与不同类型学校的家长年龄特征类似，主要集中在 31~40 岁。

从婚姻状况分析。调查表明，94.1% 的家长已婚，离婚、丧偶或再婚有配偶的占 5.9%。数据分析发现，当地学生家长的婚姻状况与随迁子女家长相比，状况稍差，其离婚率、丧偶率、再婚有配偶率均比随迁子女家长高。

从民族特征分析。家长的民族构成也是以汉族为主。数据分析显示，90.7% 的学生家长为汉族，9.3% 的家长为少数民族，其中随迁子女家长中汉族与少数民族人数比为 90.2∶9.8，当地学生家长中汉族与少数民族人数比为 92.4∶7.6。

从文化水平分析。随迁子女家长及其配偶的受教育程度均以小学、初中文化程度为主。数据分析显示，3.2% 的家长没上过学，23.2% 的家长为小学文化程度，47.6% 的家长为初中文化程度，19.9% 的家长为高中（含中专、职高）文化程度，4.1% 的家长是大专水平，2% 的家长为本科及以上水平，通过交叉分析与均值计算发现，随迁子女家长与当地学生家长及双方配偶在受教育程度上存在显著差异，$P = 0.000 < 0.001$，如表附 -3 所示。可见，随迁子女家长双方"没上过学"的比重较高，高中、大专及以上文化程度比重较小。

表附 -3　随迁子女与当地学生家长受教育程度对比及差异性检验

项目	家长类型	均值	标准差	F 值	P 值
家长受教育程度	随迁子女家长	2.91	.867	104.559	.000
	当地学生家长	3.43	1.066		
配偶受教育程度	随迁子女家长	2.68	.913	16.514	.000
	当地学生家长	3.28	1.065		

注：均值越大表示文化程度越高；$P < 0.001$，表示两类家长及其配偶的受教育程度呈现显著性差异。

同时，不同类型学校进城务工农民的受教育程度存在显著差异，如表附-4所示。调查数据分析显示，公办学校随迁子女家长的受教育程度普遍比民办学校、未获准打工子弟学校高；民办学校与未获准打工子弟学校家长的受教育程度基本一致。公办学校随迁子女家长的受教育程度在本科及以上的比重最大，民办学校家长的受教育程度以小学、初中、高中或大专为主，未获准打工子弟学校家长的受教育程度以小学、初中为主，但有部分家长也达到本科及以上。

表附-4　不同类型学校随迁子女家长受教育程度方差分析

项　目	变异类型	离均差平方和	自由度	均方	F值	P值
家长受教育程度	组间变异	7.559	2	3.779	5.041	.007
	组内变异	1 919.212	2 560	.750	—	—
	总变异	1 926.771	2 562	—	—	—
配偶受教育程度	组间变异	4.070	2	2.035	2.447	.087
	组内变异	2 062.886	2 480	.832	—	—
	总变异	2 066.957	2 482	—	—	—

注：0.001＜P值＜0.05，表示不同样本之间呈现显著差异；P＞0.05，表示不同样本之间没有显著差异。

从职业特点分析，随迁子女家长主要从事的职业有企业打工者（20.1%）、小商贩（17.2%）、建筑装修工人（10.0%）、零售店店主（9.6%）等，还有的从事运输工人（5.4%）、管理者（5.3%）、维修工人（2.9%）、清洁工人（2.9%）、营业员（2.9%）等工作，另外还有6.6%的人处于无业状态。被调查家长配偶所从事的职业种类基本相似，也主要以小商贩（13.4%）、企业打工者（19.9%）等职业为主，其他大多是运输工人、维修工人、清洁工人、营业员、餐饮服务人员等工作，还有16.8%的没有工作。如表附-5所示。

表附-5　随迁子女家长及配偶职业结构（%）

职业种类	随迁子女家长	家长配偶
建筑装修工人	10.0	6.4
运输工人	5.4	3.0
管理者	5.3	4.1
园艺工人	0.7	0.7

续表

职业种类	随迁子女家长	家长配偶
维修工人	2.9	1.8
清洁工人	2.9	4.8
家政服务人员	1.7	2.8
餐饮服务人员	3.0	4.6
零售店店主、批发商	9.6	8.8
门卫、保安	0.7	0.5
小商贩	17.2	13.4
企业打工者	20.1	19.9
营业员	2.9	2.9
没有工作	6.6	16.8
其他	11.0	9.5
合计	100.0	100.0

从打工时间分析。数据分析显示，随迁子女家长在城市打工的时间大多是1～10年。其中打工在1年以下的家长占4.0%，1～5年的有30.5%，5～10年的有34.5%，10～15年的有13.8%，15～20年的有6.8%，另外，还有10.4%的家长在当地打工已经超过了20年。如图附-2所示。同时，不同类型学校随迁子女家长在本地打工时间方面存在显著差异（$P=0.000<0.001$），特别是公办学校和未获准打工子弟学校之间差异更为显著。数据分析显示，36%的公办学校随迁子女家长的打工时间为6～10年，28.8%的为1～5年，17.7%的为10～15年，还有17.3%的为15年以上。36.3%的民办学校随迁子女家长的打工时间为6～10年，33.7%的为5年以下，12.5%的为10～15年，还有10.1%的为15年以上。24.7%的未获准打工子弟学校家长的打工时间为6～10年，53.2%的为5年以下，6.2%的为10～15年，还有15.9%的为15年以上。可见，公办学校、民办学校的随迁子女家长的打工时间普遍较长，主要集中在6年及以上，而未获准打工子弟学校家长的打工时间则以1～5年为主。

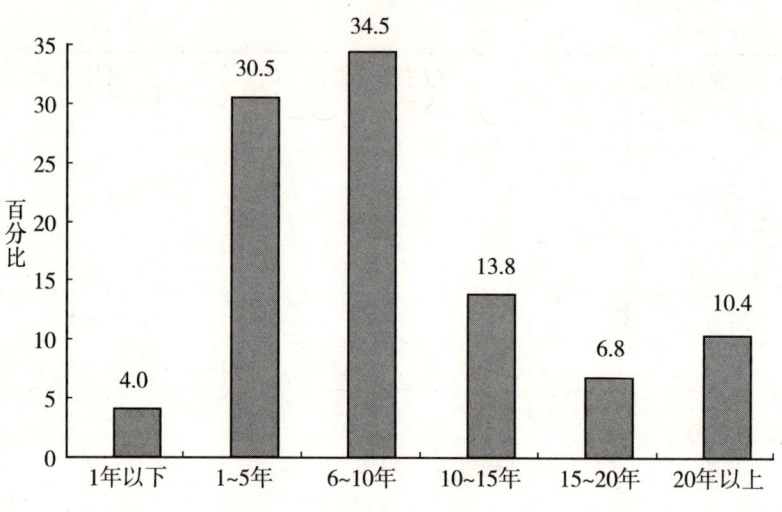

图附-2 随迁子女家长打工时间

从家庭状况分析。①家庭规模，数据分析显示，被调查的家庭人口数主要以3~5口人为主。但是，根据随迁子女家长与当地学生家长的家庭人口均值（4.31和3.80）推断，随迁子女的家庭规模与当地学生家庭相比，规模较大，家庭人口较多。②子女数量及出生地，研究结果显示，随迁子女家庭中有27.1%的家庭有1个孩子，45.0%的家庭有2个孩子，15.1%的家庭有3个孩子，6.9%的家庭有4~5个孩子。其中81%的孩子是随父母进城的随迁子女，19%的孩子出生在父母打工所在地（"新生代"）。③不同规模家庭的随迁子女进城情况。研究表明，进城务工农民大多数会将自己的子女带在身边。④家庭经济状况。数据分析显示，随迁子女家庭年均收入为8 000元~10 000元，与当地学生家庭年均收入相比较低一些，但无显著差异。同时，研究分析发现，随迁子女家庭年收入在不同学校类型有所不同。通过均值计算可知，民办学校的随迁子女家庭年收入平均水平较之其他两类学校随迁子女家庭高，而未获准打工子弟学校的随迁子女家庭平均年收入水平相对较低。⑤家庭居住位置及上学方式。数据分析显示，50.1%的随迁子女居住在城乡结合部。从居住地与学校的距离远近分析，86.0%的随迁子女家长认为居住位置与学校的距离不远，30分钟之内可以到达学校；在上学方式上，随迁子女主要是走路、骑自行车、坐公交车、坐校车，其中，随迁子女中有51.1%的学生走路去上学，17.2%的学生骑自行车上学，16.4%的学生坐校车接送上学，10.4%的学生坐公交车上学，10.4%的学生坐自家车上学，1.8%的学生以其他方式上学。

附录二

调查访谈问卷

调查问卷1：中小学在校学生基本情况问卷调查

问卷编号□□□（第1位为年级，第2、3位为学生编号）

问卷类型：1□ 2□（请在合适的方框内画"√"，由教师指导学生填写）

亲爱的同学：

你好！

这份问卷想了解你的一些基本情况以及你对一些问题的看法。此次问卷调查不记名，我们将对你填写的内容严格保密，请依据自己的真实情况如实填写，并在最符合自己情况的选项序号上打"√"。如无特殊说明，只能选择一个答案。

非常感谢你的合作！

中央教育科学研究所公益金项目
"中国进城务工农民随迁子女教育研究及数据库建设"课题组

一、你的基本情况

1. 你的性别是_____。
   （1）男　　　（2）女
2. 年龄：_____（周岁）。
3. 民族是_____。
   （1）汉族　　（2）少数民族
4. 你的上学期期末考试成绩：语文_____分，数学_____分。

二、你的学习情况

5. 你的学习成绩在班里属于哪种水平？
   （1）优秀　　（2）良好　　（3）中等　　（4）较差

(5) 很差

6. 学习遇到困难时老师会辅导你吗？

  (1) 经常　　　(2) 有时　　　(3) 很少　　　(4) 从来不

7. 下课后，老师经常同你谈心吗？

  (1) 经常　　　(2) 有时　　　(3) 很少　　　(4) 从来不

8. 如果回答不出老师的问题，老师会鼓励你思考吗？

  (1) 经常　　　(2) 有时　　　(3) 很少　　　(4) 从来不

9. 作业上出错的地方，老师会指出并帮助你改正吗？

  (1) 经常　　　(2) 有时　　　(3) 很少　　　(4) 从来不

10. 课堂上，老师经常给你发言的机会吗？

  (1) 经常　　　(2) 有时　　　(3) 很少　　　(4) 从来不

11. 你每天都能按时完成作业吗？

  (1) 经常　　　(2) 有时　　　(3) 很少　　　(4) 从来不

12. 在学习过程中，在你身上发生过下列情况吗？（最多可以选3项）

  (1) 老师的话难懂　　　　　　(2) 老师教的东西听不懂

  (3) 老师讲课速度太快　　　　(4) 老师用的课本和原来学校不一样

  (5) 老师太严厉，我有问题不敢去问老师

  (6) 以上情况都没有

13. 在学习过程中，在你身上发生过下列情况吗？（最多可以选3项）

  (1) 学习基础不好　　　　　　(2) 上课没有认真听讲

  (3) 自己不够聪明　　　　　　(4) 学习方法不对

  (5) 太胆小，不敢问老师或者找同学帮助解决问题

  (6) 以上情况都没有

14. 在学习过程中，在你身上发生过下列情况吗？（最多可以选3项）

  (1) 父母工作太忙，没有时间辅导我的学习

  (2) 父母学历低，没有能力辅导我的学习

  (3) 父母不关心我的学习

  (4) 家庭经济困难，不能提供足够的学习材料

  (5) 家庭环境太差，影响了我的学习

  (6) 以上情况都没有

15. 你在学习中遇到困难最愿意找谁帮助解决？（最多可以选3项）

  (1) 老师　　(2) 同学　　(3) 家人　　(4) 朋友

  (5) 其他人　(6) 靠自己，不愿意找别人帮助

16. 最近一年内，你们换过老师吗？
    （1）经常　　　（2）有时　　　（3）很少　　　（4）从来不
17. 你到学校图书室读书吗？
    （1）经常　　　（2）有时　　　（3）很少
    （4）从来不（包括没有图书室）
18. 你上学迟到吗？
    （1）经常　　　（2）有时　　　（3）很少　　　（4）从来不
19. 你在业余时间里参加过课外辅导班吗？
    （1）经常　　　（2）有时　　　（3）很少　　　（4）从来不参加
20. 在平时的学校生活中，你有什么样的烦恼？
    （1）学校不够好　　　　　　（2）作业太多
    （3）与老师关系不好　　　　（4）朋友很少
    （5）感觉不安全　　　　　　（6）心理上不适应
    （7）没有烦恼
21. 你认为你的学校有哪些方面需要改善？（最多可以选 3 项）
    （1）活动场地大一些　　　　（2）体育器材多一些
    （3）增加点课外活动　　　　（4）校园环境好一些
    （5）教室宽敞一些　　　　　（6）学校再干净一些
22. 你每天做作业花多长时间？
    （1）不到 0.5 小时　　　　　（2）0.5~1 小时
    （3）1~1.5 小时　　　　　　（4）1.5 小时以上
23. 在平时的学习和生活中，你觉得老师对你怎么样？
    （1）老师经常批评我　　　　（2）老师从来不关注我
    （3）老师对我不公平　　　　（4）老师不喜欢我
    （5）老师对我很好
24. 在与同学交往的过程中，你是否遇到过以下情况？
    （1）自己不主动和同学说话　（2）同学不理我
    （3）不喜欢其他同学　　　　（4）感觉自己和他们不一样
    （5）没有遇到以上这些情况
25. 你在学校里看到有什么不安全的情况吗？
    （1）同学们经常打架　　　　（2）校园里总有陌生人出入
    （3）学校周围的环境混乱　　（4）有人勒索、欺负同学
    （5）如果前几项都不符合你的情况，请在横线上说明还有什么原因

_____（请注明）

(6) 以上情况都没有

26. 你对学校生活有什么不适应的地方吗?

(1) 很多同学都看不起我　　(2) 经常被人误会或错怪

(3) 经常与同学发生矛盾

(4) 如果前几项都不符合你的情况,请在横线上说明还有什么原因 _____（请注明）

(5) 以上情况都没有

27. 如果可以,你是否想转校?

(1) 是　　(2) 否

三、你的家庭情况

28. 你回家是否有安静的环境做作业?

(1) 有　　(2) 无

29. 你认为每天和父母在一起的时间多吗?

(1) 很多　　(2) 较多　　(3) 还可以　　(4) 较少

(5) 很少

30. 你的父母经常和你谈心吗?

(1) 经常　　(2) 有时　　(3) 很少　　(4) 从来不

31. 你的父母通常最关心你哪方面的问题?（最多可以选 3 项）

(1) 学习成绩　(2) 身体状况　(3) 生活情况　(4) 心里的烦恼

(5) 如果前几项都不符合你的情况,请在横线上说明还有什么原因 _____（请注明）

32. 你的父母在家辅导你学习吗?

(1) 经常辅导　(2) 有时辅导　(3) 很少辅导　(4) 从不辅导

33. 当你正在学习时父母会叫你去做与学习无关的事情吗?

(1) 经常会　(2) 有时会　(3) 很少会　(4) 从不会

34. 当你的作业、考试成绩退步时,你父母怎样对待你?

(1) 帮你分析原因,鼓励你进步　　(2) 严厉批评

(3) 不理睬　　(4) 打骂

35. 你认为你现在的家庭生活怎么样?

(1) 很好　　(2) 比较好　　(3) 一般　　(4) 比较差

(5) 很差

36. 家里人经常带你去能培养你学习兴趣的场所吗？（如图书馆、书店、科技馆等）

　　（1）经常　　　（2）有时　　　（3）很少　　　（4）从来不

37. 你在家庭生活里有什么样的烦恼？

　　（1）父母教育方式粗暴（如经常打骂等）

　　（2）缺少父母关心　　　　　　（3）家里没有钱

　　（4）自己或家人身体不好　　　（5）被人欺负

　　（6）父母经常吵架　　　　　　（7）没有烦恼

38. 当你心里有烦恼时，一般会告诉谁？（最多可以选3项）

　　（1）家人　　（2）同学　　（3）朋友　　（4）老师

　　（5）亲戚　　（6）憋在心里或写日记

（请同学们注意！下面的39~44题只需要问卷类型为1的同学填写，如果你的问卷类型为2，则不用回答下列问题。）

39. 你是在这个城市出生的吗？

　　（1）是　　　　（2）否

40. 你到这个城市几年了？

　　（1）不到1年　（2）1~2年　（3）3~4年　（4）5~6年

　　（5）7~8年　（6）9~10年以上

41. 你现在和谁一起生活？

　　（1）和父亲一起生活　　　（2）和母亲一起生活

　　（3）和父母一起生活　　　（4）父母没来，和其他亲戚一起生活

42. 放学以后，你通常较多的时间是在做什么？（最多可以选3项）

　　（1）参加体育运动　　　　（2）与同学、朋友聊天

　　（3）帮父母干活　　　　　（4）学习、做作业

　　（5）上网玩游戏　　　　　（6）看电视、电影

　　（7）看课外书

　　（8）如果前几项都不符合你的情况，请在横线上说明还有什么原因 _____（请注明）

43. 你在这个城市生活有什么烦恼吗？

　　（1）缺少当地的伙伴和朋友　　（2）不了解这个城市中

　　（3）对未来感到迷茫

　　（4）如果前几项都不符合你的情况，请在横线上说明还有什么原因_____

(5) 没有什么烦恼
44. 你在与城市同学交朋友时遇到过下列情况吗?
(1) 他们对我不友好　　　　　　　(2) 他们太娇气
(3) 父母不让我跟他们交朋友　　　(4) 我不喜欢他们
(5) 他/她的父母不让我和他们交朋友　(6) 没有机会认识
(7) 如果前几项都不符合你的情况,请在横线上说明还有什么原因_____ (请注明)

问卷结束,谢谢你的合作!

调查问卷2:中小学在校学生家长问卷调查

问卷编号□□□（第1位为年级,第2、3位为学生编号）

问卷类型：1□　2□（请在合适的方框内画"√",由教师指导学生填写）

尊敬的家长:

您好!

本份问卷旨在调查您对学校教育的看法以及您对孩子所受教育的意见和建议。本问卷采用不记名形式,请您放心填写。请根据您的实际情况在最适合的答案选项序号上打勾（√）,下列各题只能选择一个答案；如选择"其他",请在空格上作进一步的解释。

非常感谢您的合作!

中央教育科学研究所公益金项目
"中国进城务工农民随迁子女教育研究及数据库建设"课题组

一、家庭基本情况

1. 您的户口所在地_____省（自治区、直辖市）。
2. 您的户口状况是_____。
   (1) 农业　　　(2) 非农业
3. 您的性别：_____,民族：_____,年龄：_____周岁。
4. 您的受教育程度是_____。
   (1) 没上过学　　　　　(2) 小学

（3）初中　　　　　　　　（4）高中（含中专、职高）

（5）大专　　　　　　　　（6）本科及以上

5. 您配偶的受教育程度是_____。

（1）没上过学　　　　　　（2）小学

（3）初中　　　　　　　　（4）高中（含中专、职高）

（5）大专　　　　　　　　（6）本科及以上

6. 您家里有_____口人，您家里现在年收入大约是（包括奖金等所有现金收入）：_____元。

7. 您的婚姻状况：_____。

（1）已婚　　（2）离婚　　（3）丧偶　　（4）再婚有配偶

8. 您是孩子的_____。

（1）爸爸　　（2）妈妈　　（3）爷爷奶奶（外公外婆）

（4）亲戚或朋友　　　　　（5）其他人

9. 您的孩子在哪类学校上学？

（1）公办学校　　　　　　（2）打工子弟学校（获准）

（3）打工子弟学校（未获准）

10. 您为孩子选择现在这所学校的原因是：_____。（可以多选）

（1）离家近　　（2）收费低　　（3）有亲戚或熟人介绍

（4）学校教育质量好　　　（5）教育局指定

（6）随意选择

11. 您的孩子一般怎么去学校上学？

（1）走路　　（2）骑自行车　　（3）坐校车　　（4）坐公交车

（5）坐自己家里的汽车　　　　　（6）其他

12. 您现居住位置距离孩子学校需要的时间是：_____。

（1）15分钟以内　　　　　（2）15分钟到30分钟

（3）30分钟到1小时　　　（4）1小时以上

二、孩子教育情况

13. 您认为您孩子的学习成绩如何？

（1）优秀　　（2）良好　　（3）及格　　（4）不及格

14. 您平时与学校老师的联系如何？

（1）经常联系　（2）有时联系　（3）很少联系　（4）从不联系

15. 您平时主动与孩子学校的老师联系吗？

(1) 很主动　　(2) 比较主动　　(3) 不太主动　　(4) 不主动

16. 您平时对孩子的功课进行辅导吗？

　　(1) 经常辅导　(2) 有时辅导　(3) 很少辅导　(4) 从不辅导

17. 您觉得给孩子辅导功课困难吗？

　　(1) 很难　　(2) 比较难　　(3) 不太难　　(4) 不难

18. 如果您觉得给孩子辅导功课有困难，原因是什么？（可以多选）

　　(1) 文化水平低　　　　　　(2) 工作忙，顾不上

　　(3) 不知道怎么辅导　　　　(4) 孩子多，辅导不过来

　　(5) 孩子不愿意

19. 您平时与孩子常沟通吗？

　　(1) 经常沟通　(2) 有时沟通　(3) 很少沟通　(4) 几乎不沟通

20. 在放学后的时间里，您的孩子通常较多的时间是在干什么？（最多选3项）

　　(1) 参加体育运动　　　　　(2) 与同学、朋友玩耍

　　(3) 帮爸爸妈妈干活　　　　(4) 学习、做作业

　　(5) 上网玩游戏　　　　　　(6) 看电视、电影

　　(7) 看课外书　　　　　　　(8) 其他（请说明）_____

21. 您是否经常给孩子买课外书或学习用品？

　　(1) 经常买　(2) 有时买　(3) 很少买　(4) 从没买过

22. 您希望您的孩子能达到下列哪种文化程度？

　　(1) 能识字就行　　　　　　(2) 小学毕业

　　(3) 初中毕业　　　　　　　(4) 高中（中专）毕业

　　(5) 大学毕业　　　　　　　(6) 研究生毕业

　　(7) 其他（请说明）_____

23. 如果您是本地常住人口，您是否愿意让您的孩子与随迁子女同班（外来打工人口不用回答）？

　　(1) 愿意　　(2) 不愿意

24. 如果您不愿意，谈谈您的看法：_____。

（请家长注意：下题只需要问卷类型为1的家长填写，如果您的问卷类型为2，则不用回答下列问题）

25. 您现在的职业是_____。

　　(1) 建筑、装修工人　　　　(2) 运输工人

　　(3) 管理者　(4) 园艺工人　(5) 维修工人

　　　　(6) 清洁工人　　　　　　(7) 家政服务人员
　　　　(8) 餐饮服务人员　　　　(9) 零售店店主、批发商
　　　　(10) 门卫、保安　　　　　(11) 小商贩或者做小生意的
　　　　(12) 企业打工者　　　　　(13) 营业员
　　　　(14) 没有工作　　　　　　(15) 其他（请说明）_____

26. 您配偶的职业是_____。
　　　　(1) 建筑、装修工人　　　(2) 运输工人　(3) 管理者
　　　　(4) 园艺工人 (5) 维修工人　(6) 清洁工人　(7) 家政服务人员
　　　　(8) 餐饮服务人员　　　　(9) 零售店店主、批发商
　　　　(10) 门卫、保安　　　　　(11) 小商贩或者做小生意的
　　　　(12) 企业打工者　　　　　(13) 营业员
　　　　(14) 没有工作　　　　　　(15) 其他（请说明）_____

27. 您在本地打工多长时间：_____年；您家有_____个孩子；带进城里的有_____个，带进城里符合上学年龄的有_____个，上学的有_____个，辍学的有_____个（若没有就填0），您的孩子是在本地出生的吗？_____。（"是"填1，"不是"填2）

28. 您家现在住在_____。
　　　　(1) 城市　　　　(2) 城乡结合部

29. 您把孩子从农村带进城里来的原因是：_____。（可以多选）
　　　　(1) 孩子在家乡没人照顾
　　　　(2) 把孩子带在身边，自己能更好的照顾好孩子
　　　　(3) 孩子在城里能接受更好的教育
　　　　(4) 其他（请说明）

30. 您把孩子带进城里后，为他（她）找学校到入学平均花了多长时间？
　　　　(1) 一周　　　(2) 两周　　　(3) 三周
　　　　(4) 一个月或一个月以上

31. 您希望孩子在哪类学校上学？（选择（2）的请继续回答32题）
　　　　(1) 公办学校　(2) 打工子弟学校

32. 如果您为孩子选择打工子弟学校，原因是什么？（最多选3项）
　　　　(1) 离家近、方便　　(2) 入学容易
　　　　(3) 费用低　　　　　(4) 有校车接送
　　　　(5) 孩子容易适应　　(6) 教材跟家乡的一样
　　　　(7) 学校提供午饭

(8) 孩子上学和放学时间跟自己的工作时间合适

33. 如果您的孩子现在或曾经在打工子弟学校读书,您认为打工子弟学校有哪些不足?(可以多选)
    (1) 办学条件差　　　　　　(2) 教学差
    (3) 学校气氛不好　　　　　(4) 周边环境差
    (5) 安全隐患大　　　　　　(6) 其他

34. 如果您的孩子在民办学校(包括打工子弟学校)上学,您愿意他(她)转到公办学校吗?
    (1) 愿意　　　(2) 不愿意

35. 如果您不愿意让孩子转到公办学校,为什么?(可以多选)
    (1) 离家远　　　　　　　　(2) 孩子不容易适应
    (3) 没有校车接送　　　　　(4) 不提供午饭
    (5) 孩子上学和放学时间跟自己的工作时间不合适
    (6) 学杂费太高

36. 您觉得让孩子进入公办学校难吗?
    (1) 很难　　(2) 比较难　　(3) 不太难　　(4) 不难

37. 如果您觉得孩子进公办学校难或比较难,请问有哪些困难?(可以多选)
    (1) 学杂费太高　　　　　　(2) 入学手续太复杂
    (3) 离家远,不方便　　　　(4) 学杂费以外的其他费用太高
    (5) 不知道怎么联系上公办学校

38. 一般进入公办学校需要哪些证件?(可以多选)
    (1) 暂住证　　(2) 原籍户口本　　(3) 工作证明
    (4) 身份证　　(5) 计划生育证明　(6) 无人监护证明
    (7) 以前学籍证明　　　　　(8) 房产证、房屋租赁合同或发票
    (9) 其他_____(请说明)

39. 哪些证件难以或无法办理?(最多选3项)
    (1) 暂住证　　(2) 原籍户口本　　(3) 工作证明　　(4) 身份证
    (5) 计划生育证明　　　　　(6) 无人监护证明
    (7) 以前学籍证明　　　　　(8) 房产证、房屋租赁合同或发票
    (9) 其他_____(请说明)

40. 办理以上证件一共需要花费_____天。

41. 今年春季学期开学,您为孩子交学杂费_____元。

42. 目前您孩子所在的学校，是否还需要交借读费和赞助费？（选①的请回答43题）

    （1）每年都交　　　　　　　　（2）一次性交了

    （3）以前交过，现在不用交　　　（4）从没交过

43. 如果您现在为孩子还交借读费和赞助费，平均每年交_____元。

44. 您认为孩子上学的花费对您来说_____。

    （1）完全可以接受　　　　　　　（2）基本可以接收

    （3）勉强可以接受　　　　　　　（4）难以接受

45. 您的孩子进城后转过几次学？

    （1）0次　　（2）1~2次　　（3）3~4次　　（4）4次以上

46. 您为孩子转学的原因是_____。（可以少选）

    （1）自己或配偶工作变动　　　　（2）以前学校拆迁

    （3）以前学校费用太高　　　　　（4）打工子弟学校被取缔

    （5）以前学校是公办学校，孩子不适应

47. 进城后，孩子能够适应新的学校环境吗？

    （1）很快就适应了　　　　　　　（2）过了一段时间就适应了

    （3）过了很长时间才适应　　　　（4）一直无法适应

48. 如果您认为孩子在学校里没有受到公平的对待，是因为_____。（如果您觉得孩子得到公平待遇不用回答）

    （1）孩子上学的费用比当地孩子高

    （2）老师对孩子的态度与对本地孩子的态度不同

    （3）孩子在学校受到当地孩子的歧视

    （4）因为家庭困难学校不让孩子参加一些活动

    （5）其他_____（请说明）

49. 您打算孩子初中毕业后做什么？

    （1）继续在本地上普通高中　　　（2）回乡上普通高中

    （3）在本地上普通高中很难，回乡上普通高中不适应，不知怎么办

    （4）上职业学校

    （5）不读书了，在本地或其他地方打工

    （6）回乡务农

50. 您知道国家最近出台的"两免一补"（即对农村家庭经济困难学生接受义务教育免课本费、免杂费、补助寄宿生生活费）政策吗？

    （1）非常了解　（2）比较了解　（3）不太了解　（4）不了解

51. 如果了解,通过什么渠道(如果不了解就不用回答该题)?
    (1) 媒体   (2) 教育部门、学校宣传
    (3) 亲戚朋友   (4) 孩子说的
52. 在知道"两免一补"政策之后,您对孩子今后的就学有何打算?
    (1) 让孩子留在本地现在的学校继续上学
    (2) 把孩子转到公办学校
    (3) 让孩子回乡上学
53. 对于您孩子的教育问题,您觉得最需要解决什么问题?
    _____。

问卷结束,再次谢谢您的合作!

访谈问卷1:政府主管部门领导访谈

_____市_____区

访谈目的

通过访谈,了解当地政府主管部门在相关问题上所采取的措施、经验、不足、困难与建议,为解决随迁子女教育问题提供政策环境方面的背景材料。

访谈内容

1. 当地经济发展情况(重点了解个体、非公有制经济发展情况以及城市化发展及规划的情况);

2. 当地随迁人员的大致数量,所从事的主要行业,对当地的贡献情况;

3. 当地政府部门出台的关于针对随迁管理的相关文件,最主要的文件与措施是什么?

4. 当地政府主管部门在解决随迁子女接受教育问题上,出台了什么文件?采取了什么措施?(包括支持鼓励措施、保障受教育者合理权益的措施以及学校享受公益性事业的有关政策等)

5. 当地政府主管部门与其他部门在随迁子女教育问题上采取哪些联动措施?取得哪些经验?

6. 当地政府在解决随迁子女教育问题上目前最主要的困难和问题有哪些?应该如何解决?有什么设想?

7. 解决随迁子女教育问题,国家的有关文件还需做什么调整?

8. 还有哪些深层次的矛盾与问题需要解决，有何具体意见和建议？
_____
_____

访谈结束，谢谢你的支持！
访谈对象/职务：_____ 访谈地点：_____
访谈时间：2008 年____月____日

访谈问卷2：教育主管部门领导访谈

_____市_____区教育局

访谈目的

通过访谈，了解当地教育主管部门在相关问题上所采取的措施、经验、不足、困难与建议，为解决随迁子女教育问题提供政策环境方面的背景材料。

访谈内容

1. 当地教育发展情况（重点了解公办、民办教育发展情况以及城市教育布局调整情况）。

2. 当地教育经费是否充足？需要筹措的额度？在随迁子女教育上是否有专项经费？

3. 义务教育阶段农民子女总量是多少？在当地就学的比例情况，公办学校接纳的比例是多少？民办学校接纳的比例是多少？打工子弟学校（合法和非法）分别接纳随迁子女的比例是多少？

4. 对接纳随迁子女的学校教育主管部门给予哪些条件的支持（经费、物品、人员、政策）？出台了哪些关于针对随迁子女就学的支持性文件？最主要的文件与措施是什么？你认为教育券是否能够作为随迁子女义务教育经费支付的一种形式在当地实施？

5. 解决随迁子女接受教育问题上，教育主管部门的管理措施有哪些？

6. 当地打工子弟学校的数量？还有多少没有批准？对于打工子弟学校，教育主管部门在审批、管理、规范上是如何处理的？对打工子弟学校的校车管理是否有统一的规定？

7. 当地教育主管部门与其他部门在随迁子女教育问题上采取了哪些联动措施？取得了哪些经验？

8. 在解决随迁子女教育问题上目前最主要的困难和问题有哪些？应该

如何解决？有什么设想？

9. 解决随迁子女教育问题，国家的有关文件还需做什么调整？"两免一补"政策实施后，对随迁子女的回流有什么作用？

10. 还有哪些深层次的矛盾与问题需要解决，有何具体意见和建议？

_____

_____

访谈结束，谢谢你的支持！
访谈对象/职务：_____ **访谈地点：**_____
访谈时间：2008 年___月___日

访谈问卷3：公办学校校长访谈

校长：

您好！

非常感谢您对我们工作的配合和支持！这次访谈旨在调查进城务工农民随迁子女的教育现状以及您对随迁子女教育问题的意见和建议。访谈结果仅供研究使用，不作为任何形式的评价依据。所以，请您根据实际情况，如实地反映现状和问题，毫无保留地提供您的意见和建议，为解决随迁子女的教育问题作出积极的贡献。

再次感谢您的合作！

现在，我们开始访谈。

一、关于接收的意愿

关于接收随迁子女入学问题，国务院制定的是"两为主"的政策，即由输入地政府安置为主和公办学校接纳为主。目前看来，有些学校执行起来有很多现实的困难，也有的学校正好用随迁子女补充了生源的不足。

就您所在学校的情况看，贵校是否愿意接收随迁子女？为什么？

二、关于准入问题

据我们了解，不同的城市，对随迁子女入学设定的门槛有所不同，有的宽些，有的很严格，就您所在学校来说，

1. 随迁子女准入的条件是什么？

（1）教育行政部门定的　（2）学校自己定的　（3）两者相结合的具体的准入条件是什么？

2. 现有的准入规定对于学校来说存在哪些困难？

如果按照现有规定进不来，学校又愿意接收随迁子女，那么学校是如何操作的？

3. 据您了解，现有的准入规定对于随迁子女来说存在哪些困难？

4. 对于现有准入条件的规定有何修改完善的建议？

三、关于管理和教育教学问题

1. 我国长期的城乡分割，造成了随迁子女和城市儿童在很多方面都存在差异。接收随迁子女入学，（1）学校在管理和教育教学各个方面是否存在困难？（2）针对这些困难，您是否采取了相应的解决措施？（3）效果如何？（管理和教育教学的提示点如下：学籍管理、分班、教师配备、教材、教学、教研、培训、校车、住宿、食堂、家校联系等。使用方法：a. 可以由校长自由发挥去说，如果提示点中的内容校长未涉及，访谈者可以提醒一下，例如您对随迁子女是怎么分班的？b. 要求要谈出具体的困难和措施）

项目	存在困难	解决措施	效果
学籍管理			
分班			
教师配备			
教材			
教学			
教研			
培训			
校车			
住宿			
食堂			
家校联系			
其他			

2. 在随迁子女升入高一级学校的问题上，您认为存在哪些困难？您有什么建议？

四、关于政策的看法

1. 您了解当前国家关于进城务工农民子女教育方面的政策吗？具体有哪些？对此有何看法和建议？

2. "两免一补"政策实施后，随迁子女在城市中就学的趋势是否有改变？

  （1）增加了 （2）减少了 （3）没有变化

  原因是什么？

3. 近年来，学校在接收随迁子女上学方面是否得到政府提供的支持？

  （1）是 （2）否

这些支持主要是哪些方面的？（提示点：政策、资金、师资培训、宣传等）

如果有向政府寻求支持但却未获得支持的情况，政府的反应、未获得支持的原因各是什么？

4. 目前，学校在接收随迁子女上学方面最需要政府提供哪些支持？

_____

_____

访谈结束，谢谢你的支持！
访谈对象/职务：_____ **访谈地点：**_____
访谈时间： 2008 年____月____日

访谈问卷 4：打工子弟学校校长访谈

校长：

  您好！

  非常感谢您对我们工作的配合和支持！这次访谈旨在调查进城务工农民随迁子女的教育现状以及您对随迁子女教育问题的意见和建议。访谈结果仅供研究使用，不作为任何形式的评价依据。所以，请您根据实际情况，如实地反映现状和问题，毫无保留地提供您的意见和建议，为解决随迁子女的教育问题作出积极的贡献。

  再次感谢您的合作！

  现在，我们开始访谈。

一、关于合法办学问题

目前有很多的随迁子女进入城市上学,可以说,打工子弟学校的出现,在一定程度上解决了这部分学生的教育问题,深受低收入的城市流动人口的欢迎。但是,据调查,大多数的打工子弟学校由于未办理合法的办学许可证而屡被政府取缔。请问:

1. 您办学时间有多长了? _____ 年。
2. 是否有合法的办学许可证?(1)有 　　(2)无
3. 您认为,办理办学许可证的困难存在哪些方面?有何合理的建议?
4. 对于有些地区取缔打工子弟学校、分流学生的做法和政策,您有何看法?有哪些合理化建议?
5. 如果您不能获得办学许可证的话,下一步有何打算?

二、关于管理和教育教学问题

打工子弟学校的学生来自五湖四海,这种差异对学校的管理和教学都提出了严峻的挑战,请问:

1. 针对这一问题,您的学校在管理和教育教学等方面采取了哪些措施?效果如何?还存在哪些问题?(管理和教育教学的提示点如下:学籍管理、分班、教师配备、教材、教学、教研、培训、校车、住宿、食堂、家校联系等。使用方法:a. 可以由校长自由发挥去说,如果提示点中的内容校长未涉及,访谈者可以提醒一下,例如您对随迁子女是怎么分班的? b. 要求要谈出具体的困难和措施)

项 目	具体做法	效 果	存在困难
学籍管理			
教师配备			
规章制度的制定			
教 材			
教 学			
教 研			
培 训			

续表

项　目	具体做法	效　果	存在困难
校　车			
住　宿			
食　堂			
家校联系			
其　他			

2. 在随迁子女升学问题上，您认为存在哪些困难？有什么建议？

3. 除上述问题外，学校还存在哪些具体困难？您有什么建议？

三、关于获得支持的问题

1. 学校是否得到政府提供的支持？（1）是　　（2）否

这些支持主要是哪些方面的？（提示点：政策、资金、纳入教育管理系统、师资培训、宣传等）

如果有向政府寻求支持但却未获得支持的情况，政府的反应、未获得支持的原因各是什么？

2. 目前，学校最需要政府提供哪些方面支持？

3. 学校是否得到当地社区提供的支持？（1）是　　（2）否

这些支持主要是哪些方面的？（提示点：资源共享、宣传、志愿者服务等）

如果有向社区寻求支持但却未获得支持的情况，社区的反应、未获得支持的原因各是什么？

4. 学校是否希望得到当地社区或者其他组织的支持？（1）是　　（2）否

希望得到哪些方面的支持？

_____

_____

访谈结束，谢谢你的支持！

访谈对象/职务：_____　　访谈地点：_____

访谈时间：2008 年＿＿＿月＿＿＿日

附录三

基本统计数据

表附-6 全国各省市城市经济发展、城镇化率及人口构成（2007年）

地区	GDP（亿元）	三次产业结构	城镇化率（%）	户籍人口（万人）	常住人口（万人）		
					总计	城镇	乡村
北京	9 006.2	1.1:27.5:71.4	84.5	1 213.3	1 633	1 380	253
天津	5 018.28	2.1:57.6:40.3	76.3	959.10	1 115	851	264
河北	13 863.5	14.2:52.3:33.5	40.3	—	6 943	2 795	4 148
山西	5 696.2	5.5:59.6:34.9	44.0	—	3 392.58	1 493.75	1 898.83
内蒙古	6 018.81	13:51.2:35.8	50.2	—	2 405.06	1 206.14	1 198.92
辽宁	11 021.7	10.7:52.9:36.4	59.2	—	4 298	2 544	1 754
吉林	5 226.08	15.6:45.7:38.7	53.2	2 696.05	2 729.82	1 451.17	1 278.65
黑龙江	7 077.2	12.6:53.4:34.0	53.9	—	3 824	2 061.1	1 762.9
上海	12 001.16	0.8:47.3:51.9	88.7	1 378.86	1 858	1 648	210
江苏	25 560.1	6.7:55.9:37.4	53.2	7 354.08	7 624.50	4 056.23	3 568.27
浙江	18 638	5.5:54.1:40.4	57.2	—	5 060	2 894	2 166
安徽	7 345.7	16.5:44.7:38.8	38.7	6 676	6 118	2 367.67	3 750.33
福建	9 160.14	11.3:49.2:39.5	48.7	—	3 581	1 744	1 837
江西	5 469.3	16.6:51.7:31.7	39.8	—	4 368.41	1 738.63	2 629.78
山东	25 887.7	9.7:57.1:33.2	46.8	9 346	9 367	4 379	4 988
河南	15 058.07	15.7:55.0:29.3	34.3	9 869	9 360	3 214	6 146
湖北	9 150.01	15.5:44.8:39.7	44.3	6 070	5 699	2 525	3 174
湖南	9 145	17.6:42.7:39.7	40.5	—	6 805.70	2 752.91	4 052.79
广东	30 673.71	5.7:52:42.3	63.1	8 156.05	9 449	5 962.32	3 486.68
广西	5 885.88	21.5:39.7:38.8	36.2	—	4 768	1 728	3 040
海南	1 229.6	31.1:29.6:39.3	47.2	—	845	399	446
重庆	4 111.82	12.9:44.6:42.5	48.3	3 235.32	2 816	1 361.35	1 454.65

续表

地区	GDP（亿元）	三次产业结构	城镇化率（%）	户籍人口（万人）	常住人口（万人）		
					总计	城镇	乡村
四川	10 505.3	19.9:43.8:36.3	35.6	8 815.2	8 127	2 893.2	5 233.8
贵州	2 710.28	16.8:42.3:40.9	28.2	—	3 975.48	1 122.68	2 852.80
云南	4 721.77	18.4:43.2:38.4	31.6	—	4 514	1 426.4	3 087.6
西藏	342.19	16.2:28.2:55.6	19.9	273.59	284.15	56.55	227.6
陕西	5 369.85	11.1:54.3:34.6	40.6	—	3 748	1 522.44	2 225.56
甘肃	2 699.20	14.3:47.5:38.2	31.6	—	2 617.16	826.76	1 790.40
青海	760.96	11.3:52.1:36.6	40.1	521.8	551.6	221.02	330.58
宁夏	834.16	11.7:50.4:37.9			610.25		
新疆	3 494.42	18.0:46.4:35.6	39.2	—	2 095.19	820.27	1 274.92
全国	246 619	11.7:49.2:39.1	44.9	—	132 129	59 379	72 750

数据来源：中国统计年鉴—2008、北京统计年鉴—2008、上海统计年鉴—2008、天津统计年鉴—2008、重庆统计年鉴—2008、山东统计年鉴—2008、青海统计年鉴—2008、江西统计年鉴—2008、湖北统计年鉴—2008、河南统计年鉴—2008、福建统计年鉴—2008、吉林统计年鉴—2008、广东统计年鉴—2008、黑龙江统计年鉴—2008、江苏统计年鉴—2008等。

表附-7 各省市外出农村劳动力资源的流向及年龄构成

省（市、自治区）	农村劳动力资源总量（万人）	外出劳动力数量（万人）	外出流向（%）				外出劳动力年龄构成（%）				
			乡外县内	县外市内	市外省内	省外	20岁及以下	21~30岁	31~40岁	41~50岁	51岁及以上
安徽	2 448.48	1 119.07	9.3	6.9	6.1	77.7	15.5	34.2	32.8	12.3	5.2
四川	3 197	1 285	14.0	8.2	13.4	64.3	13.5	31.3	38.7	12.0	4.6
湖南	2 564.83	1 001.26	12.5	10.1	8.3	69.1	17.5	37.8	29.1	11.6	4.0
河南	4 605	1 148	16.5	12.4	12.2	59.0	18.5	35.4	27.6	12.6	5.9
重庆	1 090.4	860	12.8	19.5	—	67.4	12.4	27.8	41.4	13.3	5.1
湖北	2 002	807	9.56	9.78	11.46	69.19	20.9	37.3	27.3	11.2	3.3
广西	2 039.5	680.0	7.7	8.9	8.2	75.2	19.7	47.4	22.8	8.0	2.1
江西	1 539	649	12.09	5.86	4.11	77.94	16.6	41.1	29.9	9.8	2.8
贵州	1 619.79	441.74	7.69	4.70	5.96	81.65	20.01	42.88	27.94	7.23	1.94

续表

省（市、自治区）	农村劳动力资源总量（万人）	外出劳动力数量（万人）	外出流向（%）				外出劳动力年龄构成（%）				
			乡外县内	县外市内	市外省内	省外	20岁及以下	21~30岁	31~40岁	41~50岁	51岁及以上
江苏	3 060.4	967.5	24.4	14.9	35.7	25.0	10.3	28.9	32.7	19.2	8.9
陕西	1 888	417.8	23.7	19.7	18.5	38.1	15.5	35.9	28.1	14.8	5.7
河北	3 679.09	455.68	33.4	24.2	12.1	30.2	16.7	34.3	24.4	16.7	8.0
山东	4 862.0	760.9	38.0	19.1	25.9	17.0	19.3	35.7	24.0	14.1	6.9
甘肃	1 234.12	247.8	19.9	13.5	19.4	47.2	14.7	34.2	33.9	13.5	3.7
福建	1 403.18	399.48	24.2	21.6	25.8	28.4	16.2	41.4	26.3	11.5	4.7
云南	2 156.83	266.19	23.86	19.07	26.30	30.77	22.24	41.45	24.93	8.70	2.68
浙江	2 251.76	396.52	43.30	19.1	18.2	19.3	7.20	32.00	32.30	19.00	9.5
山西	1 422.0	194.6	47.2	25.7	17.4	9.7	16.2	33.6	27.3	15.9	7.0
黑龙江	1 079	96	20.3	25.7	25.2	28.9	18.5	38.6	24.7	12.1	6.1
内蒙古	893	75	27.71	24.97	18.0	29.32	16.0	42.5	23.3	12.2	6.0
吉林	938.7	84.5	25.2	30.7	18.2	25.8	17.6	36.0	24.9	14.5	7.0
辽宁	1 529.9	201.4	30.50	34.5	26.3	8.7	15.5	33.6	26.0	17.1	7.8
青海	203	54	22.87	28.57	31.12	17.44	12.7	34.6	34.5	14.3	3.9
宁夏	225	52.2	43.7	15.4	23.7	17.2	15.8	38.7	28.0	12.7	4.8
广东	3 231.56	728.95	18.35	15.19	65.38	1.08	16.10	46.38	23.65	10.33	3.54
海南	282.29	31.33	25.43	—	55.85	18.72	21.42	49.45	17.63	7.75	3.75
天津	283.2	22	63.70	24.50	—	11.8	12.7	27.9	27.0	21.1	11.3
新疆	685.928 7	44.196 9	37.2	25.5	34.7	2.6	16.0	43.0	25.0	11.0	5.3
上海	384.23	33.32	56.1	41.1	—	2.3	2.9	33.9	24.7	24.3	14.2
北京	390.48	50.77	52.49	46.45	—	1.06	7.21	39.06	28.03	19.73	5.97

注：
1. 数据来源：各省（市、自治区）第二次全国农业普查主要数据公报，经统计整理。
2. 本表以跨省流动的农村劳动力资源总量排序。数据分析显示，安徽、四川、湖南、河南、重庆等省市是各地进城务工农民（跨省流动）的主要来源地。
3. 流向构成及年龄构成：在计算过程中，由于四舍五入使得部分省市的相关各部分比重之和出现大于或小于100%的情形，差异范围在0.01%~0.5%。

参考文献

[1] 安徽省统计局.2009.安徽农村劳动力转移状况平稳 外出就业意愿仍然较高［EB/OL］.（2009-04-30）［2009-06-30］.http：//www.stats.gov.cn.

[2] 北京市教育委员会.2005.北京市教育委员会关于加强流动人口自办学校管理工作的通知［EB/OL］.（2005-10-10）［2008-09-20］.http：//www.bjedu.gov.cn/bjedu/77689305497075712/20051010/13154.shtml.

[3] 北京市人民政府办公厅.2002.北京市人民政府办公厅转发市教委关于对流动人口中适龄儿童少年实施义务教育暂行办法的通知［EB/OL］.（2002-04-03）［2008-09-20］.http：//govfile.beijing.gov.cn/Govfile/ShowNewPageServlet?id=4442.

[4] 北京市人民政府办公厅.2004.北京市人民政府办公厅转发市教委等部门关于贯彻国务院办公厅进一步做好进城务工就业农民子女义务教育工作文件意见的通知［EB/OL］.（2004-08-27）［2008-09-20］.http：//govfile.beijing.gov.cn/Govfile/ShowNewPageServlet?id=4583.

[5] 蔡小伟,余荣华.2008.福建逾八成农民工子女就读公办学校［EB/OL］.（2008-05-21）［2008-08-13］.http：//news.xinhuanet.com/edu/2007-05/21/content_6128393.htm.

[6] 陈玎玎.2007.增加农民工子女就学机会的公共经济学分析［D］.杭州：浙江大学.

[7] 段成荣,梁宏.2004.我国流动儿童状况［J］.人口研究（1）：10-12.

[8] 段成荣,孙玉晶.2006.我国流动人口统计口径的历史变动［J］.人口研究（4）：17-19.

[9] 杜越,等.2004.城市流动人口子女的基础教育［M］.杭州：浙江大学出版社：28

[10] 范先佐.2007.进城务工就业农民子女的教育公平与制度保障［J］.河北师范大学学报（1）：13-20.

[11] 冯帮.2007.家庭教育：流动儿童教育的"软肋"［J］.河北教育（30）：16.

[12] 冯成志.2005.东莞市农民工子女义务教育学校现状与发展对策研究［D］.南昌：江西师范大学.

[13] 付明艳.2006.论城市公立学校流动人口子女教育［J］.科技经济市场（9）：183.

[14] 高勤.2007.论迁移农民工子女受教育权保障的国家责任［D］.武汉：华中师范大学.

[15] 龚向和.2004.受教育权论［M］.北京：中国人民公安大学出版社：39.

[16] 广东省人民政府.2006.关于进一步加强农民工工作的意见［EB/OL］.（2006-09-

01）［2008 – 09 – 20］. http：//www. gd. gov. cn/govpub/zfwj/zfxxgk/gfxwj/yf/200809/t20080916_67071. htm.

[17] 广东省人民政府. 2004. 关于印发《广东省教育现代化建设纲要（2004—2020 年）》的通知［EB/OL］.（2004 – 08 – 09）［2008 – 09 – 20］. http：//www. eol. cn/article/20060320/3179519. shtml.

[18] 广东省人民政府办公厅. 2004. 转发国务院办公厅转发教育部等部门关于进一步做好进城务工就业农民子女义务教育工作意见的通知［EB/OL］.（2004 – 07 – 06）［2008 – 09 – 20］. http：//law. lawtime. cn/d368575373669. html/pos = 2.

[19] 郭建鑫. 2007. 教育公平、公共财政与农民工子女义务教育的保障机制［J］. 农村经济（1）：96 – 100.

[20] 国务院办公厅. 2008. 国务院关于做好免除城市义务教育阶段学生学杂费工作的通知［EB/OL］.（2008 – 08 – 15）［2008 – 08 – 20］. http：//www. gov. cn/zwgk/2008 – 08/15/content_1072915. htm.

[21] 国务院第二次全国农业普查领导小组办公室. 2008. 第二次全国农业普查主要数据公报（第五号）［EB/OL］.（2008 – 02 – 27）［2008 – 08 – 01］. http：//www. stats. gov. cn/tjgb/nypcgb/qgnypcgb/t20080227_402464718. htm.

[22] 韩嘉玲. 2002. 关于流动人口子女教育问题——以北京市为例［J］. 中国党政干部论坛（7）：25 – 27.

[23] 韩嘉玲. 2007. 流动儿童教育与我国的教育体制改革［J］. 北京社会科学（4）：98 – 102.

[24] 韩立娟，王燕. 2007. 进城务工就业农民子女教育政策文本研究［J］. 唐山师范学院学报（4）：117 – 120.

[25] 韩秋亚. 2006. 珠海多项措施缓解流动人口子女入学就医难［EB/OL］.（2006 – 09 – 18）［2008 – 09 – 01］. http：//www. xinhuanet. com/chinanews/2006 – 09/18/content_8066719. htm.

[26] 贺慧. 2008. 流动儿童的教育财政问题探析［J］. 现代中小学教育 170（4）：70 – 73.

[27] 何晓民. 2005. 促进农民工子女平等接受义务教育的路径探索［D］. 南昌：江西师范大学.

[28] 湖北省教育厅. 城镇流动人口中适龄儿童少年就学办法（试行）［EB/OL］.（2008 – 08 – 01）［2008 – 08 – 20］. http：//www. hbe. gov. cn/content. php? id = 1357.

[29] 湖南省统计局. 2009. 采取有效措施积极引导返乡农民工就业［EB/OL］.（2009 – 04 – 01）［2009 – 06 – 30］. http：//www. stats. gov. cn.

[30] 华平生. 2005. 再城市化：农民工子女教育问题研究［D］. 上海：华东师范大学.

[31] 黄小燕. 2006. 小学农民工子女家庭教育问题初探［D］. 重庆：西南大学.

[32] 黄明. 2008. 吉林农民工子女受教育"一视同仁"［EB/OL］.（2008 – 07 – 17）［2008 – 08 – 13］. http：//news. sohu. com/20080717/n258203670. shtml.

[33] 金更兴.2006.外来农民工子女教育边缘化危机及其治理——兼以武汉市、北京市、四川省为例[J].甘肃农业 241（8）：109-110.

[34] 赖永波.2005.福州市解决农民工子女教育问题的制度设计——政治学视角分析[J].福建行政学院福建经济管理干部学院学报（11）：15-17.

[35] 梁在，陈耀波.2006.农村—城市迁移对流动儿童教育的影响[J].世界经济文汇（1）：1-17.

[36] 李峰，李百春，岂宏图.2004.城市农民工子女教育问题探讨[J].吉林粮食高等专科学校学报（4）：54-57.

[37] 李红兵.2006.中国"第二代城市移民"的教育问题[J].成都电子机械高等专科学校学报（1）：61-64.

[38] 李久军，刘冲.2007.美国保障流动儿童受教育的经验与启示[J].基础教育参考（10）：38-41.

[39] 李荔.2004.社会歧视：农民工子女教育的无形屏障[J].基础教育参考（5）：37-38.

[40] 李强，雒建江.2007.机会平等与代际公正——关于农民工子女教育问题的社会学分析[J].沈阳大学学报（4）：82-85转100.

[41] 李庆涛.2008.甘肃省农民工社会保障问题的思考[J].甘肃农业 262（5）：18-20.

[42] 李晓东.2006.关于流动人口子女教育问题的思考[J].长春工业大学学报：社会科学版（3）：76-79.

[43] 李永道，林琳.2005.影响城市流动儿童教育的制度因素及对策探讨[J].教育探索 171（9）：43-45.

[44] 林露.2007.农民工子女上学三道坎 何时结束"非法求学"[EB/OL].（2007-03-09）[2008-08-06].http：//edu.people.com.cn/GB/5453317.html.

[45] 柳东妩.2003.打工诗：一种生存的证明[EB/OL].（2003-08-09）[2008-08-06].http：//www.dgwxlw1.com.

[46] 刘剑斌，章国平.2006.论农民工子女的家庭教育[J].农业考古（6）：370-373.

[47] 刘义程.2004.对流动农民工子女受义务教育问题的制度性研究[J].贵州社会主义学院学报（2）：54-56.

[48] 鲁化堂.2007.城市流动儿童教育问题与对策研究[D].武汉：华中师范大学.

[49] 陆璟.2006.伦敦基础教育均衡发展的机制及其启示[J].上海教育科研（1）：26-30.

[50] 马寒荣.2007.教育、社会分层与社会流动——兼谈农民工子女教育问题[J].吉林省教育学院学报 146（2）：72-74.

[51] 南京市统计局.2008.南京市 2007 年国民经济和社会发展统计公报[EB/OL].（2008-03-25）[2008-08-05].http：//www.njtj.gov.cn/_siteId/4/pageId/63/columnId/3457/articleId/70866/DisplayInfo.aspy.

[52] 宁鸿. 2006. 农民工子女教育问题的社会排斥研究——以大连市农民工子女为例 [D]. 长春：吉林大学.

[53] 钱再见，晓婷. 2007. 论农民工子女义务教育政策有效执行的路径选择 [J]. 南京师范大学报：社会科学版 (2)：89-94.

[54] 邱兴. 2005. 以色列新移民子女教育的经验教训 [J]. 外国中小学教育 (2)：21-24.

[55] 全国人民代表大会. 1986. 中华人民共和国义务教育法 [EB/OL]. (1986-04-12) [2008-09-01]. http://www.chinacourt.org/flwk/show.php? file_id=5137.

[56] 沈茹. 2006. 城市农民工子女家庭教育问题及对策 [J]. 中国农业大学学报：社会科学版 64 (3)：96-100.

[57] 石红春. 2008. 城市农民工子女社会化问题及对策 [J]. 四川理工学院学报：社会科学版 (4)：22-25.

[58] 石人炳. 2005. 美国关于流动儿童教育问题的研究与实践 [J]. 比较教育研究 185 (10)：29-33.

[59] 孙刚，刘徽. 2005. 天津7万农民工子女享受优质教育 [EB/OL]. (2005-03-12) [2008-08-13]. http://www.china.com.cn/zhuanti2005/txt/2005-03/12/content_5809288.htm.

[60] 孙亚琴. 2007. 流动人口子女义务教育路径选择研究 [J]. 当代教育科学 (15)：13-14转42.

[61] 陶红. 2007. 北京市"流动儿童"教育面临的问题与对策 [J]. 江西教育科研 (1)：61-63.

[62] 陶西平. 2007. 树立科学的教育公平观——学习胡锦涛总书记在全国优秀教师代表座谈会上的讲话 [J]. 中国教育学刊 (10)：1-2.

[63] 田辉. 2007. 日本学者看中国农民工子女教育问题 [EB/OL]. (2007-11-10) [2008-08-13]. http://www.cnier.ac.cn/snxx/juece/snxx_20071110161550_5099.html.

[64] 汪明. 2004. 农民工子女就学问题与对策 [J]. 教育研究 289 (2)：75-79.

[65] 王明宾. 1997. 美国教育政策执行研究述评 [J]. 江苏教育学院学报：社会科学版 (4)：17-19.

[66] 王平华. 2007. 农民工子女义务教育的缺位及保障对策研究 [D]. 南京：河海大学.

[67] 王倩. 2007. 农民工子女教育政策执行问题浅析 [J]. 南方论刊 (7)：52-53.

[68] 王文斌. 2007. 中国农村—城市迁移者子女教育的经济分析 [D]. 济南：山东大学.

[69] 韦克难. 2007. 进城农民工子女教育困境的原因及其对策探讨 [J]. 中共四川省委省级机关党校学报 (1)：66-68.

[70] 吴德刚. 1998. 中国全民教育问题研究 [M]. 北京：教育科学出版社：82.

[71] 武侯区统计局.2008.2006年武侯区国民经济和社会发展统计公报[EB/OL].(2008-03-11)[2008-08-01].http://www.chengdu.gov.cn.

[72] 吴依佳.2007.外来人员子女义务教育现状调查与政府对策研究[D].上海:上海交通大学.

[73] 向冬梅.2006.农村留守儿童问题与教育对策[J].四川职业技术学院学报16(3):52-54.

[74] 夏焰,林群.2005.推行教育券制度保障流动学童接受义务教育[J].湖北社会科学(3):152-154.

[75] 新华社.2006.2006年国务院政府工作报告[EB/OL].(2006-03-14)[2008-08-01].http://gov.ce.cn/newmain/zftjgb/200705/25/t20070525_11488885.shtml.

[76] 辛小柏.2006.解决我国流动人口子女教育问题的几点建议[J].中国经贸导刊(6):32-33.

[77] 徐玉珍.2006.对进城农民工子女边缘人格状态的分析[J].教育现代化(9):40-41.

[78] 杨东平.2007.改善农民工子弟教育需要观念更新和制度创新[J].中国教育学刊(12):17-20转70.

[79] 杨菁英.2007.受教育权初步研究[D].济南:山东大学.

[80] 杨润勇.2006.进城务工农民子女教育政策及其执行中的问题分析[J].当代教育科学(8):3-7转25.

[81] 余冬意.2006.城市农民工子女义务教育公平问题研究——基于苏州市吴中区LZ镇的调查研究[D].上海:华东师范大学.

[82] 余华英,卢克清,刘运红.2006.农村流动人口子女的家庭教育现状与对策研究——对通城县四庄乡外出务工人员子女家庭教育状况的调查研究[C].湖北省儿童全面发展研究会第三届第二次学术年会论文汇编.

[83] 张红,刘畅.2006.尽快解决农民工子女受教育的难题[J].理论界(1):31-32.

[84] 张洁.2007.流动人口子女受教育权利研究[D].四川大学硕士学位论文(5):10-15.

[85] 张军凤,方芳,张宝贵.2007.我国农民工流动子女义务教育制度的多维度分析[J].当代教育科学(17):14-17.

[86] 张宁.2005.城市边缘区流动人口子女教育现状的分析[D].南京:南京师范大学.

[87] 张青.2007.美国乡村流动儿童的教育及其经验借鉴[J].外国教育研究34(4):43-47.

[88] 张薇.2008.农民工在穗务工3年以上子女借读费将减免[EB/OL].(2008-05-17)[2008-08-15].http://cn.chinagate.com.cn/education/2008-05/17/content_15284080.htm.

[89] 张增田，靳玉乐.2004.民族地区多元文化课程设计的理念与策略［J］.民族教育研究 15（3）：67-71.

[90] 赵莉.2005.农民工社会保障制度探析［D］.重庆：西南政法大学.

[91] 中国教育与人力资源问题报告课题组.2003.中国教育与人力资源问题报告——从人口大国迈向人力资源强国［R］.北京：高等教育出版社.

[92] 中国农民工问题研究总报告起草组.2006.中国农民工问题研究总报告［J］.改革（5）：5-30.

[93] 中华人民共和国国家统计局.2008.2007 年国民经济和社会发展统计公报［EB/OL］.（2008-02-28）［2008-08-06］.http：//www.stats.gov.cn/tjgb/ndtjgb/qgndtjgb/t20080228_402464933.htm.

[94] 中华人民共和国国家统计局.2009.2008 年末全国农民工总量为 22542 万人［EB/OL］.（2009-03-27）［2009-08-01］.http：//www.cpirc.org.cn/tjsj/tjsj_cy_detail.asp?id=10471.

[95] 中华人民共和国国家统计局.2006.2005 年全国1%人口抽样调查主要数据公报［EB/OL］.（2006-03-16）［2008-08-01］.http：//www.stats.gov.cn/tjgb/rkpcgb/qgrkpcgb/t20060316_402310923.htm.

[96] 中华人民共和国国家统计局.2007.中国统计年鉴 2007［M/OL］.北京：中国统计出版社.［2008-08-01］.http：//www.stats.gov.cn/tjsj/ndsj/2007/indexch.htm.

[97] 中华人民共和国国家统计局大连调查队.2008.大连市统计局.2007 年国民经济和社会发展统计公报［EB/OL］.（2008-03-03）［2008-08-03］.http：//www.ln.gov.cn/zfxx/tjgb2/shizfgzbg/dls/200804/t20080422_188116.html.

[98] 中华人民共和国国家统计局河南调查总队.2009.河南外出农民工流向呈现五大新特点［EB/OL］.（2009-03-02）［2009-06-30］.http：//www.stats.gov.cn.

[99] 中华人民共和国国家统计局江苏调查总队.2009.2008 年江苏农民工就业形势回顾与展望［EB/OL］.（2009-03-24）［2009-06-30］.http：//www.stats.gov.cn.

[100] 中华人民共和国国家统计局山西调查总队.2009.当前农民工就业呈现"五个趋向"［EB/OL］.（2009-05-31）［2009-06-30］.http：//www.stats.gov.cn.

[101] 中华人民共和国教育部.2008.教育部 2008 年工作要点［EB/OL］.（2008-01-01）［2008-08-01］.http：//www.moe.gov.cn/edoas/website18/level3.jsp?tablename=1203386076701542&infoid=1203408271142639.

[102] 中华人民共和国教育部.2009.农民工随迁子女上好学的路还有多远［EB/OL］.（2009-02-28）［2009-03-15］.http：//www.moe.edu.cn/edoas/website18/58/info1235958045913758.htm.

[103] 中华人民共和国教育部.2006.中华人民共和国义务教育法［EB/OL］.（2006-06-29）［2008-08-01］.http：//www.moe.gov.cn/edoas/website18/69/info20369.htm.

[104] 中华人民共和国教育部.2006.做好农民工子女义务教育工作［EB/OL］.（2006-

12－15）［2008－08－13］. http：//www. gov. cn/ztzl/ywjy/content_470033. htm.

［105］中华人民共和国教育部. 2007. 教育部2007年工作要点［EB/OL］.（2007－01－01）［2008－08－01］. http：//www. moe. gov. cn/edoas/website18/level3. jsp? tablename＝319&infoid＝25331.

［106］中华人民共和国教育部. 2004. 流动儿童少年就学暂行办法［EB/OL］.（2004－08－04）［2008－08－20］. http：//www. moe. gov. cn/edoas/website18/level3. jsp? tablename＝1118300832763033&infoid＝5952.

［107］中华人民共和国教育部. 1992. 中华人民共和国义务教育法实施细则［EB/OL］.（1992－03－14）［2008－09－01］. http：//www. moe. edu. cn/edoas/website18/18/info5918. htm.

［108］中华人民共和国中央人民政府. 2006. 保障农民工子女接受义务教育的政策法规体系基本形成［EB/OL］.（2006－10－03）［2008－09－20］. http：//www. gov. cn/ztzl/nmg/content_405012. htm.

［109］中华人民共和国中央人民政府. 2006. 关于基础教育改革与发展的决定［EB/OL］.（2006－10－13）［2008－09－20］. http：//www. gov. cn/ztzl/nmg/content_412402. htm.

［110］中华人民共和国中央人民政府. 2007. 国务院关于解决农民工问题的若干意见［EB/OL］.（2007－01－23）［2008－08－01］. http：//www. gov. cn/jrzg/2006－03/27/content_237644. htm.

［111］中华人民共和国中央人民政府. 2007. 胡锦涛在全国优秀教师代表座谈会上的讲话（全文）［EB/OL］.（2007－08－31）［2008－08－20］. http：//www. gov. cn/ldhd/2007－08/31/content_733340. htm.

［112］中华人民共和国中央人民政府. 2007. 中国儿童发展纲要（2001—2010年）（下）［EB/OL］.（2007－05－28）［2008－09－20］. http：//www. gov. cn/ztzl/61/content_627730. htm.

［113］中华人民共和国中央人民政府. 2005. 国务院办公厅关于做好农民进城务工就业管理和服务工作的通知［EB/OL］.（2005－08－12）［2008－09－20］. http：//www. gov. cn/zwgk/2005－08/12/content_21839. htm.

［114］中华人民共和国中央人民政府. 2005. 国务院办公厅转发教育部等部门关于进一步做好进城务工就业农民子女义务教育工作意见的通知［EB/OL］.（2005－08－14）［2008－08－01］. http：//www. gov. cn/zwgk/2005－08/14/content_22464. htm.

［115］中华人民共和国中央人民政府. 2005. 国务院关于进一步加强农村教育工作的决定［EB/OL］.（2005－08－13）［2008－09－20］. http：//www. gov. cn/zwgk/2005－08/13/content_22263. htm.

［116］中华人民共和国中央人民政府. 2005. 中共中央国务院关于推进社会主义新农村建设的若干意见［EB/OL］.（2005－12－31）［2008－08－01］. http：//www. gov. cn/jrzg/2006－02/21/content_205958. htm.

[117] 中央教育科学研究所教育发展研究部课题组.2007.进城务工就业农民子女接受义务教育的政策措施研究［J］.教育研究 327（4）：49－55.

[118] 中央教育科学研究所教育发展研究部课题组.2007.中国进城务工就业农民子女义务教育研究［J］.华中师范大学学报：人文社会科学版（2）：129－134.

[119] 中央教育科学研究所教育发展研究部课题组.2004.中国进城务工就业农民子女义务教育问题调研报告［EB/OL］.（2004－09－05）［2008－10－04］.http：//www.cnier.ac.cn/snxx/juece/snxx_20040905153019_40.html.

[120] 中央教育科学研究所课题组.2008.进城务工农民随迁子女教育状况调研报告［J］.教育研究 339（4）：15－23.

[121] 中央政府门户网站.2007.胡锦涛在党的十七次全国代表大会上作报告（摘要）［EB/OL］.（2007－10－15）［2008－08－01］.http：//www.gov.cn/ldhd/2007－10/15/content_776431.htm.

[122] 周昌和.2006.底层民众需要的是机会［J］.记者观察（5）：21.

[123] 周卉.2007.论农民工子女受义务教育权的法律保障［D］.长春：吉林大学.

[124] 周佳.2006.进城务工就业农民子女义务教育政策执行研究［J］.清华大学教学研究（4）：57－62.

[125] 周佳.2004.农民工随迁子女义务教育：从教育问题到教育政策问题［J］.当代教育科学（17）：45－48.

[126] 周满珍.2007.解决留守儿童教育问题需要长效机制［J］.中国发展观察（6）：36.

[127] 朱蕴丽，卢忠萍.2006.农民工子女教育必须走多元化均衡发展的路子［J］.江西师范大学学报：社会科学版（5）：25－27.

后 记

"中国进城务工农民子女教育研究及数据库建设"系中央教育科学研究所2008年度科研业务费专项资金项目。本成果以"重点研究随迁子女的流动现状和特点，全面把握随迁子女教育现状、问题及成因，多元分析相关政策、措施、经验及实施情况，深入思考具有前瞻性、可操作性的对策建议"为思路，在文献研究、实地调研、科学分析的基础上，系统分析了随迁子女流动现状、教育问题及成因，深入了解了相关政策及其实施效果，并在当前金融危机深重的背景下，分析判断随迁子女的流动趋势，从而积极探讨并提出了相应的政策建议及对策建议。

课题组由重庆市教育科学研究院、中央教育科学研究所教育政策研究中心组成，并特邀中国人民大学人口所参与。课题首席主持人万明春、合作主持人吴霓，课题组主要成员有：龚春燕、程艳霞、邓建中、张鸿、胡方、谢华剑、张薇薇、张宁娟、李晓强、武向荣、方铭琳、陈贵宝、明航、单志艳、刘玉娟、高慧斌、丁杰、李楠、薛静波、段成荣、杨舸，在课题组全体成员共同努力下，圆满完成了课题研究任务。

在课题研究成果完成基础上，按照中央教育科学研究所的统一部署，开始了本书撰写工作。参加本书初稿撰写的有：万明春、吴霓、龚春燕、程艳霞、邓建中、张鸿、胡方、谢华剑、段成荣、杨舸、张薇薇、张宁娟、李晓强、武向荣、方铭琳、陈贵宝、明航、单志艳、刘玉娟、高慧斌、丁杰、李楠、薛静波等同志。参加本书撰写讨论、分章撰写及统稿定稿的主要有：万明春、龚春燕、程艳霞（导论、第一章第三节、第三章、第五章、附录一）、段成荣、杨舸（第一章前两节、第二章）、邓建中（第六章）、张鸿（第四章）、胡方（第七章）、谢华剑（附录三）、高慧斌等（附录二）。万明春、程艳霞同志对全书进行了数次统稿，最后由万明春定稿。本书在初稿、定稿撰写过程中得到了重庆大学何跃教授、重庆教育学院任运昌副教授等多位专家的指导和支持。

　　本书还得到了中央教育科学研究所及教育科学出版社多位领导、专家的指导和帮助，他们对本课题的数据核实、修改完善、丛书体例作出了重要的指导。对此，课题组表示衷心的感谢。课题组还向关心支持本课题研究的相关省市教研机构、相关学校、社会各界人士表示衷心的感谢！

　　进城务工农民随迁子女教育问题是一项系统深入且具有重大现实意义的课题。本课题研究必然存在许多不足与疏漏之处，恳请大家批评指正。

中国进城务工农民子女教育研究及数据库建设课题组
2009 年 6 月

责任编辑　刘　灿　杨　巍
版式设计　沈晓萌
责任校对　张　珍
责任印制　曲凤玲

图书在版编目（CIP）数据

中国进城务工农民随迁子女教育研究／中国进城务工农民子女教育研究及数据库建设课题组著 . —北京：教育科学出版社，2010.6

（中央教育科学研究所2008年度科研业务费专项资金项目成果丛书／袁振国主编）

ISBN 978－7－5041－4891－9

Ⅰ.①中… Ⅱ.①中… Ⅲ.①流动人口—教育—研究—中国 Ⅳ.①G52

中国版本图书馆CIP数据核字（2010）第005586号

出版发行	教育科学出版社		
社　　址	北京·朝阳区安慧北里安园甲9号	市场部电话	010－64989009
邮　　编	100101	编辑部电话	010－64981277
传　　真	010－64891796	网　　址	http://www.esph.com.cn
经　　销	各地新华书店		
制　　作	北京金奥都图文制作中心		
印　　刷	北京中科印刷有限公司	版　　次	2010年6月第1版
开　　本	169毫米×239毫米　16开	印　　次	2010年6月第1次印刷
印　　张	17.75	印　　数	1－2 000册
字　　数	301千	定　　价	36.00元

如有印装质量问题，请到所购图书销售部门联系调换。